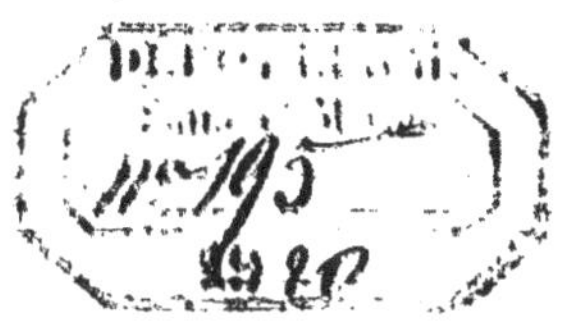

SOUVENIRS

SUR

L'IMPÉRATRICE EUGÉNIE

E. GREVIN — IMPRIMERIE DE LAGNY

AUGUSTIN FILON

SOUVENIRS

sur

L'IMPÉRATRICE EUGÉNIE

PRÉFACE DE

ERNEST LAVISSE
DE L'ACADÉMIE FRANÇAISE

PARIS

CALMANN-LÉVY, ÉDITEURS

3, RUE AUBER, 3

PRÉFACE

AUGUSTIN FILON ET SES SOUVENIRS

I

Un des premiers jours du mois de novembre 1862,
les « littéraires » de l'École normale, assemblés dans
une grande salle d'études, accomplissaient un vieux
rite : le chef de section de la seconde année, Augustin Filon, présentait aux camarades de troisième
année les normaliens entrants. Chacun de ceux-ci, à
l'appel de son nom, monta sur une chaise au milieu
de la salle ; il entendit une biographie, malicieuse sans
être méchante, de sa personne. Élève de la promotion
nouvelle, j'eus ma part de la malice, et même une
assez bonne part. C'est ainsi que commença entre
Filon et moi une amitié que la vie devait faire intime.

Augustin Filon était un camarade charmant. De grands succès au concours général des lycées de Paris l'avaient rendu célèbre parmi la jeunesse universitaire ; il n'en tirait point vanité. Un de ses camarades de promotion [1] a dit de lui qu'il était un peu « distant » ; c'est vrai. Il se distinguait de la plupart de nous par sa bonne tenue où il mettait quelque élégance ; et, s'il était aimable, il n'était pas banal. Il évitait les vulgaires, détestait les grossiers et se moquait des « politiques » : la politique lui semblait être ennemie des lettres, et cela était à ses yeux un grand crime.

Il n'aimait pas seulement les lettres classiques, celles d'Athènes, de Rome et de France ; il s'intéressait aux lettres anglaises et aux lettres allemandes. Un jour il me parla du *Wilhelm Meister* de Gœthe qu'il venait de lire, et, à ce propos, de la littérature allemande, qu'il commençait à étudier. C'était en ce temps-là chose rare, même à l'École normale. Notre directeur, M. Désiré Nisard, se flattait d'ignorer les lettres étrangères, et il les ignorait en effet au point qu'ayant su qu'un de nous apprenait le hongrois, il lui dit : « Ce doit être bien difficile l'étude des langues slaves. »

Filon — en cela disciple de Taine — considérait la littérature comme un témoignage de premier ordre sur la vie de l'humanité en ses différents endroits, à

1. M. Auguste Moireau, dans une excellente notice publiée par l'*Annuaire de l'Association amicale des Anciens élèves de l'École normale supérieure* (1917).

ses différentes dates ; la connaissance du moment et du milieu est donc nécessaire à qui veut acquérir la pleine connaissance des lettres. Dès le temps d'école, en 1862, il publiait un essai sur *Guy Patin, sa vie et sa correspondance* ; il y reconstituait le singulier milieu où vécut le curieux personnage, et révélait ainsi son aptitude à l'histoire des littératures.

En 1864, il sortait de l'École agrégé des lettres, premier agrégé, bien entendu. Il fut nommé professeur au lycée de Nice, d'où il passa au lycée de Grenoble. En 1867, un événement se produisit dont les suites devaient être pour lui considérables. M. Victor Duruy, ministre de l'Instruction publique, lui demanda d'accepter la fonction de précepteur du Prince impérial ; après mûre réflexion, Filon accepta. Deux ans après, plusieurs répétiteurs, au nombre desquels j'étais, lui furent adjoints ; mais il garda la haute main sur l'éducation du « petit prince ».

*
* *

Le préceptorat inauguré à Saint-Cloud, à l'automne de 1867, s'acheva au commencement de 1875. Entre les deux dates, l'Empire s'effondra. Filon a raconté les tragiques dernières journées du régime. Il n'a pas dit qu'après avoir rejoint en Angleterre l'Impératrice et le Prince impérial, il rentra en France et voulut s'engager ; un ordre d'expulsion le renvoya en Angleterre. Alors commença, entre l'élève et le maître, l'intimité ; ils ne se quittaient plus. Quand le Prince, à la fin de 1872, entra à l'École militaire de Woolwich, Filon l'y accompagna; pendant deux ans, ils vécurent en tête à tête dans une petite maison.

Ce précepteur n'était pas le magister qui donne des leçons sur tel ou tel sujet, tel jour, à telle heure. Il y eut à tout moment, de lui à son élève, ce que Michelet appelle « la communication de l'intime ». Or, dans cet « intime » richement pourvu, le précepteur trouvait de quoi répondre à toute question de son élève qui était questionneur et discutait les réponses. Tous les sujets se présentèrent dans ces conversations innombrables. Ce fut une éducation totale de l'esprit et du cœur, et l'élève sentit tout le prix de la dignité intellectuelle et morale du maître qui savait tant de choses, et qui l'aimait et le servait avec un dévouement si noble, dans sa sincérité et sa simplicité.

Filon fut bienfaisant d'une autre manière, et le bienfait s'étendit à la petite cour exilée.

J'ai connu la vie de cette cour par des visites pendant les vacances, en Suisse, au château d'Arenenberg et en Angleterre, à Chiselhurst.

Le château d'Arenenberg est une maison très simple qu'habita la reine Hortense, mère de Napoléon III. Il est situé sur une sorte de promontoire entre le grand lac de Constance et le petit lac appelé lac inférieur, l'*Untersee*. A quelque distance devant la maison se dresse le pavillon de la reine Hortense; de là, on découvre, au bord de l'eau, la jolie ville de

Constance. Derrière la maison, une terrasse regarde l'Untersee et les collines vêtues de forêts. La reine Hortense prétendait que nulle part au monde ne se pouvaient voir d'aussi beaux couchers de soleil. Du parc, des chemins descendent au Sud vers la plaine, ou montent au Nord vers les collines. C'étaient, de tous côtés, des invités à sortir, et l'on sortait chaque jour; les promenades à pied alternaient avec les promenades sur l'eau. Et puis, Arenenberg, c'était un séjour d'été, et la belle saison embellit même l'existence des affligés.

Mais Chiselhurst !

Filon a décrit la longue galerie du rez-de-chaussée, qui était le lieu de promenade où les pas des exilés, pendant dix ans, mesurèrent des milliers de kilomètres. Un jour d'octobre, j'y marchais à côté de l'Impératrice ; au dehors un brouillard d'Angleterre régnait souverainement. L'Impératrice, collant son front à la glace de la galerie, me dit : « Ne trouvez-vous pas que nous avons l'air de poissons qui évoluent dans un *aquarium ?* »

Oh ! les longues heures de ces journées noires ! J'y ai compris et senti le spleen. Le Prince impérial en subissait les accès ; un jour, dans son cabinet j'entrai et voulus causer, mais il ne m'écoutait pas ; il dessinait à la plume des grenadiers de la vieille garde marchant, le haut bonnet à poil incliné sous le vent et la pluie.

« Monseigneur, à quoi pensez-vous » ? — « Je pense que je donnerais beaucoup pour voir l'omnibus de Grenelle-Porte-Saint-Martin sortir de la rue du Bac. » Aux Tuileries, des fenêtres de son cabinet de travail, au premier étage du Pavillon de Flore, il apercevait la rue du Bac débouchant sur le quai et il regardait les voitures aller et venir.

L'ennui n'était pas le seul mal dont souffrit la maison. Il est rare que les personnes habitant sous le même toit, à peu près séparées du reste du monde, n'éprouvent pas une lassitude de vivre ensemble. On se connaît trop les uns les autres ; on sait que, n'importe quelle circonstance étant donnée, monsieur un tel ou madame une telle dira telle parole, prendra telle mine ; on n'espère aucun imprévu. D'autre part, il y a des degrés dans l'affection que l'on sent les uns pour les autres ; le plus bas de ces degrés confine à l'antipathie. Et pourtant, il faut se réunir à la table du déjeuner, du thé et du dîner, prolonger au salon la soirée jusqu'à ce que les maîtres de la maison se lèvent, et garder un visage toujours sur le point de sourire. Un soir pourtant, je vis un front contracté ; je demandai tout bas : « Vous souffrez ? » Tout bas, il me fut répondu : « Non, mais cela me ferait du bien de crier. »

L'Impératrice m'a dit : « Nous sommes ici sur le radeau de la *Méduse* ; il y a des moments où nous avons envie de nous manger les uns les autres. »

Contre l'ennui, contre la mésintelligence, Filon réagissait. Comme il avait beaucoup d'esprit, il ranimait les conversations et son sourire déridait les visages renfrognés ; ce sourire à pointe de malice plaisait à tout le monde. Filon apaisait les petites discordes ; quelquefois, il grondait doucement celui-ci ou celle-là. Tous avaient de l'affection pour lui ; mais pour le Prince impérial et sa mère, il était le grand ami ; tous deux savaient ce qu'ils lui devaient. Il a cité une très belle lettre que l'Impératrice lui écrivit, le 4 septembre 1871 : « Je ne veux pas que ce triste anniversaire se passe sans que je rappelle à votre souvenir, mon cher monsieur Filon, les jours d'angoisse et de douleur que vous avez passés avec moi. Vous avez par un dévouement à toute épreuve adouci bien des choses, et je tiens aujourd'hui à vous en remercier. »

L'Impératrice n'était pas complimenteuse ; mais voilà, en peu de mots, un grand compliment : « Vous avez adouci bien des choses », cela dit beaucoup ; cela dit tout, si l'on pense à la violence des amertumes qu'il fallut *adoucir*.

*
* *

Quand furent achevées les études du Prince impérial, au début de 1875, Filon revint à Paris ; en 1883, il retourna en Angleterre où il habita Margate, puis un faubourg de Londres, South Croydon.

De 1875 à 1916, date de sa mort, l'écrivain s'est donné large carrière. La valeur littéraire de son œuvre est grande. Filon écrivait comme on parle ; pour répéter un mot de Montaigne, son « parler est tel sur le papier qu'à la bouche ». Le lecteur est charmé par cette simplicité, par cette facilité naturelle, par cette abondance qui n'encombre ni ne déborde, par une discrétion continue : à décrire un paysage ou une personne ou un moment tragique, quelques lignes suffisent ; l'émotion légère ou intense passe tout droit de l'âme qui parle à l'âme qui écoute. Augustin Filon est un écrivain de pure race française.

*
* *

Il s'est proposé de faire connaître à la France l'Angleterre, toute l'Angleterre, dans sa vie politique, sociale, économique, esthétique. Il a publié des études dans plusieurs journaux, surtout dans le *Journal des Débats*, dans plusieurs revues, surtout dans la *Revue des Deux Mondes*. Elles ont été en partie réunies en volumes : les *Profils anglais*, portraits de grands personnages, Randolph Churchill, Joseph Chamberlain, John Morley, Parnell ; *l'Angleterre d'Édouard VII*, tableau de la Grande-Bretagne au début du xxᵉ siècle.

Une de ses premières œuvres a été une *Histoire de la littérature anglaise*, œuvre excellente qui fut bien accueillie par la critique en Angleterre, et que l'Académie française couronna. Une des dernières fut une *Histoire d'Angleterre*. Celle-ci est encore inédite. Le manuscrit en est déposé à la librairie Hachette. Je crois savoir que la publication en est décidée. Quelqu'un qui a lu le manuscrit, et qui est un juge d'humeur sévère, m'a fait un grand éloge du livre.

Comme, en même temps, il faisait connaître la France à l'Angleterre par des articles publiés dans la *Fortnightly Review*, pendant de ses articles de la *Revue des Deux Mondes*, on a pu dire qu'il a été un des premiers ouvriers de l'Entente cordiale, où il voyait la sécurité de l'avenir pour l'Angleterre et pour la France.

Un tel travail suffisait, semble-t-il, à occuper une vie. Mais Filon trouvait, dans les souvenirs de sa propre vie, matière à d'autres travaux. Son *Mérimée*, si agréable, si vivant, explique un caractère particulièrement original, et fait connaître le milieu où vécut ce rare écrivain. Le livre sur *le Prince Impérial* est un témoignage émouvant et décisif qui n'a pas été contesté. Des *Souvenirs sur l'Impératrice Eugénie*, nous parlerons longuement tout à l'heure.

Est-ce tout? Non. Ajoutez une quinzaine de romans. Ils sont charmants (c'est un mot que je répète souvent, et je le fais exprès); tantôt des études de mœurs, comme les *Mariages de Londres* et *Amours anglaises*; tantôt à fond d'histoire comme les *Contes du centenaire*. Cette partie de son œuvre n'était pas celle qui plaisait le moins à Filon; il me l'a dit un jour. Il y donnait carrière à son imagination vive et, si je puis dire, diverse, enrichie comme elle était par l'expérience d'une vie mêlée de bonheur et de catastrophes.

*
* *

Mais voici qui achève de faire connaître l'homme qu'était Augustin Filon.

En 1874, il commença de souffrir d'une périostite, qui mettait ses yeux en péril ; le mal s'aggrava en 1879 ; une opération l'aveugla pour plusieurs mois ; d'autres succédèrent qui lui rendirent une faible lueur. Je le vis pour la dernière fois à l'École normale en 1914, il était presque aveugle ; il me demanda de le conduire à sa « turne » ; on appelle ainsi les salles d'étude où sont répartis, par petits groupes, les élèves de troisième année. Arrivé au corridor qui dessert les turnes, il quitta mon bras : « Laisse-moi, me dit-il, chercher mon chemin. » A tâtons, il chercha et trouva : « C'est ici. » Puis il marqua la place qu'occupaient ses camarades de turne, ses « coturnes », comme on dit à l'École. Et les vieux souvenirs lui revenaient : voilà donc la fenêtre par où il passait, pour monter sur le toit, où l'on fumait et jouait aux cartes, deux plaisirs défendus par les règlements normaliens d'alors. « Ah ! me dit-il, dans ce temps-là, je n'avais pas peur de me casser le cou à chaque pas. » Aucune amertume ne se mêlait à ses propos ; il souriait.

Avec cette infirmité, comment donc a-t-il pu achever tant d'œuvres qui supposent tant de lecture, tant d'écriture. Quelqu'un l'assista dans son travail, l'assista dans ses souffrances, secrétaire et garde-ma-

lade dont le dévouement ne se lassa jamais : madame
Augustin Filon.

II

Les *Souvenirs sur l'Impératrice Eugénie* [1] qu'Augustin Filon a si bien connue sont un document historique précieux. Ce livre sera certainement discuté,
certainement contredit. Je me fais donc un devoir de
montrer que les souvenirs de mon ami sont confir-
més par ceux que j'ai gardés de mes quelques sé-
jours à *Camden Place* ou bien au château d'Arenenberg. Chemin faisant, j'ajouterai des observations et des réflexions qui me sont personnelles.

****

L'Impératrice était belle, et sa beauté a été juste-
ment célébrée. En 1807, quand Filon la vit pour la
première fois, le temps avait marqué sur elle les
traces de son passage ; mais on admirait la grâce de
toute sa personne, de ses saluts, de ses révérences,
de son sourire et la fine ossature de son visage, et le

1. C'est par un traité signé le 18 juin 1892 chez Calmann-
Lévy que Filon s'était engagé à écrire ce livre. Il avait été
entendu que le manuscrit en serait remis aussitôt après la
mort de l'Impératrice. L'auteur n'en a donc pas corrigé les
épreuves.

charme de ses yeux. tout proches l'un de l'autre, si vivants, si vifs, où j'ai vu maintes fois succéder au sourire une large larme qui voilait le regard.

Chez elle « aucune pose, aucun souci de l'effet ». Les jours de cérémonie, sous le manteau impérial et le diadème de pierreries, elle prenait sans effort l'air de majesté; mais, dans la vie quotidienne, elle apparaissait « plus simple et plus naturelle qu'aucune des femmes qui l'entouraient ». Même les gens les plus timides se sentaient à l'aise avec elle après quelques minutes de conversation.

L'Impératrice parlait beaucoup; un peu bruyammont, et je l'ai entendue dire des choses qu'elle aurait beaucoup mieux fait de ne pas dire; mais sa conversation intéressait par sa vivacité, par la promptitude à passer d'un sujet à un autre, par des traits amusants, par des sentences bien frappées comme celles-ci : « Un coup d'État est un boulet qu'on traîne et qui finit par vous paralyser la jambe. » — « En France, au commencement, on peut tout faire; au bout d'un certain temps, on ne peut même plus se moucher. »

On s'apercevait vite, en l'écoutant, qu'elle tirait de son imagination maints détails de ses récits. Filon a dit qu'elle ne mentait jamais, et elle était certainement incapable d'un vrai mensonge en matière sérieuse; mais elle brodait sur le réel de jolis dessins de sa façon.

Un jour, elle me raconta la naissance du Prince Impérial. Une souveraine n'accouche pas comme une

simple mortelle; il ne faut pas que l'on puisse sup-
poser que l'héritier de la couronne ait été apporté
du dehors. Des témoins dûment qualifiés sont donc
nécessaires. Sous l'ancienne monarchie, le cérémo-
nial était consacré par l'usage; sous la monarchie
napoléonienne, il fut réglé par des statuts et par
des sénatus-consultes. En vertu de ces actes, le
16 mars 1856, vers trois heures du matin, les douleurs
ayant commencé, le Prince Napoléon, le Prince Louis
Murat, M. Achille Fould, ministre d'État de la Maison
de l'Empereur, M. Abbatucci, garde des sceaux,
furent introduits dans la chambre de Sa Majesté.

L'Impératrice m'a dit qu'elle se sentait observée
surtout par le monocle intense du Prince Napoléon,
naturellement préoccupé de savoir s'il allait rester
l'héritier de la couronne impériale. — L'enfant vint
au monde. L'Empereur se pencha vers l'Impératrice,
qui, d'une voix faible et inquiète lui demanda : « C'est
une fille? » L'Empereur répondit : « Non. » Alors
l'Impératrice, souriante : « C'est un garçon! » Mais
l'Empereur, craignant une émotion trop vive, répondit
encore : « Non! » — « Mais alors, qu'est-ce que c'est! »
— Le vrai, c'est sans doute que l'Empereur, très
ému, balbutia des paroles inintelligibles; l'imagination de l'Impératrice les traduisit en langue claire.

Elle « contait » à merveille. Je me rappelle le récit
d'un combat de cerfs : les cornes enchevêtrées, se-
couées à être brisées, les bêtes bramant leur fureur;
à la fin, elles se tuaient l'une l'autre. Et l'Impéra-

trice concluait : « Les cerfs savent ce que c'est que l'amour ; peut-être les hommes primitifs le savaient aussi...; mais les hommes d'aujourd'hui !... »

L'outrance à la façon d'Espagne lui était familière : « Il y avait à Madrid, une femme qui souffrait mortellement de la fièvre ; un jour, elle était assise sur un banc d'une place où se trouvait une écurie de taureaux de combat. Un de ces taureaux passe derrière elle et lui souffle dans le cou. La fièvre s'en alla et ne revint plus[1]. »

L'imagination de l'Impératrice se complaisait dans le tragique ; voici quelques paroles d'elle que Filon a citées :

« Je suis venue au monde pendant un tremblement de terre ; ma mère accoucha sous une tente dans le jardin. Qu'est-ce que les anciens auraient dit d'un tel présage ? Ils auraient dit que je venais bouleverser le monde. »

En voici d'autres que j'ai entendues :

« En 1855, j'étais à Biarritz ; une nuit, je fus éveillée par le tocsin qui annonçait un incendie ; je me levai en hâte et j'allai faire la chaîne : je sentis alors, pour la première fois, tressaillir mon enfant.

1. En l'entendant parler les jours où elle était en verve, plusieurs lui ont demandé pourquoi elle n'écrivait pas ce qu'elle contait si bien. A cette question, que j'entendis un jour, elle répondit : « Non, par exemple! On me mettrait des *sic*! » En effet, dans les *Papiers trouvés aux Tuileries* après le 4 septembre 1870, quelques fautes étaient suivies d'un *sic* entre parenthèses; elle en demeurait vexée. Mais ces fautes, rares d'ailleurs, n'empêchaient pas qu'elle écrivît bien et nettement. Une publication de ses lettres lui ferait certainement honneur.

L'idée me vint qu'il était destiné à mourir de mort violente. »

Au théâtre, elle aimait par-dessus tout la tragédie. Toute jeune et presque enfant encore, elle connut Rachel chez madame de Montijo, sa mère, qui recevait volontiers des artistes. La grande actrice se prit d'une vive affection pour la famille espagnole; elle donnait aux dames de Montijo des places pour aller l'entendre : « Elle nous voulait, raconte l'Impératrice, tout près d'elle, dans l'avant-scène du rez-de-chaussée, à gauche. Notre émotion, notre enthousiasme, nos larmes l'inspiraient. Elle suivait dans nos yeux dilatés le *crescendo* de sa puissance tragique. »

Bien des années après, à Farnboroug, sa dernière résidence, l'Impératrice, un soir, causait, tout en tirant l'aiguille, avec quelques dames. On vint à parler de Rachel, et tout à coup, elle déclama ces vers de *Phèdre* :

> Oui, Prince, je languis, je brûle pour Thésée,
> Je l'aime, non pas tel que l'ont vu les enfers,
> Vulgaire admirateur de mille objets divers,
> Qui va du Dieu des morts déshonorer la couche ;
> Mais fidèle, mais fier, et même un peu farouche,
> Charmant, jeune, traînant tous les cœurs après soi.
> Tel qu'on dépeint nos Dieux ou tel que je vous voi...

Elle mit à réciter ces vers un tel accent que les aiguilles étonnées s'arrêtèrent.

L'Impératrice était éloquente; je l'éprouvai un jour

à mes dépens. C'était à Arenenberg. Je lui demandai
le matin de vouloir bien m'accorder quelques minutes d'entretien après le déjeuner. En sortant de
table, elle me mena au pavillon de la reine Hortense
et me fit asseoir près d'elle. Je lui dis alors que
j'avais été fort ému — et que je n'étais pas le seul —
par la visite que le maréchal Bazaine, évadé de son
île, lui avait faite récemment. Brusquement, elle se
leva ; le sang lui montait à la tête : « Vous ne savez
donc pas que, seul dans l'armée, le maréchal a gardé
les aigles sur les drapeaux après le 4 septembre.
Vous ne savez rien de cette histoire... » Alors, elle
me raconta ses relations avec Bazaine à la trahison de
qui elle n'a jamais voulu croire : « tout semblait perdu ;
on ne pouvait raisonnablement espérer que des forces
militaires nouvelles fussent créées, et Paris était incapable de se défendre longtemps ; plus la guerre durerait, plus grandes seraient les exigences de l'ennemi ; des troubles révolutionnaires étaient à craindre ;
la guerre civile ajoutée à la guerre étrangère, c'était
la fin des fins ; restait une armée, celle de Bazaine,
armée héroïque, et l'ennemi savait bien qu'il ne la
réduirait pas aisément à merci ; Bismarck, très pru-
dent, craignait la continuation de la guerre ; une intervention étrangère sous forme de médiation pouvait se
produire. N'était-il pas possible d'espérer une paix
moins dure que celle qui était à prévoir ; on la devrait
à l'armée de Metz ; on lui devrait aussi à cette armée
le maintien de l'ordre en France ; à ce moment-là
une « Commune » était à craindre, et vous savez ce

qu'elle a été, la Commune...? Oui, j'ai cru servir la France. Si j'ai aussi espéré servir la dynastie, qui pourrait me le reprocher? Mais ce n'était pour moi qu'un intérêt secondaire. Si vous me croyez capable de préférer la dynastie à la France, c'est que vous ne me connaissez pas. »

Ses paroles se pressaient véhémentes et sonores. Je l'écoutais respectueusement, sans un mot ni un geste d'adhésion [1]. Elle vit bien qu'elle ne me convainquait point; elle conclut : « Ne me parlez plus jamais du maréchal Bazaine. » Je m'inclinai ; elle s'assit, puis quelques secondes après, se releva et se dirigea vers la maison sans m'inviter à la suivre.

Je dois ajouter que le lendemain l'orage parut dissipé. Au « bonjour » d'avant le déjeuner, elle me sourit avec sa grâce habituelle.

L'Impératrice avait l'esprit cultivé. Il ne s'agit pas d'une culture méthodique sur plan prémédité et suivi ; elle était incapable d'un patient travail régulier, étant pour cela trop « primesautière ». Elle lisait des journaux, mais aussi de sérieuses revues et des livres ; les sujets les plus divers l'intéressaient. Ses lectures étaient attentives ; elle notait ses réflexions sur des cahiers ; Filon, qui les a lues, fait à leur propos une curieuse réflexion : « L'Impératrice différait en tout de la société dans laquelle les circonstances

[1]. Je dois déclarer ici, tout en regrettant ce désaccord avec mon ami Filon, que l'incident Régnier, si bien exposé d'ailleurs dans le volume, me paraît avoir été plus que fâcheux.

l'avaient placée... Elle n'avait rien du temps et du milieu où je l'ai connue... Autour d'elle l'on riait ou l'on chantait pendant qu'elle rêvait ou s'indignait... Il eût suffi de jeter les yeux sur les cahiers où elle consignait les réflexions nées de ses lectures ou les mots qui l'avaient frappée pour se rendre compte du manque absolu de sympathie entre elle et son entourage. Elle ne le comprenait pas; ils ne l'ont jamais comprise. Cette femme tant admirée a été mal connue, quoiqu'elle ait vécu près de vingt ans sous l'ardente lumière que projette vers un trône la curiosité universelle... » Ces lignes m'ont frappé. Souvent auprès d'elle j'ai eu l'impression que l'Impératrice était d'un autre temps, d'un autre pays.

Dernier trait de ce caractère et non le moins important : l'Impératrice disposait d'une grande force d'énergie. Par expérience, je sais que, dans de longues promenades à pied, elle fatiguait ceux qui l'accompagnaient sans ressentir aucune lassitude. Elle était née voyageuse sur la terre et sur la mer, sur la mer surtout, dont elle aimait l'immensité, le mouvement, la couleur et l'odeur. Depuis l'exil, les voyages se sont multipliés. Elle a fait d'abord en Afrique du Sud le pèlerinage douloureux au lieu où tomba son fils. Son yacht, le *Thistle*, a croisé dans la Méditerranée et dans les parages de l'Irlande, de l'Écosse, de la Norvège. Elle est allée plus loin. Elle a voulu revoir cette Égypte où elle avait reçu en 1869 les hommages du monde entier représenté à la grande fête. Elle compta pousser jusqu'à Karthoum; mais ceux qui l'accompagnaient, craignant pour cette plus qu'octogénaire les chaleurs équatoriales, l'en dissuadèrent. Enfin, elle entreprit le voyage de l'Inde, pour se débarrasser, disait-elle en souriant, d'une crise prolongée de rhumatismes, mais aussi attirée par le renom d'une de ces vieilles civilisations qu'elle aimait et qu'elle comprenait.

Elle est morte dans sa quatre-vingt-quinzième année. Devenue presque aveugle, elle ne se résignait pas à l'obscurité. Depuis longtemps, elle désirait une opération; les médecins de Paris n'en voulaient pas entendre parler parce qu'ils en jugeaient les suites dangereuses; elle persista à la vouloir. Sa volonté demeurait ferme; son intelligence n'était point affaiblie. Elle décida que la joie de retrouver la vue, de « voir » encore les êtres et les choses, valait le risque à courir.

Les exemples d'une telle longévité, avec une telle énergie vitale persistante, sont très rares.

*
* *

Reste à parler de la politique.

« Je déteste la politique », a dit et répété l'Impératrice. Mais pourquoi donc lisait-elle quotidiennement cinq ou six journaux de France ou d'Angleterre? Ce n'était point pour s'amuser aux faits divers assurément. Ce qu'elle détestait dans la politique, c'est le travail régulier, suivi, méthodique, la besogne de bureau d'où sortent tant de papiers à lire. Mais s'élever au-dessus de ce terre à terre, planer, gouverner, régner...? Cela est autre chose. N'oublions pas que, bien qu'elle ne fût pas le moins du monde hautaine, l'Impératrice portait en elle la fierté d'être l'Impératrice des Français et aussi la fierté, au moins égale, d'être « grande d'Espagne ». Il n'est pas possible que ce double sentiment n'ait pas produit en elle, sans qu'elle se l'avouât à elle-même, de l'orgueil. Ne pas oublier non plus cette imagination qui se plaisait aux grands rêves.

Quelles étaient ses idées sur le gouvernement de la France?

Filon déclare qu'elle n'était pas une cléricale, pas même une dévote. Rien de plus juste, à mon avis. Elle était très religieuse ; des gestes de la piété espagnole accompagnaient sa prière fervente. Elle n'a jamais permis au doute de troubler sa conscience ; sa foi était une ferme forteresse défendue par sa volonté ; mais elle respectait toutes les croyances ; elle s'intéressait aux diversités du sentiment religieux, et l'esprit d'intolérance lui était inconnu. Dans son entourage familier, on ne voit aucune soutane noire ou violette, point de calotte rouge, point de froc monacal. Souveraine, son gouvernement n'aurait pas été un régime de prêtres. Il faut cependant noter en cet endroit que la chute du pouvoir temporel des papes lui fut très pénible et même l'offensa grièvement ; elle exigeait qu'au moins l'indépendance du souverain pontife fût assurée par la possession de

Rome. Elle dut avoir à ce propos de vives discussions avec l'Empereur. Certainement elle félicita M. Rouher d'avoir répondu à la gauche de la Chambre qui réclamait l'évacuation de Rome, par le fameux « Jamais ! » *Jamais*, un mot qu'il ne faut jamais dire.

Un jour à Farnborough, elle avouait à Filon qu'elle n'aimait guère les réformes libérales de la fin de l'Empire ; elle pensait que l'Empereur était allé trop loin, qu'il aurait dû réserver à son fils l'honneur de rétablir la liberté politique en France. Au fond, elle n'avait point de goût pour le régime parlementaire, où le souverain règne sans gouverner. Et puis un des premiers actes de M. Émile Ollivier avait été de l'exclure du Conseil des ministres où elle siégeait depuis quelques années par la volonté de l'Empereur. Et puis M. le président du Conseil prenait une grande importance, qu'il ne dissimulait pas. Une foule se pressait aux réceptions de l'hôtel présidentiel de la place Vendôme. Il venait moins de monde aux lundis de l'Impératrice.

Elle était donc une autoritaire. Mais en même temps, une démocrate, et très sincèrement. Des actes d'elle, nombreux et touchants, prouvent qu'elle s'intéressait aux pauvres gens. Elle allait, déguisée en vieille dame à lunettes, voir les familles miséreuses. Au retour d'une de ces visites, elle disait à Filon qu'il fallait qu'on menât le Prince dans les logis des quartiers excentriques : « Il ne sait pas ce que c'est que la misère. Il croit probablement que les pauvres sont ceux qui n'ont pas de voiture. Il faut qu'il comprenne, qu'il se rende compte, qu'il écoute les récits de ces malheureux, dans lesquels il y a beaucoup de mensonges, mais encore plus de vérités. Il faut qu'il connaisse les affreux logis sans air et sans pain où le bonheur est impossible. Il ne peut pas régner sans avoir vu cela. » Un jour, dans une longue promenade, elle me parla des réformes sociales de Napoléon III, surtout de la loi fameuse qui autorisait les coalitions ouvrières. Elle me dit : « C'est là qu'est l'honneur du règne. »

Mais laissons cet examen des opinions de l'Impératrice pour la regarder au grand moment de sa vie, pendant les jours de juillet, août et septembre 1870.

*
* *

« Cette guerre sera ma guerre », aurait-elle dit ; mais ce propos a été démenti par celui même que l'on assurait l'avoir entendu. D'autre part, M. de Parieu affirme que l'Impératrice lui demanda, au moment où il sortait d'un des derniers conseils tenus à Saint-Cloud, ce qu'il pensait de la situation. Il répondit : « Madame, je pense que, si l'Angleterre nous offrait sa médiation, nous aurions grand tort de ne pas l'accepter. » Elle répliqua : « Je le crois comme vous. »

Mais il est vrai qu'elle accepta vite la guerre — bien plus vite que l'Empereur, qui ne fit que s'y résigner. — Elle crut comme à peu près tout le monde que la victoire était certaine et serait prompte. Elle rêva d'un retour triomphal des troupes ; sous l'Arc élevé à la gloire de l'Oncle passeraient le neveu et le petit-neveu, Napoléon III et celui qui certainement un jour serait Napoléon IV.

L'Empereur partit donc pour l'armée le 28 juillet. Et, deux jours après, il écrivait à la Régente une lettre désespérée, désespérante ; il n'avait trouvé à Metz que désordre, confusion, mésintelligence, la moitié seulement des effectifs prévus, le service des approvisionnements et des transports inexistants — étrange document, où l'*Imperator* avoue qu'il ignorait totalement l'état de ses armées ! — Et dans la nuit du 4 au 5 août arrive à Saint-Cloud la nouvelle de la défaite de Wissembourg ; Paris s'étonne et s'agite. — Et le 6 août, la nouvelle court d'une grande victoire de Mac-Mahon ; Paris acclame et pavoise ; mais la nouvelle est fausse ; des groupes furieux courent par les rues, criant : « Enlevez les drapeaux. » Paris s'exaspère. — Et, ce même jour, 6 août, Mac-Mahon est battu à Reichshoffen et Frossard à Forbach. M. Émile Ollivier envoie un message à Saint-Cloud : il prie la Régente de signer un décret qui déclarera Paris en état de siège, et de revenir aux Tuileries avec « toutes les troupes dont elle peut disposer » ; or, ces troupes, c'étaient les 160 hommes présents au dépôt des voltigeurs de la garde. — Et l'Impératrice reçoit une dépêche du Grand-Quartier Général : « Nos troupes sont en pleine retraite... il ne faut plus songer qu'à défendre la capitale » ; elle se décide à partir

pour Paris immédiatement ; elle envoie aux ministres l'ordre de l'attendre aux Tuileries, où elle pré-
side le Conseil, le 7 août, à trois heures du matin. —
Et les Chambres ayant été convoquées pour le 9 août,
s'ouvre la crise ministérielle ; au ministère Ollivier
succède le ministère Palikao. — Et le 17 août arrive
de Châlons une dépêche annonçant que l'Empereur,
qui a remis au maréchal Bazaine le commandement
de l'armée de Metz, va rentrer à Paris, et que l'armée
de Mac-Mahon se reformera sous les murs de la ville ;
sur quoi, après longues délibérations, la Régente
signifie à l'Empereur qu'il ne doit pas revenir à Paris
et que l'armée de Mac-Mahon doit aller porter secours au maréchal Bazaine. — Et l'on ne sait plus ce
que va devenir l'Empereur ; il ne commande plus
l'armée de Metz ; il ne commandera pas l'armée de
Mac-Mahon. — Et le 23 août Mac-Mahon commence
sa fatale marche. — Et le 3 septembre après-midi,
la Régente reçoit la dépêche de Sedan ; Filon qui vient
d'apprendre la nouvelle à la Chambre rentre aux Tuileries ; il rencontre M. Conti, chef du cabinet de l'Empereur ; tous les deux se demandent si l'Impératrice
connaît le désastre ; elle leur apparaît au haut du petit escalier qui faisait communiquer les appartements
de l'Empereur avec les siens ; « elle est pâle, terrible,
les yeux durs, flambants de colère, presque défigurée
par l'émotion ; elle crie : « Vous savez qu'ils pré-
» tendent que l'Empereur s'est rendu, qu'il a capitulé.
» Vous ne croyez pas cette infamie ? » Elle répète sa
question : « Vous ne le croyez pas ? » M. Conti mur-

mure quelques paroles : « Madame, il y a des cir-
» constances... » Elle l'interrompt, et « son âme soulevée jusqu'en ses dernières profondeurs se répand
en un torrent de paroles tumultueuses et folles. Ce
qu'elle dit alors, Conti ne l'a répété à personne, et je
mourrai comme lui sans l'avoir répété... »

Le lendemain ce fut le 4 septembre.

*
* *

Telle est, brièvement résumée, l'histoire catastro-
phique des trente-huit journées écoulées entre le
26 juillet 1870 et la chute de l'Empire. Est-il possible d'y discerner, pour la juger ensuite, la conduite de la Régente?

Bien des accusations ont été portées contre l'Impératrice. On lui a reproché comme un acte particulièrement odieux d'avoir empêché le retour de l'Empereur à
Paris. Elle a donné ses raisons au général Trochu dans
la délibération qui a précédé la décision : « Général,
savez-vous que cinquante hommes armés pourraient
arriver jusqu'à cette chambre et me massacrer ; on ne
m'attaque pas pourtant, précisément parce que je ne
me défends pas, parce que l'on sait bien que, moi
disparue, l'Empire resterait debout. Mais supposons
l'Empereur dans ce palais qui est un piège à prendre
les souverains. Imaginez l'assaut de toutes les haines
coalisées contre lui. De deux choses l'une : ou
l'armée prendrait son parti, et alors ce serait une

guerre civile entre elle et les Parisiens armés, ou elle
l'abandonnerait et ce serait une révolution, un massacre. Dans les deux cas, qui gagnerait? Les Prussiens. »

Ceux qui ont vécu à Paris les journées de la fin
d'août 1870 souscriront à ce jugement. Depuis plusieurs années, l'Empire était en décadence par l'effet
de bien des causes dont les plus visibles furent la détestable guerre du Mexique et l'échec de la politique
impériale en 1866; cet échec, le gouvernement essaya
de le nier à la tribune par des arguments qu'accueil-
lirent des haussements d'épaules. On sentait une fois
de plus dans notre pays à quels périls s'expose une
nation quand elle abandonne sa destinée à l'arbi-
traire d'un maître. Les idées libérales se réveillèrent :
l'Empereur voulut satisfaire l'opinion ; mais les con-
cessions qu'il échelonna ne servirent qu'à fournir des
moyens à l'opposition sans cesse grandissante. En
1869, les élections de Paris condamnèrent l'Empire ;
les rues et les places publiques furent troublées par
des émeutes ; on brisa des réverbères, des essais de
barricades surgirent. La presse contait les exploits
des « blouses blanches » ; *la Lanterne* de Rochefort
était dans toutes les mains. Les réunions publiques
insultaient le couple impérial. L'Impératrice s'en faisait lire le compte rendu : le lecteur hésitait, s'arrêtait devant quelque parole trop grossière : « Lisez »,
disait-elle, et elle écoutait, sursautant à certains
passages. Quelquefois une foule hostile envahissait
la place du Carrousel. Un soir, pendant les journées

des « blouses blanches », la reine de Hollande assistait au château à une réception de gala donnée en
son honneur. Filon raconte cette soirée : tout le
monde a l'air contraint ; les yeux se portent involontairement vers les croisées qui donnent sur le
Carrousel : « L'orchestre de Waldteufell lance ses
valses les plus entraînantes ; cinq ou six couples se
risquent ; valser ce soir est une forme de dévouement
à l'Empereur. Quand la musique s'arrête, on entend
les clameurs de la foule chargée par les agents. Au
souper, beaucoup de tables sont vides : souper, c'est
aussi du courage. »

Passons une année ; arrivons en août 1870, à l'état
d'esprit d'alors : défaites coup sur coup, l'angoisse
succédant à de grands espoirs, l'incapacité militaire
révélée, Paris menacé, Paris attendant l'ennemi ; pour
défendre les Tuileries, quelques troupes, et que l'on
dit n'être pas toutes sûres ; d'autre part, de nouveaux bataillons de garde nationale ont été créés :
les anciens bataillons avaient été prudemment re-
crutés dans la bourgeoisie ; dans les nouveaux, le
populaire entra, et il était certainement révolutionnaire. Collision entre deux parties de l'armée, collision entre l'armée et la garde nationale, tout était
possible, probable, avec suites incalculables. L'Impératrice a bien fait d'interdire à l'Empereur de rentrer
à Paris.

Mais voici une autre accusation qui porte juste :

l'Impératrice a outrepassé les pouvoirs que lui attribuait l'acte par lequel la Régence fut constituée. Elle n'avait pas le droit de décréter l'état de siège, de convoquer les Chambres, de constituer un ministère ; elle a donc usurpé la souveraineté. Tout cela est parfaitement vrai. L'Impératrice s'est excusée par la nécessité des résolutions promptes ; mais, même dans son entourage intime, on s'inquiétait : « Votre Majesté agit révolutionnairement », disait Filon, qui eut avec elle une sérieuse conversation, le 17 août. Une dépêche avait annoncé à l'Empereur la décision prise que l'armée de Châlons ne se replierait par sur Paris ; l'Impératrice écrivit à son mari une lettre explicative dont elle montra le brouillon à Filon. Celui-ci lui demanda d'effacer quelques mots trop durs ; elle y consentit, mais il aurait voulu qu'elle refît toute la lettre. Pourquoi ne se contenterait-elle pas d'exposer les raisons qu'avaient fait valoir auprès d'elle, le ministre de la Guerre, le ministre de l'Intérieur, le préfet de police, en réservant à l'Empereur la décision suprême. L'Impératrice s'y refusa. Elle maintenait l'usurpation.

Que se passait-il donc en elle ?

Comme Filon, je crois que l'Impératrice fut portée par les événements et son propre caractère à dépasser sa fonction. Les premiers jours de la Régence, elle avait été une personne de peu d'importance ; à peine la tenait-on au courant des affaires ; mais la situation s'aggrave, les événements se précipitent ; la Régente est rappelée à Paris, d'urgence ; là, on s'aperçoit qu'elle est, dans le désarroi qui commence, pleinement maîtresse d'elle-même, résolue, vaillante. Tout le monde en est étonné ; Émile Ollivier s'écrie : « L'Impératrice est admirable ; tout le monde en a été frappé. » Elle est « ferme comme un roc », dit Mérimée : « Cette femme est une Romaine », dit le général Trochu. Même impression produite sur les visiteurs nombreux [1] qui vinrent aux Tuileries apporter des conseils. Le ministère Ollivier tombe ; c'est la Régente qui forme le nouveau cabinet après une nuit passée à délibérer sur les choix. Le nouveau chef du cabinet n'a aucune autorité dans le Parlement, ni dans le pays ; il est — et en quelles circonstances ! — de petite envergure. Seule, dans le Gouvernement, l'Impératrice est en vue : or, il y a en elle une naturelle énergie, une naturelle hauteur d'âme, un orgueil, une ambition de faire grand ; un grand rôle s'offre, s'impose, elle le comprend ; elle l'aime ; il lui plaît d'être la souveraine.

Le sentiment de cette dignité accroît son courage. Elle est résolue à la lutte jusqu'au bout. Au moment où elle ne sait pas ce que l'Empereur va devenir, elle apprend que le Prince erre de ville en ville, à la frontière Nord-Est, accompagné de quelques officiers, escorté par quelques cent-gardes. Les officiers

1. Parmi eux s'est trouvé M. Buloz, directeur de la *Revue des Deux Mondes*. Il m'a dit qu'il était allé aux Tuileries pour conseiller à l'Impératrice de se défier de M. Thiers. Il m'a dit aussi qu'il avait trouvé l'Impératrice tout autre qu'il la croyait être.

craignent qu'il ne soit bloqué dans quelque ville et parlent de le conduire à Amiens.

L'Impératrice écrit au commandant Charles Duperré, le plus élevé en grade des officiers du Prince, qu'elle n'est « pas d'avis de ces pérégrinations de ville en ville »; elle veut que son fils demeure sur « le théâtre de la guerre », à Laon, par exemple : « Vous avez un plus pressant besoin que celui de la sécurité, c'est celui de l'honneur et je trouve que cette retraite sur Amiens est indigne du Prince et de nous. Chacun de nous doit soutenir, dans les limites de ses forces, les durs devoirs qui lui incombent. J'ai le cœur déchiré mais résolu... J'ai des angoisses terribles; mais je veux avant tout que chacun de vous fasse son devoir. Songez à une chose : je puis pleurer mon fils mort, blessé, mais en fuite ! Je ne vous le pardonnerais jamais. C'est donc à votre honneur de militaire que je m'adresse. Faites pour le mieux, mais agissez en soldat. Je vous couvre et prends toute responsabilité. Nous tiendrons à Paris, si nous sommes assiégés et hors de Paris encore et toujours. »

Certes, l'Impératrice a souffert cruellement pendant ces journées, et elle a pleuré, mais en cachette. A ceux qu'elle voyait en larmes, elle disait : « Ne m'attendrissez pas; j'ai besoin de tout mon courage. » Une seule fois elle a perdu la maîtrise d'elle-même, mais au reçu de quelle nouvelle : Sedan ! De « folles paroles » lui sont échappées; mais le lendemain, elle a repris son sang-froid. Le 4 septembre, à midi, elle reçoit une députation d'un groupe parlementaire que lui présente M. Buffet. La conversation a été racontée à la Commission d'enquête sur le 4 septembre. « L'impératrice, déclare le général Chabaud-Latour, nous a tenu le langage le plus noble, le plus élevé. » Un des commissaires demande : « L'Impératrice était-elle calme ? » Réponse : « Elle était parfaitement calme. » M. Buffet loue sa « calme énergie ».

Parfaitement calme ! Et pourtant, des messages de police arrivant au cours de l'entretien, annonçaient le progrès de l'insurrection : baïonnettes au Carrousel, baïonnettes dans le jardin, baïonnettes rue de Rivoli.

Sous ce calme, que cachait-elle ? On sait qu'elle eut toujours à l'esprit le souvenir de Marie-Antoinette. Certainement, elle a pensé, au moment où elle rentrait à Paris, le 7 août, au sinistre voyage de la malheureuse reine, de Versailles à Paris, le 6 octobre 1789. Elle pensait à Marie-Antoinette lorsqu'elle parlait au général Trochu des Tuileries, « piège où l'on prend les souverains ». Elle prévoyait sa mort sur l'échafaud, même quelque chose de pire : « Je n'avais pas peur de la mort. Tout ce que je craignais, c'était de tomber entre les mains de quelques mégères qui eussent mêlé à ma fin quelque épisode honteux ou ridicule, qui eussent essayé de me déshonorer en me massacrant. Je me figurais mes jupes relevées, j'entendais des rires féroces ; car les tricoteuses ont laissé une postérité. »

Pour apprécier à sa valeur le courage de l'Impératrice, il faut se rappeler que son imagination était hantée par des visions tragiques.

.**.

Je n'ai guère fait qu'analyser les *Souvenirs sur l'Impératrice Eugénie*. Je répète qu'ils sont un document précieux. L'auteur ne s'est pas proposé d'écrire une histoire des derniers temps de l'Empire ; mais il apporte à cette histoire sa contribution. Observateur très fin, il décrit les choses et les personnes qui se succèdent sous son regard clairvoyant. Avec son esprit. son cœur très sensible a collaboré. Son émotion se sent à chaque page de ses deux livres : *le Prince Impérial* et les *Souvenirs*. On lui reprochera cette émotion ; on l'accusera d'avoir été prévenu en faveur de personnes qu'il a tant aimées, mais son absolue sincérité ne peut être contestée. Même ceux qui ont combattu l'Empire reconnaîtront, je l'espère, qu'il est bon qu'un écrivain, si bien placé pour voir et si capable de bien voir, ait donné, sur les dernières années de ce gouvernement, un témoignage d'honnête homme.

ERNEST LAVISSE.

SOUVENIRS

SUR

L'IMPÉRATRICE EUGÉNIE

I

PREMIÈRES IMPRESSIONS
SOUVENIRS RÉTROSPECTIFS

C'est le 5 septembre 1867 que je fus présenté à l'Impératrice Eugénie. J'avais été installé, la veille, par le général Frossard dans mes fonctions de précepteur ou, pour parler plus exactement, de répétiteur du Prince impérial. Le Prince, qui relevait alors de maladie, se trouvait seul au château de Saint-Cloud avec sa petite cour, qui se composait de trois ou quatre personnes, perdues dans l'immensité du grand château désert. Depuis vingt-quatre heures, admirant le changement magique qui s'était fait dans mon humble existence, je me laissais fasciner par cette royale solitude. J'errais dans ces galeries pleines d'objets d'art, mais encore plus remplies de souvenirs.

A travers les fenêtres entr'ouvertes, j'écoutais chanter ces jets d'eau, qui « ne se taisaient ni jour, ni nuit »; je regardais le soleil dorer ces gazons sur lesquels avaient traîné la jupe de Marie-Antoinette et celle de Marie-Louise.

Après le dîner, nous fumions un cigare, à la nuit tombante, dans la cour d'honneur, pendant qu'au-dessus de Paris, vague et lointaine, une lueur commençait à planer. Un bruit de roues, des lumières qui montaient en file attirèrent notre attention vers l'avenue : « C'est l'Empereur, c'est l'Impératrice ! » crièrent mes compagnons, habitués à ce genre de visites. Ils coururent pour se trouver à la descente et saluer Leurs Majestés. Je fis comme les autres et me trouvai, un instant après, au milieu d'une foule de personnes inconnues dont aucune ne paraissait faire attention à moi. Ces messieurs et ces dames montaient l'escalier derrière les souverains, dans un joyeux brouhaha. Je les suivis. Il y eut un temps d'arrêt dans le premier salon, placé entre le cabinet de travail du Prince et la chambre de l'aide de camp. J'étais caché par plusieurs personnes et je fus très surpris d'entendre l'Impératrice dire tout haut à l'Empereur :

— Il me semble que j'aperçois une figure nouvelle.

Aussitôt, et comme par enchantement, mes voisins qui, jusque-là, n'avaient pas paru me voir, s'écartèrent à droite et à gauche.

— C'est le nouveau précepteur de Louis, monsieur Filon, que je te présente, dit l'Empereur, auquel j'avais été amené, le vendredi précédent, par le général Frossard.

Par ce premier mot, l'Empereur mettait à néant ce titre de répétiteur, choisi à dessein par le gouverneur et dont il ne fut plus jamais question.

Je m'inclinai très bas et ne pus voir le sourire de bienvenue qui m'était adressé par la souveraine.

Là-dessus, l'Empereur et l'Impératrice passèrent chez leur fils et je ne vis plus rien d'eux ce soir-là.

Le surlendemain, la Cour vint dîner à Saint-Cloud. L'Impératrice allait, de là, avec le service, faire une promenade à Versailles et à Trianon, aux flambeaux. Elle invita « la jeune Cour », comme on nous appelait, à l'accompagner. La jeune Cour avait fort envie de s'amuser. En particulier, j'aurais eu un plaisir extrême à revoir, dans de pareilles conditions et en une telle compagnie, des lieux que j'aime tendrement et où se sont passés les meilleurs jours de mon enfance. Mais la convenance nous obligeait à décliner respectueusement un amusement que notre Prince ne pouvait partager. C'est ce que nous fîmes. Pendant le repas, je m'étais trouvé placé entre une des nièces de l'Impératrice, Louise d'Albe, et son chambellan, le très aimable comte de Cossé-Brissac, qui devint plus tard un de mes amis. J'étais bien en vue et je me sentais observé, car s'il m'importait beaucoup de connaître la mère de mon élève, elle n'était pas moins curieuse de savoir quelle espèce d'homme M. Duruy et M. Frossard avaient placé auprès de lui. J'ai toujours eu la vue très basse et, comme je n'osais me servir de mon lorgnon, l'Impératrice ne fut encore pour moi, ce soir-là, qu'une voix entendue à distance.

Le lendemain, 8 septembre, eut lieu le départ pour Biarritz. Durant le voyage, l'Impératrice m'adressa

gracieusement la parole à plusieurs reprises, mais je
ne pus prendre sur moi de la regarder en face ou de
lui répondre autrement que par des monosyllabes,
quoique tout le monde, autour de moi, parût mer-
veilleusement à l'aise auprès d'elle.

Nous arrivâmes à la villa Eugénie le dimanche 9
et, dans l'après-midi, j'eus avec l'Impératrice une
longue conversation qui marqua la fin de mes timidi-
tés et le commencement de mes surprises. En effet,
je trouvai une femme entièrement différente, physi-
quement, intellectuellement et moralement, de celle
que j'avais imaginée. Il y avait quatorze ans qu'elle
était sur le trône et, durant cette période, enfermé
dans une pension, puis dans une École, ou habitant
une ville de province, je ne l'avais jamais vue et ne la
connaissais encore que par des portraits. Deux, surtout, m'avaient frappé. L'un était ce profil de Winterhalter, si souvent reproduit par la gravure et dont
je devais, plus tard, rapporter à Camden l'original,
sauvé du désastre par le régisseur de Fontainebleau.
L'autre était cette peinture officielle dont une copie
ornait les grands hôtels de ville de province et que
les enlumineurs d'Épinal n'avaient pas complètement
gâtée. L'Impératrice y était représentée debout, coif-
fée d'un diadème de pierreries, avec le manteau impérial dont la traîne balayait les marches du trône.
Winterhalter lui avait donné un regard doux, rêveur,
voilé, presque mélancolique, un regard qui va chercher dans l'ombre de l'avenir ou du passé je ne sais
quelle espérance ou quel regret. Dans l'autre tableau,
au contraire, elle apparaît jeune, éclatante, naïve-
ment heureuse, comme si l'artiste avait voulu que sa
physionomie exprimât, avant toute chose, l'étonne-

ment ravi de sa haute fortune. Ni l'une ni l'autre de
ces deux œuvres ne peut donner une idée du caractère ou des facultés intellectuelles de celle qui leur
a servi de modèle. Dans la suite, je l'ai revue à certains soirs, délicatement majestueuse dans sa splendeur impériale, et j'ai retrouvé, dans son regard, cette
suave et rêveuse mélancolie que Winterhalter y avait
aperçue. Mais, quand je la vis, pour la première fois,
de près, à Biarritz, rien, en elle, ne rappelait ces deux
attitudes. Aucune pose, aucun souci de l'effet. Plus
simple et plus naturelle dans tous ses gestes et dans
toutes ses intonations qu'aucune des femmes qui
l'entouraient, elle ne semblait nullement se rappeler
qu'elle eût un rôle à jouer, pas plus celui de jolie
femme que celui de souveraine. Après tant d'années
écoulées, je crois la voir encore sur la terrasse de la
villa, telle que je la vis ce dimanche-là. Elle n'avait
ni chapeau ni ombrelle et, s'abritant les yeux de sa
main fine, gantée de Suède, elle abandonnait tout le
reste aux brutalités de ce soleil presque espagnol
qui lui faisait faire mille grimaces et qui ne ménageait
pas un teint déjà légèrement endommagé. Il lui eût
été facile, par mille moyens que toutes les femmes
connaissent, de dissimuler certaines taches ou certaines meurtrissures à peine visibles, laissées sur son
visage par la souffrance physique ou morale. Mais
elle ne recourait que rarement à ces moyens. A part
l'innocente poudre de riz, son seul artifice était un
coup de crayon noir, très appuyé, dont elle soulignait
les cils de la paupière inférieure. Elle en était venue
à considérer cette ligne noire comme un trait essen-
tiel de sa physionomie et ne se serait pas reconnue
elle-même sans cette ombre artificielle qui changeait

l'expression de son regard. J'oserais presque dire qu'elle y tenait à force de sincérité. La supprimer, c'était se déguiser, se contrefaire. Aussi la verra-t-on refuser d'omettre cette particularité de toilette dans une circonstance critique où cette omission pouvait être son salut. Mais je reviens à la terrasse de Biarritz et à notre première conversation. Elle me demanda de permettre à ses nièces d'assister à quelques-unes des leçons du Prince impérial en attendant l'arrivée, très prochaine, de leur gouvernante[1]. Puis l'entretien roula sur l'éducation du Prince. Elle en parla librement, avec une chaleur et une franchise qui me stupéfièrent et me charmèrent, car elle semblait, dès ce premier jour, entièrement sûre de moi. Elle eut un mot gracieux, presque affectueux, pour mon maître, Victor Duruy, que je croyais sa bête noire, et s'exprima, sans l'ombre de ménagement, sur certaines personnes que l'on disait haut placées dans sa faveur. Ses vues devançaient celles qui ont été proposées, depuis trente ans, par les meilleures autorités pédagogiques ; elles étaient justes, neuves, hardies. L'Impératrice voulait que l'on fît, avant tout, l'éducation du caractère, que l'on inspirât à son fils l'indépendance du jugement avec le respect de la liberté d'autrui, l'initiative, « le courage de penser, disait-elle, qui précède le courage d'agir. »

Mon impression fut profonde. Dès ce moment disparut l'image, purement artistique, de la Beauté sans pareille et sans défaut qui posait sur le trône, comme la reine des fées au centre d'une apothéose

---

1. Cette gouvernante, choisie parmi les plus distinguées des dames de Saint-Denis, était mademoiselle Redel, qui épousa, quelques années plus tard, Victor Duruy.

de théâtre. A sa place, il y avait une femme de tête et de cœur pour laquelle je me sentis un dévouement passionné.

Cette impression se serait, cependant, effacée si elle n'avait été confirmée par les impressions reçues les jours suivants.

A la date du 19, j'écrivais à ma mère : « Il est impossible de s'imaginer une personne à la fois aussi séduisante et aussi souveraine que l'Impératrice et il n'y a rien de plus spontané que l'envie qu'on éprouve de lui plaire et d'être regardé par elle avec bienveillance. C'est une nature toute chevaleresque et de premier mouvement, avec une science pratique dont la précision étonne, à chaque instant, les gens de telle ou telle spécialité. Elle discute avec un éclat qui m'abasourdit et elle a même un don bien rare chez une femme, l'éloquence [1]. »

Telle l'Impératrice s'était montrée avec moi, telle elle était avec tous. L'Empereur faisait constamment des questions et accueillait les réponses, souvent absolument nulles, qu'on lui faisait, avec un grognement vague qui eût pu être interprété dans les sens les plus divers ; mais, comme il inclinait la tête de côté en souriant des yeux et des lèvres, l'interlocuteur pensait l'avoir ravi.

---

1. L'Impératrice s'amusait, pourtant, à nous raconter comment, dans telle ou telle occasion solennelle, elle était restée muette et s'était enfuie au cours d'une cérémonie, un jour entre autres, où elle présidait la Société du Prince impérial. Je considérais ces anecdotes comme de pures plaisanteries qu'elle faisait à ses propres dépens, car je l'ai toujours vue trouver sur place le mot juste, ou énergique, ou pittoresque que la circonstance réclamait. Il ne fallait pas la croire sur elle-même. Elle m'a bien dit qu'elle était poltronne, et cela un jour où elle venait de montrer un courage extraordinaire.

L'Impératrice, elle, discutait sans trêve, et ceux qui la contredisaient le plus hardiment me parurent ses préférés. Je citerai, parmi ceux qui lui tenaient tête à Biarritz, en 1867, l'amiral Jurien de la Gravière et le baron Corvisart. Les autres personnes du service maugréaient contre eux et les accusaient « d'exciter l'Impératrice », comme si c'eût été le plus grand des crimes de la faire parler. Je ne tardai pas à me rendre coupable du même crime. L'Impératrice connut, très vite, que je lui étais entièrement dévoué, bien que je n'eusse aucunement l'air de me mourir d'amour pour elle. Cette attitude lui plut et fut la première cause de la bienveillance qu'elle me témoigna, bienveillance qui eut des éclipses, mais qui me revint toujours et qui a été la fierté de ma vie. Je n'en raconterai pas ici le progrès, car cela n'aurait d'intérêt pour personne. Mais elle me valut de précieuses confidences. Je les ai recueillies à l'époque où elles me furent faites et dans les termes dont l'Impératrice s'était servie. Je les place, ici, selon l'ordre des temps auxquels elles se rapportent. J'y joins quelques détails que m'ont appris certaines correspondances inédites placées plus tard entre mes mains ou que m'ont révélés des témoins oculaires d'une bonne foi indiscutable. J'élimine les innombrables anecdotes qui me sont venues de seconde main, si intéressantes qu'elles me paraissent et de quelque source authentique qu'elles proviennent. Les pages qu'on va lire ne forment donc pas un récit suivi ; elles ne peuvent être considérées, à aucun degré, comme une vie de l'Impératrice, mais, d'un autre côté, elles ont une sorte d'intérêt autobiographique, car c'est elle, pour ainsi dire, qui va prendre la parole et, à défaut de ses véritables « mémoires », que nous eussions été si heureux de lire et qu'elle n'a pas voulu écrire, on retrouvera quelque trace de ses impressions personnelles et de son moi intime dans ce qui suit :

« Je suis venue au monde pendant un tremblement de terre. Ma mère accoucha sous une tente, dans le jardin. Qu'est-ce que les anciens auraient pensé d'un pareil présage? Ils auraient dit que je venais bouleverser le monde. »

L'Impératrice m'a très souvent parlé de son père et de sa mère. Elle avait, pour la mémoire du premier, une sorte de culte et il y avait de l'attendrissement dans la façon même dont elle souriait en rappelant ses excentricités. Tous ceux qui l'ont connue intimement savent que la miniature du comte Cyprien de Montijo ne la quittait point. Dès les premiers jours d'exil, je la retrouvai sur sa table, comme je l'avais vue tant de fois aux Tuileries. Une partie du visage disparaissait sous un bandeau noir qui rappelait une glorieuse blessure reçue au service de la France. Des traits fins, énergiques et pâles, qui n'étaient pas sans rapport avec ceux de sa fille. Eugénie était, de corps et d'âme, une vraie Montijo, avec quelques gouttes de sang wallon et écossais : d'où le bon sens qui apparaissait lumineux, à certaines heures, et faisait contrepoids aux héroïques folies. Le père de l'Impératrice avait pris le titre de comte de Montijo à la mort de son frère aîné, Eugenio, oncle et parrain de l'enfant On admirerait ces deux hommes si on les connaissait. Eugenio avait fait une tentative magnifique et désespérée pour renverser l'infâme Manuel Godoï et, pour sa peine, il a reçu les insultes de

1.

l'Histoire plate et bourgeoise, qui se courbe jusqu'à la boue devant le succès :

> *Sed quid*
> *Turba Remi? — Sequitur Fortunam, ut semper, et odit*
> *Damnatos...*

Dès 1845, M. Thiers implorait Mérimée pour obtenir, grâce à lui, de madame de Montijo des renseignements sur le caractère et les aventures de son beau-frère. Il les obtint et les travestit avec ce sans-gêne et ce mépris absolu de la vérité qui l'ont toujours caractérisé.

Quant au cadet, le colonel. Portocarrero, libéral et philosophe, il aimait la France parce qu'elle était, à ses yeux, la patrie de la philosophie et de la liberté. Mais il admirait aussi le génie et la gloire. C'est pourquoi il servit la France et Napoléon. C'est lui qui, à la tête de nos jeunes polytechniciens, tira sur les alliés, en 1814, les dernières volées de canon envoyées par les batteries de Montmartre. Il était donc fort digne d'être persécuté par Ferdinand VII et il le fut.

Quant à la comtesse de Montijo, sa femme, je ne l'ai jamais vue. Je la connais par un délicieux portrait de Goya, par les conversations de l'Impératrice et surtout par la correspondance inédite de Mérimée, qui couvre trente et une années, sauf quelques interruptions et, vers la fin, quelques ralentissements. La comtesse de Montijo se reflète dans ces lettres qui lui sont adressées et qui nous font connaître ses goûts, ses occupations, son caractère, sa manière d'être envers ses amis et envers ses filles.

Il n'y a pas à douter de sa rare intelligence des

choses de la littérature, surtout de l'histoire et, plus encore, de la politique.

J'ai expliqué dans mon livre, *Mérimée et ses amis*, comment elle aidait le célèbre écrivain dans ses recherches philologiques ou archéologiques, ou lui fournissait des sujets de romans.

« Ma mère, me disait l'Impératrice, voulait faire le bonheur de tout le monde, mais pas à leur manière, à la sienne... Ce qui lui appartenait, choses et gens, était au-dessus de tout. Ses filles d'abord. Elle les vantait d'une manière gênante pour elles, lorsqu'elles étaient là. Jusqu'à ses petits arbres rabougris de Carabanchel qui lui semblaient plus grands que les marronniers des Tuileries! C'est cet optimisme qui la faisait réussir. Elle triomphait des difficultés à force de ne pas les voir. Tenez, vous connaissez Lesseps, qui est le cousin-germain de ma mère? Hé bien, c'est absolument le même caractère. Tous deux ont réalisé l'impossible. Lorsque ma mère devint aveugle, elle fit des efforts incroyables pour dissimuler aux étrangers et se cacher à elle-même cette infirmité. Elle prétendait se diriger seule et diriger les autres; elle renversait les meubles, se heurtait aux murs, voulait passer par des portes qui étaient closes. Tant il lui en coûtait de s'avouer vaincue, même par la maladie! »

La correspondance de Mérimée m'a appris, et l'Impératrice, dans ses conversations, m'a souvent confirmé que la comtesse de Montijo avait la passion de marier les gens. On conçoit que le mariage de ses propres filles tînt le premier rang dans ses préoccupations. Quand elle en avait le temps, elle fabriquait des académiciens. Elle avait un peuple d'amis, de protégés, de créatures, dont elle ne perdait jamais de vue les intérêts dans sa multiple et incessante activité. On l'a soupçonnée de faiblesses dont elle était incapable : on eût été mieux fondé à l'accuser d'ambition. Mais cette ambition n'était pas si déraisonnable et elle la justifiait plus qu'à demi par des dons assez rares chez une femme : constance, énergie et sang-froid. Comme *Camerera mayor*, elle fit, en quelque sorte, partie du cabinet Narvaëz en 1847 et 1848. Elle prit même, à cette époque, une influence si considérable qu'elle inspira de la jalousie au président du Conseil. Lorsqu'elle joua, contre l'avis de sa fille aînée et, pour ainsi dire, à l'insu de la principale intéressée, la grosse partie qui fit Eugénie de Guzman impératrice des Français, elle avait rêvé, cela est évident, une grande influence politique dans notre pays. En quoi elle fut cruellement déçue; mais ce n'est que justice de dire que cette influence, si elle se fût exercée, eût été intelligente et libérale.

Mais ces jours de grandeur étaient encore loin lorsque le couple proscrit des Montijo vint s'installer à Paris dans un très modeste appartement. « Nous n'étions pas riches, me disait l'Impératrice, et mon père n'avait pas tort lorsqu'il voulait nous habituer, de bonne heure, à la pauvreté qui devait être notre lot. Mais il exagérait un peu lorsqu'il prétendait nous faire porter des robes de toile en toute saison, lorsqu'il empêchait ma mère de nous acheter des parapluies ou de nous faire monter avec elle en voiture. » L'éducation des deux petites filles fut un peu négligée. Cependant, elles passèrent quelque temps dans un des meilleurs couvents de Paris, au Sacré-Cœur. Elles prirent des leçons de musique et de peinture.

Pour savoir jusqu'à quel point l'Impératrice profita de ces leçons, il n'aurait pas fallu s'en rapporter à elle, car elle avait l'habitude de se ridiculiser à plaisir. Elle racontait qu'un de leurs amis étant venu les voir pendant leur séjour à Paris, s'était écrié :

— Ah ! comme on voit bien que vous êtes logées en garni !

— Et à quoi cela se voit-il ?

— Mais à ces croûtes sur les murs.

« C'étaient des aquarelles de moi », ajoutait piteusement l'Impératrice. Si l'histoire est vraie, le visiteur ne s'y connaissait guère. J'ai vu des aquarelles de l'Impératrice : elles étaient d'un coloris agréable et juste, d'un ton doux et fin.

Elle prétendait n'avoir jamais été capable de chanter, mais elle sentait vivement la musique. Elle goûtait peu nos opéras-comiques. « Quand on commence à s'intéresser à ce qu'ils disent, remarquait-elle, ils se mettent à chanter et quand on commence à s'intéresser à ce qu'ils chantent, ils se remettent à parler. » Elle n'aimait pas davantage certains opéras italiens, car elle faisait peu de cas des tours de force et des virtuosités, mais elle était sensible à la qualité du son, au sentiment, au style et je l'ai vue émue jusqu'aux larmes de certains chants qui remuaient en elle des fibres profondes.

Malgré sa situation de fortune si précaire, la comtesse de Montijo avait des relations dans le grand monde parisien. C'est à cette époque qu'elle connut les Castellane et les Delessert. Cécile Delessert, fille de M. Gabriel Delessert, devint l'amie intime d'Eugénie de Montijo. Après son mariage avec le comte de Nadaillac, ennemi ardent de la dynastie impériale, cette intimité ne cessa pas d'exister et, bien que la comtesse de Nadaillac ne parût pas dans les cérémonies officielles, elle faisait de fréquentes visites aux Tuileries et fut invitée, en 1869, par l'Impératrice à l'accompagner à l'inauguration du canal de Suez. Édouard Delessert était, lui, fréquemment, l'hôte des Tuileries et de Compiègne. On disait qu'il avait éprouvé jadis pour la compagne de jeux de sa sœur un sentiment plus fort que l'amitié.

Madame de Montijo voyait aussi des artistes et des gens de lettres. Mérimée, que son mari lui avait amené, en Espagne, lors du premier voyage que fit, au delà des Pyrénées, l'auteur de *Clara Gazul*, était au premier rang parmi ceux-là et lui présenta plusieurs de ses amis ; entre autres Stendhal, qui fut, pour les deux enfants et resta, jusqu'au bout, pour l'Impératrice « monsieur Beyle ». « Il venait le soir et nous prenait chacune sur un de ses genoux pour nous raconter les campagnes de Napoléon. Les jours où il venait étaient pour nous des jours de fête et, quand il était là, on ne pouvait pas nous décider à aller nous coucher. » Jamais l'Impératrice n'a lu, je crois, une ligne de Stendhal. Elle conservait, soixante ans plus tard, toutes ses illusions sur lui. C'était, pour elle, un vieux monsieur très bon, qui adorait les petites filles et qui parlait admirablement. Ce flétrisseur d'âmes avait éveillé en elle les instincts héroïques ; ce réaliste sans pitié lui avait inoculé la passion du grand et ce que j'appellerai le sentiment du merveilleux dans l'Histoire.

Elle eut, vers ce même temps, une autre admiration plus vive encore, mademoiselle Rachel. La grande tragédienne, alors à ses débuts, venait chez la comtesse de Montijo et leur donnait souvent des places pour venir l'entendre. « Elle nous voulait tout près d'elle, dans l'avant-scène du rez-de-chaussée, à gauche (qui fut, sous l'Empire, attribuée au surintendant des Beaux-Arts). Notre émotion, notre enthousiasme, nos larmes l'inspiraient. Elle suivait dans nos yeux dilatés le *crescendo* de sa puissance tragique. » A cette époque, Rachel paraissait à Eugénie de Montijo un être vraiment extraordinaire, placé au-dessus des défauts et des faiblesses de l'humanité. Longtemps après, les confidences de l'Empereur lui-même l'éclairèrent sur certains aspects du caractère de son héroïne [1].

Elle garda toute sa foi dans le génie tragique de mademoiselle Rachel. Un soir, à Farnborough, en avril 1885, elle déclama la tirade de *Phèdre* qui était restée dans sa mémoire avec les intonations de la grande actrice :

[1]. J'ai eu entre les mains une lettre curieuse du Prince Louis-Napoléon à M. Vieillard, où il lui recommandait mademoiselle Rachel et le priait de lui servir de guide comme à une jeune fille sans expérience et que mille périls menacent, que mille tentations assiègent. La vérité est qu'à cette époque elle était la maîtresse du Prince. Je tiens le fait de l'Impératrice. A ce sujet, elle m'a raconté l'anecdote suivante. Rachel faisait une tournée dramatique dans le nord de l'Angleterre et le Prince Louis l'accompagnait. Avec eux, comme troisième voyageur, se trouvait dans le compartiment le prince Napoléon Jérôme, alors tout jeune. Le Prince Louis s'endormit, durant le trajet. Ayant, par hasard, entr'ouvert un œil, il vit son cousin et sa maîtresse qui s'embrassaient. Là-dessus, il referma l'œil et continua tranquillement son voyage ; mais, dès le lendemain, il reprenait le train de Londres.

L'Impératrice ajouta en souriant :

— Comme c'est bien lui, n'est-ce pas ?

— Oui, — me permis-je de répondre, — comme c'est bien eux !

Oui, prince, je languis, je brûle pour Thésée...

C'était après le dîner. Les hommes étaient dans la salle de billard et trois dames seulement étaient assises avec l'Impératrice, travaillant autour d'une grande table. Ma femme était l'une d'elles et me raconta, dès le soir même, cette récitation qui l'avait vivement frappée à cause de l'accent extraordinaire qu'y avait mis l'Impératrice.

Je reviens à ces années d'enfance et d'adolescence. La petite fille qui devait être l'Impératrice Eugénie y apparaît dans des attitudes très différentes, à la clarté de deux ou trois anecdotes. « Eugénie de Téba avait deux ans quand Mérimée fut présenté à la comtesse de Montijo. Quelques années plus tard, un des amis de Mérimée le rencontra rue de la Paix ; il tenait par la main une adorable petite fille de cinq ou six ans. Frappé de la grâce et de la gentillesse de cette enfant, l'ami de Mérimée demanda qui elle était. « C'est, répondit-il, une petite Espagnole, la fille d'une de mes amies... Je vais lui faire manger des gâteaux [1]. »

Un autre jour, déjà grande, elle se promène sur le boulevard avec sa sœur. Elles voient un pauvre corbillard qui s'achemine vers le Père-Lachaise. Pas une âme ne le suit, pas même le chien qui, dans un tableau célèbre, mène tout seul le deuil de son maître. Ce convoi solitaire fait passer une émotion douloureuse dans l'âme des deux jeunes filles. « Suivons-le ! » dirent-elles. Et les voilà, escortant jusqu'à la fosse commune le pauvre inconnu. Plus tard, l'Impératrice Eugénie se souvint de ce corbillard abandonné

1. Préface de Louis Fagan, *Lettres de Mérimée à Panizzi.*

qui s'en allait sans une larme et sans une bénédic-
tion. De ce souvenir naquit l'institution des aumôniers des dernières prières, dont la fonction s'explique
d'elle-même. L'Impératrice avait voulu que, là où la
famille et l'amitié étaient invisibles, la religion, du
moins, fût toujours présente.

Un nouveau règne, rompant avec les traditions de
Ferdinand VII, avait rouvert les portes de l'Espagne
aux exilés en leur restituant tous leurs biens. Mais
le comte fut, d'abord, le seul à en profiter et c'est
seulement après sa mort, en 1839, que la mère et les
filles repassèrent les Pyrénées. Alors commença une
existence très différente de celle qu'elles avaient
menée à Paris. A ce moment, si je ne me trompe, l'ins-
titutrice anglaise des deux jeunes filles, miss Flowers,
était déjà en fonctions auprès d'elles. Ce nom revenait fréquemment dans les réminiscences de l'Impératrice comme le remords souriant de mille fautes
innocentes. « Pauvre miss Flowers ! » disait-elle, et
l'on devinait tous les chocs donnés par les folles et
impétueuses jeunes filles au rigorisme de la vieille
demoiselle, nourrie dans les idées de miss Edgeworth
et de Jane Austen. L'Angleterre prude et sentimen-
tale d'alors ne songeait guère à pratiquer les sports
et à professer le flirt comme elle l'a fait depuis. Miss
Flowers enseigna l'anglais à ses élèves, et n'y réussit
pas mal. L'Impératrice prononçait fort bien l'anglais,
mais elle avait un vocabulaire très limité à sa disposition : d'où une certaine répugnance à causer dans
cette langue. Quant à sa langue maternelle, il ne
paraît pas que son long séjour en France lui en eût
fait perdre la pratique. Des hommes du monde, qui
étaient, en même temps, des esprits très cultivés,

m'ont souvent dit que l'Impératrice parlait le pur cas-
tillan et que son débit était d'une dignité et d'une
netteté classiques. En effet, quand elle causait avec
ses anciens compatriotes, la différence était frappante
même à l'oreille d'un étranger. Rien ne ressemblait
moins à cette série de petites détonations précipitées
qui semble caractériser une phrase espagnole dans
la conversation ordinaire, que l'accent plein et soutenu dont elle s'exprimait.

Avant même de repasser les Pyrénées, Eugénie de
Guzman avait écrit à Mérimée. Les amusements de
Madrid ne lui firent pas oublier, à elle ni à sa sœur,
les amis laissés derrière elle. Les deux lettres suivantes, adressées toutes deux à Beyle, en font foi. Le
texte original de ces lettres est entre les mains d'un
collectionneur bien connu, qui les a récemment com-
muniquées à la presse. La première est datée de
décembre 1839 :

« Monsieur, j'ai reçu votre lettre avec un grand
plaisir. J'attends avec impatience l'année 1840, puisque
vous nous faites espérer de vous revoir. Vous me de-
mandez ce que je fais à présent. J'apprends à peindre
à l'huile un peu, riant, travaillant comme par le
passé. Maman trouve encore le temps de nous donner
quelques leçons et nous tâchons de ne pas oublier
tout ce que nous avons appris à Paris.

» A présent, l'Espagne est dans une grande agitation. Tout le monde désire la paix et Maroto, général
carliste, est passé au camp Cristino, moyennant une
forte somme d'argent, ce qui n'est pas beau, et tous
les autres petits officiers ont suivi son exemple. La
Navarre, Alava, Guipuzcoa, Biscaye, ont reconnu la

reine légitime. On annonce que don Carlos et la duchesse de Bura ont passé en France ; Cabrera s'est
dirigé vers Jaramon et vingt cavaliers sont sortis
pour voir le mouvement de l'ennemi. A Madrid, il y
eut de grandes fêtes en l'honneur de la proclamation
de la paix, mais on l'a proclamée tant de fois que je
n'y crois plus. Cependant tout le monde désire la
paix. Maman, ma sœur et miss Flowers vous présen-
tent leurs respects et moi, je suis, monsieur, avec
dévouement, votre affectionnée amie.

> » E. GUZMAN Y PALAFOX. »

La seconde lettre est datée de décembre 1840 et,
quoiqu'elle soit signée de l'aînée, me paraît exprimer
assez bien les sentiments des deux sœurs pour
prendre place ici.

> Madrid, décembre 1840.

« Mon cher monsieur, il y a longtemps que je n'ai
eu le plaisir de vous écrire, mais j'en ai été empê-
chée d'abord par un voyage que nous avons fait à
Tolède où nous avons vu des choses magnifiques. Il
faut, monsieur, que vous vous déterminiez à faire un
voyage en Espagne. Tâchez donc d'y venir à présent
que la reine est à Barcelone, et à Valence, et de là,
en trois jours, par la diligence, à Madrid : ce qui
rendra bien heureuses vos petites amies. Nous recom-
mencerons nos bonnes causeries, car ici, nos seuls
amusements sont d'aller, toutes nos après-midi, à
une maison de campagne tout près d'ici, où nous cou-
rons comme des bienheureuses.

» Nous n'avons point d'amies, car les jeunes filles
de Madrid sont si stupides qu'elles ne parlent que de

toilettes et, pour changer, mal les unes des autres. Et moi qui n'aime pas à avoir des amies de la sorte! Et quand je vais faire une visite, je ne fais que bouger et je ne leur parle que pour leur dire adieu. Vous devez être bien content à présent que l'on va apporter les cendres de Napoléon. Moi aussi, je le suis et je voudrais être à Paris pour voir cette cérémonie. Il faut que vous alliez à Paris aussi, mais avant, il faut venir ici et nous pourrons alors faire ce voyage ensemble.

» Adieu, mon cher monsieur, croyez à l'amitié de votre affectionnée

» PACA PORTOCARRERO Y. P. »

La maison de campagne dont il s'agit, c'était Carabanchel. L'Impératrice ne pouvait, même dans les dernières années, prononcer ce nom sans que sa figure s'éclairât d'un rayon de jeunesse. Carabanchel était une fantaisie du fameux ministre Cabarrus, qu'un hasard de la destinée a fait le père de madame Tallien et le grand-oncle de l'Impératrice Eugénie. Il avait voulu bâtir sa résidence et se créer un parc dans un endroit pour lequel la nature ingrate et réfractaire n'avait rien fait. Elle avait paru se laisser vaincre, mais n'avait jamais accepté définitivement sa défaite. Au surplus, qu'importait? L'attrait de Carabanchel, dans ces heureuses années, était en celles qui l'habitaient alors, qui le poétisaient de leur grâce, l'embellissaient de leur beauté. Il y avait de l'amour dans l'air : Mérimée dit qu'on entendait des soupirs dans tous les coins. On dansait à Carabanchel, on y jouait la comédie et, au besoin, on y chantait le grand opéra, car rien n'arrêtait madame de

Montijo. J'ai demandé à l'Impératrice quelle part elle prenait à ces divertissements. Je n'ai pu obtenir d'elle qu'une anecdote où elle se distribuait, comme c'était son habitude, un rôle ridicule. « Comme je ne pouvais ni jouer ni chanter, on m'avait chargée de représenter, dans *Norma*, une femme qui tient dans ses bras certain petit enfant dont la présence est nécessaire à l'action. J'entre en scène avec le baby. Il se met à crier, probablement parce que, dans mon trouble, je le tenais avec la tête en bas et les pieds en l'air. Alors, je le jette sur une chaise et je me sauve. On ne m'a plus jamais rien demandé. Maintenant, vous connaissez toute ma carrière dramatique [1]. »

On a vu, par la lettre à Stendhal, combien les souvenirs napoléoniens étaient restés vivaces dans l'imagination des deux jeunes filles. Un incident de leur vie vint ajouter un nouvel aliment à ce sentiment, donner une sorte de vie romanesque à ce qui n'avait été, jusque-là, qu'un culte rétrospectif. C'est ici que le nom et l'image du prince Louis-Napoléon, entouré d'une auréole de souffrance et de persécution, apparaissent, pour la première fois, dans l'existence de la jeune fille. C'est là que commence le roman de Louis-Napoléon et d'Eugénie de Guzman. Je le donne ici, tel qu'elle me le raconta à Camden-Place dans l'été de 1873, quelques mois après la mort de l'Empereur. Je notai ces souvenirs le soir même, aussitôt après être remonté dans ma chambre.

1. L'Impératrice joua aux Tuileries *les Portraits de la marquise*. Ce qu'elle se rappelait avec le plus de plaisir, c'étaient les répétitions, l'argot de théâtre dont se servait Octave Feuillet, l'auteur de cette bleuette. Il recommandait au jeune premier de ne pas « s'asseoir sur elle ». Il lui disait aussi : « Mais vous nasonnez ! Pourquoi donc nasonnez-vous comme ça ? »

LE ROMAN DE LOUIS-NAPOLÉON ET D'EUGÉNIE DE GUZMAN — APRÈS LE MARIAGE

Je laisse la parole à l'Impératrice :

« Nous allions souvent aux eaux dans les Pyrénées et nous avions des amis dans cette partie de la France. Lorsque nous demeurions à Pau, nous allions très souvent chez la marquise de Castelbajac, mère du marquis que vous connaissez [1]. Là, nous éntendîmes un soir une artiste appelée madame Gordon. Nous ne savions rien d'elle, sinon qu'elle avait joué un rôle dans la conspiration de Strasbourg trois ou quatre ans auparavant et c'était assez pour exciter chez nous une très vive curiosité. Elle parlait sans cesse de « son prince », auquel elle se disposait à rendre visite, et je buvais ses paroles. Figurez-vous

1. Le marquis de Castelbajac, écuyer de l'Empereur jusqu'en 1870. C'était un des plus beaux gentilshommes que j'aie connus. Sa respectueuse fidélité envers ses souverains ne s'est jamais démentie.

mes impressions. Un conspirateur, un prisonnier, un prince, un Napoléon : il y avait tout ce qu'il fallait pour me monter la tête ! Je rêvai de faire un pèlerinage à la prison de Ham. Ma mère se laissa convertir à cette idée folle et il fut convenu que nous accompagnerions madame Gordon dans sa prochaine visite au Prince Louis. A ce moment, une révolution — je ne me rappelle plus laquelle : il y en a eu tant ! — survenue en Espagne, nous rappela brusquement à Madrid et nous laissâmes madame Gordon exécuter seule le projet de voyage fait en commun [1].

» A son retour, elle vint nous voir à Madrid et tout ce qu'elle nous raconta du Prince augmenta ma sympathie. D'ailleurs, vous pensez si le terrain était bien préparé par les souvenirs de mon père et par les récits de M. Beyle. J'avais la religion de Napoléon dans le sang. Il m'eût semblé tout simple qu'on se fît tuer pour l'héritier de ce nom-là !

» Après la révolution de février, et quand le Prince eut été nommé président, nous fûmes présentées à l'Élysée par Bacciochi, que ma mère connaissait. Un de mes premiers mots fut :

» — Monseigneur, nous avons bien souvent parlé de vous avec une dame qui vous est bien dévouée.

» — Et qui donc ?

---

1. On sait que madame Gordon ne s'était pas vantée en parlant de ses relations avec le Prince et avec les principaux membres du parti bonapartiste. Elle contribua à rapprocher Louis-Napoléon et Louis Blanc, entre lesquels s'établit un commerce de lettres et de visites. Louis Blanc, dans son *Histoire de la Révolution de 1848*, qui n'est guère qu'une autobiographie et un plaidoyer, raconte que, lors d'une de ces visites à Ham, le Prince, en prenant congé de lui, lui cria du haut de l'escalier : « Vous embrasserez madame Gordon pour moi. »

» — Madame Gordon.

» Le Prince me regarda d'un air singulier. Il savait ce que je ne savais pas : quel métier avait fait madame Gordon avant de se faire accepter comme artiste dans les sociétés les plus collet-monté ; qu'elle était, à l'époque de la conspiration de Strasbourg, la maîtresse du colonel Vaudrey. On a même prétendu qu'elle avait eu des relations avec le Prince lui-même [1].

» Mais ce n'est pas vrai. Quelque temps après, nous étions, ma mère et moi, invitées à dîner à Saint-Cloud. Nous arrivons au palais et nous trouvons des voitures prêtes à nous conduire à Combleval, cette petite maison qui est située dans le parc, à mi-chemin de Saint-Cloud et de Villeneuve. Nous étions en toilette de gala et nous nous attendions à voir nombreuse compagnie. Nous fûmes extrêmement étonnées de ne trouver que le Prince-Président et Bacciochi. Le dîner se passe. C'était dans les longs jours de l'été. En se levant de table, le Prince m'offre son bras « pour faire un tour de parc ». Bacciochi s'approche de ma mère pour lui servir de cavalier. Mais je le préviens en disant au Prince : « Monseigneur... ma mère est là », et je m'efface pour lui faire comprendre que c'est à elle que revient l'honneur de lui donner le bras. Le Prince, sans mot dire, offre le bras à ma mère et je prends celui de Bacciochi. »

Au souvenir de cet incident, l'Impératrice souriait.

« Je ne crois pas, reprit-elle, qu'il se soit amusé

1. Le Prince a démenti ce bruit dans le post-scriptum d'une lettre encore inédite que j'ai eue sous les yeux.

beaucoup, ce soir-là. Le lendemain de cette escapade, ma sœur nous gronda très fort. Il fut décidé que, pour faire oublier notre imprudence, on ferait un voyage. Si je me souviens bien, nous allâmes sur les bords du Rhin.

» Deux ans passèrent. Le 2 décembre 1851, lorsque l'issue de la lutte paraissait encore douteuse, j'écrivis une lettre à Bacciochi pour lui dire que je mettais tout ce que je possédais à la disposition du Prince, en cas d'échec. Bacciochi garda la lettre dans sa poche et ne la montra que quand le péril fut passé. C'est alors que les relations se renouèrent sur un pied différent. Le Prince savait maintenant un peu mieux qui nous étions et le souvenir de la pauvre Gordon n'était plus là pour nous compromettre. Nous fûmes invitées en 1851 aux grandes chasses de Fontainebleau. J'arrivai la première à l'hallali et je reçus le pied du cerf de la main du Prince. Le général Fleury, — alors le commandant Fleury, — vint m'informer que, d'après l'étiquette, comme j'avais le pied du cerf, je devais rentrer au château aux côtés du Prince. Je croyais que c'était une simple affaire d'usage comme les honneurs qu'on rend à la reine de la fève. Mais cette rentrée triomphale me valut un déchaînement de jalousies et de calomnies. Ce fut à Compiègne que le Prince me parla d'amour pour la première fois, mais je tournai la chose en plaisanterie.

» Le 1er janvier 1852, — l'Empire avait tout juste trois semaines d'existence, — nous étions, ma mère et moi, à la réception officielle et nous fîmes une profonde révérence au nouvel Empereur. Tout le monde me regardait. Au bal qui eut lieu le soir, où le lendemain soir [1], je me rencontrai près d'une porte avec madame Fortoul au moment où l'on se rendait au souper. Madame Fortoul m'insulta à haute voix en s'étonnant que j'eusse la prétention de passer avant elle. Je devins très pâle et je me rangeai en disant : « Passez, madame ! »

» Il y avait, dans la salle des Maréchaux, une quantité de petites tables dressées pour le souper. Je devais prendre place à la table impériale et le trouble affreux où j'étais ne pouvait échapper à l'Empereur. Il se leva à deux reprises et vint se placer derrière moi.

» — Qu'avez-vous ? me dit-il.

» Je lui répondis :

» — Sire, je vous en prie... tout le monde nous regarde !

» Après le souper, l'Empereur insista pour savoir la cause de mon émotion :

» — Je veux le savoir. Qu'y a-t-il ?

» — Il y a, Sire, qu'on m'a insultée ce soir et qu'on ne m'insultera pas une seconde fois.

» — Demain, dit l'Empereur, on ne vous insultera plus. »

» Rentrées chez nous, nous fîmes à la hâte nos préparatifs de départ. Nous voulions aller en Italie, mais ma mère reçut, ce jour-là, une lettre de l'Empereur qui lui demandait ma main et avant la fin de ce même mois de janvier 1853 nous fûmes mariés à Notre-Dame. »

Madame de Montijo avait mené toute cette cam-

---

1. Je reproduis cette caractéristique incertitude sur la date réelle.

pagne, joué cette grande partie avec une audace que le reste de la famille avait blâmée comme périlleuse et qui l'était, en effet, au plus haut degré. Elle triomphait maintenant ; mais, quelques mois après, elle quittait Paris avec son confident et ami, Mérimée, qui l'escorta, je crois, jusqu'à Tours et reçut ses secrètes doléances. Son gendre lui avait fait comprendre qu'elle ne serait rien en France qu'une étrangère de distinction. J'ai trouvé des traces de ce désappointement dans sa correspondance avec Mérimée, semée d'épigrammes contre l'Empereur, lequel est désigné par le nom de « Monsieur Isidore ».

Quant à l'Impératrice elle-même, je doute qu'elle ait travaillé à sa propre élévation. Elle s'était laissé faire par les circonstances et avait vécu dans un conte de fées, fascinée par l'étrangeté de sa destinée, bien plutôt que poussée par une vulgaire ambition. Elle détesta la politique dès qu'elle la comprit. Non seulement elle n'aima pas le pouvoir, mais elle n'avait pas besoin de luxe. Je l'ai entendue dire à une jeune fille qui, élevée dans la richesse, parlait de prendre pour mari un jeune homme sans fortune : « Tu es bien moins capable d'épouser un pauvre que je ne l'étais à ton âge. » Je suis persuadé qu'elle disait vrai, car je ne l'ai jamais entendue mentir.

Pendant de longues années[1], l'intimité entre l'Em-

---

[1] L'Impératrice s'attardait volontiers aux réminiscences de cette période qui avait précédé son mariage. Sur celle qui suivit, je ne pouvais m'attendre à aucune confidence et n'en ai reçu aucune. Un jour, à Farnborough, parlant à ma femme de l'inconvénient et même du danger qu'il y avait eu à choisir ses médecins en raison de certains antécédents politiques ou de certains services personnels, elle ajouta : « J'en sais quelque chose, car j'ai failli être victime de ces préfé-

pereur et l'Impératrice dut être étroite et aussi tendre qu'elle l'a jamais été entre un homme et une femme de condition ordinaire, mariés par amour. Était-ce véritablement de l'amour? Était-ce un amour réciproque? Près de vingt années les séparaient et une telle distance ne peut être aisément franchie, même par celles qui semblent nées pour aimer des hommes beaucoup plus âgés qu'elles, et je crois que l'Impératrice n'était pas de celles-là.

Son affection pour l'Empereur était moins que de la passion, mais plus que de l'amitié, et elle alla en croissant jusqu'à la catastrophe, je veux dire jusqu'à la fatale découverte qui la mit au courant des infidélités de son mari. Le Prince Louis-Napoléon avait été aimé plusieurs fois dans sa vie avant de connaître Eugénie de Guzman et il conservait, vers la cinquantième année, quelques-uns de ces traits qui plaisent à la femme, particulièrement ces façons insinuantes et calmes, cette douceur presque féminine de manières, de gestes, d'intonations, qui est un si grand charme chez les forts. Très observateur, mais très indulgent, il comprenait la femme, l'aimait jusque dans ses impatiences, ses nervosités, ses faiblesses qu'il acceptait comme des grâces. L'Impératrice n'eut pas de peine à découvrir cette bonté un peu molle, mais ce n'est pas cette vertu à demi suspecte qui l'eût retenue et fixée. Elle a cru que l'Empereur avait été, en tout et toujours, de bonne foi. Cette bonne

rences accordées à un nom, à une famille. Lorsque le Prince est venu au monde, je ne sais ce qu'il serait advenu de lui et de moi sans Darralde. Il a dit à l'Empereur : « Si on n'emploie pas les fers, votre femme ne sera plus là dans une demi-heure. C'est Darralde qui m'a sauvé la vie. »

foi, cette unité de vues et de sentiments était, pour elle, la clef de ce caractère où tant de gens ont voulu voir une énigme morale. Dans une des dernières conversations que nous eûmes ensemble, à propos d'un livre projeté par un historien célèbre, elle insista sur ce point : « Dites-lui que, s'il n'admet pas que la sincérité était la grande vertu de l'Empereur, il ne le comprendra jamais ! » Or, il faut savoir que la sincérité était, aux yeux de l'Impératrice, la première des vertus et la condition indispensable de toutes les autres.

Elle manifestait un grand respect envers l'Empereur. Tandis que, devant nous, il la tutoyait et l'appelait Eugénie, je n'ai jamais entendu l'Impératrice tutoyer son mari ou l'appeler Louis. Nous savions cependant qu'il en était ainsi dans le tête-à-tête et dans leur correspondance intime, comme l'ont prouvé les lettres écrites d'Égypte et publiées par la commission des papiers trouvés aux Tuileries. Un jour, un seul jour, elle oublia devant moi ce respect auquel elle s'astreignait si rigoureusement. Je trouve cette étrange scène relatée dans mes notes, telle qu'elle se passa, moins de quatre mois après mon entrée au château. C'était en novembre 1867, le jour de l'ouverture des Chambres. L'anxiété était grande ; une parole de l'Empereur pouvait effrayer ou rassurer les intérêts, présager la guerre ou affirmer la paix.

Il était nécessaire que la présence du Prince à cette séance fît taire les méchants bruits qui le représentaient comme estropié ou infirme depuis sa dernière maladie. Seul espoir de la dynastie, s'il venait à manquer, qu'arriverait-il ? Sûrement, son absence, ce jour-là, eût été saluée d'une baisse à la Bourse. Le discours de l'Empereur, l'apparition du Prince en public, c'étaient les deux curiosités de la journée. Le Carrousel était couvert de spectateurs et les grands corps publics étaient déjà réunis dans la salle des États. A ce moment, au rez-de-chaussée des Tuileries, dans une des pièces basses et surchauffées qui donnaient sur le jardin et qui formaient l'appartement particulier de l'Empereur, six personnes se trouvaient ensemble et plusieurs parlaient à la fois sur le ton de la dispute. Ces personnes étaient l'Empereur, l'Impératrice, le Prince impérial, son précepteur, miss Shaw, sa bonne anglaise, et le baron Corvisart. Le Prince, déjà costumé pour la cérémonie (blouse de velours noir, bas de soie rouge et grand cordon de la Légion d'honneur), avait été pris d'un malaise soudain pendant que nous déjeunions ensemble et avait brusquement quitté la table. Inquiet, au bout d'un moment, je l'avais suivi et miss Shaw m'avait rejoint avec lui dans le cabinet de l'Empereur. Là, il défaillait, mortellement pâle, entre les bras de l'Impératrice, elle aussi, comme l'Empereur, en habit de cérémonie. Corvisart, appelé en toute hâte, était accouru. Quelle surprise! quel désarroi! Et d'où pouvait venir cette indisposition subite? Miss Shaw, qui avait perdu la tête, raconta que, la veille, pendant les jeux du dimanche, le petit Prince avait reçu un violent coup d'un de ses camarades.

— C'est monsieur Corvisart, dit-elle, qui les excite!

— Est-ce vrai? me dit l'Impératrice.

— Je n'étais pas là, dis-je, (j'avais la permission de m'absenter tous les dimanches), mais j'ai toujours vu les camarades du Prince montrer dans leurs petites batailles une prudence et un sang-froid au-dessus de leur âge. Le Prince a une indigestion, rien de plus, rien de moins. »

L'Empereur ne m'avait pas entendu. Il adressait à Corvisart des reproches très vifs. Jamais je ne l'ai vu en colère que ce jour-là. « Vous êtes stupide! lui cria l'Impératrice. Il faut connaître les faits avant de se fâcher. Miss Shaw ne sait pas ce qu'elle dit. » A ce moment, comme pour me donner raison, le Prince eut un spasme et son estomac se déchargea dans la cuvette que tenait l'Impératrice et, bien que le malade fût l'héritier d'un trône et que la cuvette fût marquée d'aigles d'or couronnées, l'opération ne laissa point d'être ce qu'elle est partout et toujours, dans un palais comme dans un hôpital, répulsive et pénible à voir. Mais, à notre grande joie, l'enfant parut très soulagé et se déclara prêt à marcher. Nous nous mîmes tous à l'essuyer, à le brosser, à l'épousseter, pour réparer le désordre de son costume. Puis, je le poussai moi-même dans un fauteuil à roulettes à travers les salles inachevées et la grande galerie du bord de l'eau, jusqu'à l'entrée de la salle des États. Je restai dans la galerie, masqué par un immense rideau derrière le trône, absolument seul, invisible et ne voyant personne. J'entendis la voix de l'Empereur s'élever, calme, claire et forte, au milieu d'un silence si profond, si religieux, que j'aurais pu aisément me figurer qu'il prononçait ce discours dans la solitude. Cependant, l'Europe l'écoutait. Était-ce bien ce même homme auquel, un quart d'heure auparavant, une femme avait dit devant moi : « Vous êtes stupide! »

Cette scène tragi-comique, que j'exhume après

tant d'années, amusera ceux qui ne haïssent pas de voir les maîtres du monde en des postures un peu ridicules et de se prouver à eux-mêmes combien les grands, parfois, sont petits. C'est cette sorte de plaisir que l'on cherche dans les pages du duc de Saint-Simon. Soit! mais on ferait fausse route si l'on y cherchait autre chose et si l'on en tirait des conclusions sur les relations des deux époux. Je répète que c'est la seule circonstance où, devant moi, l'Impératrice se soit départie de l'extrême déférence qu'elle marquait à l'Empereur. Elle lui parlait très souvent à la troisième personne, comme nous le faisions nous-mêmes.

Tout en lui disant « : Vous êtes stupide! » ainsi que beaucoup de femmes l'ont dit très souvent à beaucoup de maris, elle lui gardait, au fond de l'âme, le même invariable respect pour son intelligence et pour son caractère. Le Prince malheureux qui avait séduit sa jeune imagination, le héros de son roman enfantin, avait disparu depuis longtemps. A sa place, elle voyait un grand honnête homme qui voulait le bien et qui y marchait, par la voie sinueuse quand la ligne droite n'était pas possible. Sous son apparente insensibilité, il souffrait de mille calomnies. Son devoir, à elle, était de le soutenir, de l'encourager, de panser ses blessures secrètes, qui ne saignaient devant nul autre qu'elle. Jamais femme n'accepta sa tâche avec une plus magnanime résolution et une plus infatigable énergie.

Son amour, à lui aussi, s'était transformé. Il l'avait passionnément aimée et désirée, pour ses yeux, pour son sourire, pour sa grâce exquise, pour ce je ne sais quoi qui l'enveloppait et faisait d'elle une créature à part. A mesure que cette passion se rassasiait, il découvrait dans cette âme des profondeurs insoupçonnées, des beautés morales qu'il n'attendait point. Chaque jour il la respecta et l'admira davantage et il en vint, sans le lui avouer et peut-être sans se l'avouer à lui-même, à faire d'elle sa seconde conscience, et cette seconde conscience — puis-je le dire sans offenser une mémoire que je vénère? — se trouva meilleure et plus sûre que la première. Au surplus, pourquoi conjecturer et pourquoi deviner lorsqu'il suffit de lire le portrait de l'Impératrice, écrit par l'Empereur et publié dans le *Dix-Décembre*[1]?

« La comtesse de Téba n'a pas disparu sous l'éclat de la couronne de France. L'Impératrice est restée avec distinction une femme de goûts simples et naturels. Après sa visite aux cholériques d'Amiens, rien ne parut la surprendre comme le murmure approbateur qui vint de toutes parts applaudir sa courageuse initiative. Elle avait fini par en être excédée[2]. Le sort des classes malheureuses, surtout, éveille constamment son intérêt. Elle aime à s'occuper de ce qu'on appelle aujourd'hui les œuvres sociales. On sait

---

1. L'article parut dans le premier numéro de ce journal (15 novembre 1868), avec cette signature : « Pour la rédaction du *Dix-Décembre*, A. Grenier. » Mais personne n'ignora qui en était l'auteur.

2. L'impératrice disait à ma femme, à Farnborough : « Je n'avais aucun mérite quand je suis allée visiter les cholériques à Amiens. *Je savais que je n'attraperais pas le choléra.* Mais j'avais bien peur le jour où je suis allée chez M. de Girardin, dont la petite fille se mourait du croup. On ne m'en a su aucun gré; on n'y a pas fait attention. On n'a vu qu'une tentative pour ramener un ennemi politique. Pourtant, cela m'a coûté un grand effort. »

avec quelle efficacité active elle est intervenue dans la réorganisation des prisons d'enfants, dans l'œuvre des sociétés de sauvetage, dans le régime des établissements de bienfaisance. Elle a fondé la Société des prêts de l'enfance au travail. Que de généreuses réformes elle poursuit encore avec une merveilleuse persévérance ! On retrouve toujours un peu chez elle la jeune *phalanstérienne* [1]. La condition des femmes la préoccupe singulièrement ; elle s'efforce de la relever et, au besoin, elle s'avise de décorer Rosa Bonheur.

» Deux fois, pendant la guerre d'Italie et le voyage de l'Empereur à Alger, elle a exercé la régence. On sait avec quelle modération, quel tact politique et quel sentiment de justice.

» Rentrée dans la vie inactive, l'Impératrice se livre aux lectures les plus sérieuses. On peut dire qu'aucune question économique ou financière ne lui est étrangère. C'est un charme de l'entendre débattre avec les hommes les plus compétents ces difficiles problèmes. La littérature, l'histoire et l'art sont aussi l'objet de ses fréquentes causeries. A Compiègne, rien n'est plus attrayant que ce que l'on appelle un thé de l'Impératrice. Elle aborde avec une égale facilité, dans ces réunions peu nombreuses, les sujets les plus élevés et les questions les plus familières. La nouveauté de ses aperçus, la hardiesse, la témérité même de ses opinions, vous saisissent et vous captivent. Son langage, quelquefois incorrect, est plein

1. C'est le surnom que lui avaient donné ses amies de Madrid en la voyant se plonger dans la lecture de Fourier et en lui entendant exprimer les idées les plus avancées sur les questions politiques et sociales.

de couleur et de mouvement. D'une étonnante précision dans les conversations d'affaires, elle s'élève,
dans les matières qui touchent à la politique et à la
morale, jusqu'aux effets d'une réelle éloquence.

» Pieuse sans bigoterie, instruite sans pédantisme,
elle parle de toutes choses avec un grand abandon.
Peut-être aime-t-elle trop la discussion. Très vive de
sa nature, elle se laisse souvent emporter par sa
parole, ce qui plus d'une fois lui a attiré des inimi-
tiés, mais ses exagérations ont toujours pour mobile
l'amour du bien. »

Comment se fait-il que l'Empereur n'ait pas su
garder sa foi à cette femme tant admirée et tant aimée et qu'il l'ait offensée, pendant de longues années, non seulement par des caprices sensuels et des
galanteries sans lendemain, mais par des liaisons
durables avec certaines femmes qui prétendaient le
tenir tout entier, posséder son esprit et son cœur
aussi bien que ses sens? Comment concilier ces infidélités avec l'influence morale, chaque jour grandissante, de l'Impératrice? Bien des gens se le sont
demandé. Un jour, elle s'est posé cette question devant moi; elle me l'a, en quelque sorte, posée à
moi-même dans la plus émouvante conversation que
j'aie jamais eue avec elle.

Cette conversation eut lieu assez tard dans notre
vie à tous deux. On comprend aisément qu'elle n'eût
jamais abordé ce sujet devant moi lorsque j'étais
jeune et il fallut des circonstances exceptionnelles
pour l'amener, plus tard, à y toucher. J'ai entendu
raconter, aux Tuileries, une foule d'anecdotes sur les
convulsions intérieures du ménage impérial au moment où l'Impératrice fut mise au courant des trahi-

sons conjugales de l'Empereur. Mais, fidèle à la règle
que je me suis tracée dès le début de ne donner place
dans ces pages qu'aux paroles de l'Impératrice ou à
mes propres souvenirs, je ne répéterai ici aucune de
ces anecdotes où le faux se mêlerait nécessairement
au vrai sans qu'il me fût possible de les discerner
l'un de l'autre.

Il y a quelques années, un de mes amis écrivit un
livre sur la physionomie intime, le caractère et les
habitudes de Napoléon III. Il avait tout ce qu'il fallait
pour réussir dans cette tâche et il a réussi en effet,
car il avait fort bien connu l'Empereur pendant les
dernières années de sa vie, et l'Impératrice, qui avait
pour l'homme et pour l'écrivain une estime toute
particulière, l'avait aidé de son mieux. Il ne pouvait
paraître ignorer les aventures extra-conjugales de
son ancien souverain et il crut devoir en dire quelque
chose. Mais, craignant de blesser l'Impératrice, il
voulut s'assurer, avant la publication, que ses paroles
n'avaient pas excédé la mesure, et il me confia la
délicate mission de la pressentir à ce sujet. J'accep-
tai imprudemment cette mission. D'où la conversation que je vais rapporter. Elle eut lieu à Farnborough, dans le cabinet de l'Impératrice. Elle était
assise sur un canapé, en face d'une des grandes baies
par où le jour entre à flots dans cette vaste pièce,
mais les doubles stores descendaient presque jusqu'au tapis. Elle était agitée, énervée et, pour tout
dire, un peu choquée de ma démarche et je me disais qu'elle avait raison. Elle parla d'abord d'une
façon incohérente, s'interrompant elle-même et ne
finissant aucune de ses phrases, comme il lui arrivait
quand elle était émue. Mon ami s'était appuyé sur le

témoignage d'une dame que l'Impératrice avait, à cette époque lointaine, honorée de son amitié et qui passait pour avoir connu bien des secrets. « Elle ne sait rien, me dit l'Impératrice. Elle a pris tout cela dans les journaux du temps. Je ne lui ai jamais fait de confidences. » Puis, revenant au texte qu'elle avait sous les yeux, elle tournait en dérision l'idée que l'Empereur, à cinquante ans passés, n'avait pas eu la force de résister aux séductions dont il était entouré... « Allons donc! Allons donc! Qui voudra croire cela? »

Son irritation se dépensait en paroles amères. Alors, elle tomba dans une sorte de rêverie, inclinant la tête et regardant les fleurs du tapis. Elle disait : « Mais pourquoi? Pourquoi? »

Brusquement, se tournant de mon côté, elle me dit : « Comprenez-vous pourquoi? » On imagine mon trouble à cette question inattendue. Je balbutiai une sotte phrase sur « l'animalité qui persiste et, quelquefois, réclame ses droits chez les natures supérieures ».

L'Impératrice secoua la tête. Ce n'est pas à ces passagères distractions des sens qu'elle avait songé, car ce n'étaient pas celles-là qui la mortifiaient le plus.

— Non, reprit-elle, je crois que, quand l'homme se détache et va vers d'autres femmes, ce qui le pousse, c'est l'ennui et la curiosité : l'ennui de ce qui est identique à lui-même et la curiosité de connaître des âmes nouvelles ou de nouveaux états d'âme. Tenez, la Princesse (c'est la princesse Béatrice qu'elle désignait toujours ainsi) me disait une chose très vraie : « Ma mère me trouve plus ennuyeuse que mes sœurs. C'est tout simple. Elles viennent du dehors ; elles apportent des nouvelles, des sensations étrangères. Moi, que puis-je dire ? Mes idées, mes impressions, ma mère les a eues avec moi ou avant moi. » Eh ! bien, — reprenait l'Impératrice, — ce qui existe dans les relations de mère à fille doit exister entre le mari et la femme. C'est la *sameness*, la fatale *sameness*, en un mot, la monotonie. On est si bien habitué à agir, à parler de même, à penser et à sentir ensemble qu'on n'offre plus d'intérêt à son compagnon... Alors l'homme s'éloigne.

— Pour un temps, répondis-je, mais il revient. Il est ramené par la douleur, par l'épreuve, à la seule qui l'ait compris, qui l'ait aimé.

Je rappelai à l'Impératrice cet article du *Dix-Décembre* dont j'ai mis quelques fragments sous les yeux du lecteur. Je lui rappelai ce qu'elle m'avait appris elle-même : que Napoléon III portait sur sa poitrine une lettre d'elle comme un de ses talismans [1]. Et j'ajoutai : « l'Empereur n'a jamais cessé un instant d'aimer Votre Majesté. »

Elle me répondit simplement :

« Je le crois. »

Nous en restâmes sur ce mot, qui exprime son sen-

---

1. Dans l'automne de 1873, peu de mois après la mort de l'Empereur, l'Impératrice me fit voir un portefeuille en cuir jaune que Napoléon III portait constamment sur lui. Ce portefeuille contenait une lettre de Napoléon 1er, où celui-ci complimentait la reine Hortense au sujet de sa naissance ; la dernière lettre de la reine Hortense à son fils, une lettre de l'impératrice Eugénie ; des cheveux du Prince impérial, lorsqu'il était tout enfant ; des formules de prières toutes-puissantes envoyées par de pauvres femmes inconnues, et enfin une liasse de billets de banque pour les besoins de ses charités quotidiennes.

timent définitif sur cette grande crise de sa vie. Son amour pour l'Empereur devait en traverser une seconde, courte, mais terrible. D'un mot je la ferai comprendre : Sedan. On verra plus loin quel en fut le résultat. La première avait, momentanément, écarté l'un de l'autre les deux époux. La seconde les rapprocha pour toujours. Par toujours, j'entends ces quelques heures de douleur et d'humiliation qu'il leur restait à vivre ensemble dans la maison de l'exil.

Jamais un soupçon ne s'est élevé contre la vertu de l'Impératrice, contre la constance de sa fidélité conjugale. Pourquoi cacherais-je qu'elle éprouvait pour ceux qui l'ont aimée — et Dieu sait combien ils étaient nombreux ! — un sentiment très doux où se mêlaient la curiosité, l'indulgence et la pitié ? Que l'honnête femme, s'il en est une seule, qui n'a jamais donné une pensée sympathique à ses humbles adorateurs, lui jette la première pierre !

Ces amoureux de l'Impératrice forment une légion où sont représentés tous les rangs, tous les caractères, toutes les nationalités. Lord Rosebery m'a conté l'histoire d'un pair d'Angleterre qui, tout jeune, l'aima et voulut l'épouser. Mérimée parle, dans une lettre inédite, d'un jeune Espagnol que sa passion pour elle avait comme privé de raison et qui courait le monde, dégoûté de tout et surtout de lui-même. Tout le monde connaît l'histoire de ce malheureux comte Bacciochi qui se tua pour échapper aux tortures de sa folle passion. Le comte de Goltz, ministre de Prusse, fut une des victimes de l'Impératrice. Elle le savait ; elle disait en parlant de lui : « Mon pauvre Goltz. » Lorsqu'une maladie affreuse

menaça sa vie, elle voulut qu'il s'installât, pour se
soigner, au pavillon Henri IV, habitation isolée qui
se trouve dans le parc de Fontainebleau, à quelques
pas du palais. Un soir d'été, comme nous étions assis
près du lac, devant le salon chinois, nous vîmes une
ombre qui se traînait vers nous. L'Impératrice, très
émue, le reçut avec une véritable amitié. La langue
du malheureux lui refusait le service, mais ses yeux
la remerciaient, des yeux tendres comme ceux d'un
vieux chien fidèle.

Un autre diplomate étranger, le comte de Beust,
qui, après avoir été ministre du roi de Saxe, dirigea
quelque temps la politique autrichienne, fut un des
derniers qui s'inscrivit sur la liste de ces soupirants
sans espoir. Lorsqu'il était ambassadeur à Londres,
il accablait l'Impératrice de petits vers flatteurs et
allégoriques que Kaunitz, écrivant à la marquise des
marquises, n'eût pas désavoués. Un jour, l'Impératrice me donna un quatrain mythologique en me
priant d'y répondre pour elle dans la même langue,
mais je ne pus jamais trouver un seul vers.

Dans l'entourage même de l'Impératrice, deux
hommes étaient amoureux d'elle. L'un était un grand
enfant à cheveux gris, bruyant et inoffensif, qui la
regardait pendant des heures avec des yeux béats et
vaguement attendris. L'autre, nature nerveuse et
fantasque, était, en dépit de son grand nom, encore
plus artiste que gentilhomme, car il avait obtenu de
réels succès comme sculpteur à nos expositions. Un
soir, comme il reconduisait l'Impératrice dans ses
appartements avec un flambeau, il perdit la tête et,
se retournant tout à coup, tomba à genoux, le bou-
geoir allumé à la main, dans l'attitude d'un homme

qui voit une apparition. Cette scène avait pour témoin une dame et c'est elle qui me l'a racontée bien des années après, à Chislehurst, devant l'Impératrice qui se contenta de sourire. Elle ne lui en avait jamais voulu de cette folie.

Mon maître Caro, le célèbre professeur, doit avoir sa place dans ce martyrologe. L'Impératrice, qui l'avait vu à Compiègne, s'amusa à l'intriguer dans un bal masqué et le philosophe en demeura long-temps troublé. Il a laissé, comme monument de cette émotion, un portrait à la plume de l'Impératrice où il a dépensé toute sa subtilité de psychologue et tout son art d'écrivain. Le portrait est joli, mais on y cherche, sans les trouver, les véritables traits de l'original.

Oserai-je ajouter à cette liste le nom d'un autre académicien, celui d'Octave Feuillet ? C'est aujourd'hui la mode de le déprécier. Je ne défends pas ici son œuvre : je me contente de rappeler à ceux qui l'ont connu que ce fut un nerveux, un délicat, que froissait tout contact vulgaire et qui garda, au milieu du théâtre, c'est-à-dire dans un monde sensuel et railleur, une sorte de virginité morale dont l'analogue ne s'y verra jamais après lui. C'est dans les lettres qu'il écrivait à sa femme, de Fontainebleau, en 1868, que je trouve la preuve de sa pure et ardente sympathie, de ce sentiment profond qui rapprochait l'un de l'autre les deux idéalistes les plus sincères de leur temps. Feuillet admirait, en l'Impératrice, ses rêves les plus chers incarnés sous une forme exquise.

Charles Edmond, ancien secrétaire du Prince Jérôme Napoléon, a révélé au public que l'étrange et persistante hostilité montrée par ce prince à l'Impératrice pendant tant d'années, avait été précédée par un sentiment tout opposé, dont il avait dû refouler l'expression trop vive. Une conversation que j'ai eue avec le Prince ne m'a pas laissé l'ombre d'un doute à cet égard. On sentait, dans chaque parole, l'amour qui s'est retourné en colère et en haine. Le Prince obéissait à sa destinée. On eût dit qu'une méchante fée, oubliée à son baptême, lui avait dit : « Tu auras tous les plus beaux dons dont mes sœurs disposent, mais tu ne pourras pas t'en servir, parce que ta vie se consumera et tes facultés s'useront à désirer tout ce que ton cousin possédera. »

Un soir de l'automne de 1867, à Saint-Cloud, l'aide de camp de service (c'était Charles Duperré) amena au Prince impérial un ancien officier de sa maison qui, au moment de partir pour une mission lointaine, avait été autorisé à lui faire ses adieux. Dans la conversation qui s'engagea, je compris qu'il venait d'avoir une audience de congé de l'Impératrice. Monsieur D... avait une quarantaine d'années ; son regard, direct et hardi, son front large, intelligent, ses cheveux rejetés en arrière, ses traits nettement découpés, sa physionomie impérieuse et passionnée me frappèrent beaucoup. Il ne prononça que quelques paroles, d'une voix basse et creuse. Mais il y avait dans la vibration contenue de cette voix, dans la complète absence de gestes, quelque chose de saisissant et d'insolite qui faisait sentir le passage de la tragédie secrète sous la banalité des formes ordinaires.

— Qu'est-ce que c'est que cet homme-là ? dis-je au commandant Duperré, lorsque la porte se fut refermée sur le visiteur.

— C'est un homme qui est amoureux de l'Impératrice et qu'on envoie mourir au bout du monde.

La prophétie fut tristement réalisée. L'Impératrice alla voir la mère de monsieur D.... dans une des villes de la Loire, où elle habitait. Elles pleurèrent ensemble. Jamais l'Impératrice n'oublia celui qui avait payé si cher le crime de l'avoir aimée.

La souveraine avait, parmi les humbles et même parmi les ennemis de l'Empire, des adorateurs inconnus dont quelques-uns se sont trahis. J'ai lu, peu de temps après la révolution du 4 septembre, sous la forme d'un feuilleton publié par un journal belge, un roman où l'Impératrice apparaissait, mêlée à la plus folle des intrigues et décrite avec une telle ardeur de pinceau qu'il était impossible de se méprendre sur les sentiments de l'auteur à son égard. Or, l'auteur, c'était un des membres de la Commune et, paraît-il, un des plus disgraciés de la nature.

Lorsque j'étais à l'École normale, j'ai rencontré deux ou trois fois, dans une salle du café du Droit (alors situé au coin de la rue Soufflot et de la rue Saint-Jacques) où nous nous retrouvions les jeudis et les dimanches, un jeune homme dont les allures étaient fort étranges. Il faisait partie de certaines sociétés où l'on complotait la mort de Napoléon III et, en même temps, il était, disait-on, amoureux fou de l'Impératrice Eugénie. Un soir, à Saint-Cloud, je me trouvai amené par je ne sais quel hasard de la conversation à faire mention de ce jeune homme devant l'Impératrice. Elle crut l'identifier avec un certain personnage qui avait, un jour, tenté de la joindre sur la terrasse du bord de l'eau, à la grille placée en face du pont de Solférino. On l'avait trouvé porteur d'une lettre d'amour. J'avais eu l'imprudence de le désigner comme « un de mes amis ».

Ce mot me perdit. L'Impératrice m'accabla de questions. Je n'eus pas le courage d'avouer que mes relations avec ce jeune homme avaient été aussi brèves qu'insignifiantes et, n'ayant rien à dire, j'inventai. J'étais déjà en pleine fiction lorsque arriva l'heure ordinaire du coucher du Prince. Je me levai, très soulagé; mais l'Impératrice me dit : « Vous allez revenir, n'est-ce pas? » Lorsque je reparus, au bout d'un quart d'heure, elle m'attendait seule, dans le premier salon, et elle m'installa elle-même confortablement dans un fauteuil, comme on installe ceux qui ont un long récit à faire. J'improvisai : elle m'écoutait attentivement. Lorsque je m'arrêtais, il y avait des moments de silence où l'on entendait la conversation, à demi-voix et comme assoupie, dans le salon voisin, et le chuchotement des jets d'eau dans le grand bassin en fer à cheval qui s'étendait sous les fenêtres. Mais elle m'excitait d'un : « Et puis?... Et alors?... Que vous disait-il encore?... » Et je recommençais. Je crois que c'est mon meilleur roman : du moins, c'est celui qui a eu le plus de succès auprès de son public.

De temps à autre, une figure, où la réserve du courtisan ne cachait pas tout à fait l'étonnement et la mauvaise humeur, apparaissait une seconde sur le seuil et s'éclipsait. Je ne sais à quelle heure on aurait pris le thé, ce soir-là, si je n'avais, à onze heures sonnantes, fait mourir mon héros à l'hôpital Lariboisière et si je ne l'avais enterré moi-même dans la fosse commune au cimetière Montparnasse « par un triste après-midi d'hiver où la neige tombait à flots ».

L'Impératrice se taisait, baissant la tête, comme si

elle se fût recueillie sur une tombe. « Pauvre garçon! » murmura-t-elle en se levant avec un soupir.

Pendant le reste de la soirée, il y eut sur son visage une ombre, une vague expression de deuil et de mélancolie que ma conscience me reprochait amèrement. Aujourd'hui encore, j'éprouve vis-à-vis de moi-même un embarras qui ressemble à un remords quand je songe à cette tromperie et c'est pour moi un soulagement d'en avoir fait l'aveu.

L'IMPÉRATRICE CHEZ ELLE — BIARRITZ, FONTAINEBLEAU, COMPIÈGNE, SAINT-CLOUD

J'aurais beaucoup à dire si je voulais faire revivre ces grandes résidences en les repeuplant de tous ceux et de toutes celles que j'y ai connus. Parmi eux, l'immense majorité a disparu à l'heure où j'écris et, sur les cinq demeures où résidait la famille impériale, trois ont été détruites par le feu; deux seulement restent debout et, à part quelques rares occasions, ne sont guère que des musées de souvenirs ouverts aux étrangers qui visitent notre pays. La vie s'en est retirée, la vie de la « maison habitée », où tout semble s'imprégner de l'existence des hôtes et les refléter. Réveiller cette vie éteinte serait une tâche intéressante et, je crois, utile à remplir; mais ce n'est pas la mienne aujourd'hui. Je veux montrer l'impératrice Eugénie à Biarritz, à Fontainebleau, à Compiègne, à Saint-Cloud, aux Tuileries, parce qu'elle m'apparaissait et qu'elle était réellement différente dans des

cadres différents. En changeant de milieu, elle changeait son genre de vie ; ses pensées et ses sentiments
prenaient un autre cours. A chaque maison correspondait une attitude de la femme et un nouvel état
d'âme. J'oserais dire qu'elle n'avait pas le même âge
à Biarritz qu'à Compiègne et à Compiègne qu'aux
Tuileries. C'est, en effet, à Biarritz qu'elle était le
plus libre d'allures, le plus semblable à son *moi* des
jeunes années. Cela se comprend. Là, tout lui rappelait son pays d'origine : climat, mœurs, langage. A
la villa Eugénie, comme sur la plage, on entendait
parler l'espagnol de tous côtés. Les populations
étaient bonnes et dévouées, les étrangers respectueux
et sympathiques. Cela permettait une grande liberté
de mouvements. Donc, elle allait par les rues,
appuyée sur sa haute canne à glands jaunes, alerte,
active, la jupe retroussée, entrait dans les boutiques,
faisait sans façon des visites, s'intéressait aux bâtisses nouvelles, aux arrivées et aux départs, à la
chronique locale, aux embellissements de l'atalaye,
aux progrès de la jetée.

A Biarritz, la politique chômait et l'Empereur était
censé en vacances. Le chef du cabinet était absent;
seul, M. Franceschini Piétri, le secrétaire particulier,
suffisait à tout. Pas de conseils de ministres, comme
à Saint-Cloud, à Fontainebleau et à Compiègne. Un
seul ministre était présent (d'après l'usage anglais
qu'on avait adopté), mais il semblait être là pour son
plaisir plutôt que pour les affaires et sa présence
n'était pas continue. Un auditeur au Conseil d'État
apportait les pièces urgentes, recueillies dans tous
les ministères, et s'en retournait avec les signatures
du souverain.

On ne s'habillait pas pour dîner, et le fameux télégramme adressé à Mérimée : « Venez sans culottes » aurait pu servir pour tous les invités de Biarritz. Ces invités étaient des amis personnels ou des passants de première importance, auxquels on ménageait une entrevue extra-officielle. En sorte que, si l'on faisait de la politique à Biarritz, c'était en dehors de la routine des bureaux et des chancelleries. Pas de séries, comme dans les résidences voisines de la capitale. C'était, en somme, un mélange de la vie de château et de l'existence qu'on mène dans les grands hôtels de bains de mer : beaucoup de mouvement, de liberté et d'imprévu. Promenades en chars à bancs, à cheval ou en bateau, excursions à l'embouchure de l'Adour, à Bayonne, à Cambo, à Saint-Jean-de-Luz, à Sarre et jusqu'en Espagne, avec pique-niques en plein air. Le soir, on causait, on jouait aux petits papiers, sorte de jeu où les professionnels de l'esprit se faisaient battre, généralement, par les gens du monde. L'Impératrice conservait les questions et les réponses les moins sottes, ce qui nous encourageait à bien faire. Quelquefois on tirait une loterie, où le hasard montrait trop d'esprit pour n'avoir pas été dirigé par une main intelligente et généreuse.

Outre l'atmosphère semi-espagnole et l'absence presque complète de politique, Biarritz avait encore d'autres attraits pour l'Impératrice. Comme les personnes de service demeuraient là pendant les cinq ou six semaines que durait le séjour, le roulement ordinaire était interrompu et la souveraine choisissait son monde avec le plus grand soin. Elle ne prenait que des intimes et des sympathiques ; elle écartait les épilogueurs, les « draps mouillés », les figures revêches, imposantes, cérémonieuses, tous ceux qui étaient décidés à ne pas s'amuser et qui empêchaient les autres de danser en rond.

Biarritz était la seule résidence maritime. Or, l'Impératrice adorait la mer et étendait son affection à tous ceux qui vivent de la mer ou sur la mer. Elle avait dit un jour qu'elle était « la mère des marins », et, s'emparant de ce mot, les plus familiers parmi ceux de la maison l'appelaient « maman ». Un aviso de l'État, mouillé à Bayonne, se tenait à la disposition des souverains et, chaque matin, télégraphiait pour faire savoir si le temps et l'état de la barre lui permettaient de sortir. Avec une promenade dans ses chères Pyrénées, qui lui rappelaient tant de souvenirs de jeunesse, ce que l'Impératrice préférait, c'était une journée en mer à bord du *Chamois*. Une de ces journées faillit avoir, en septembre 1867, un fatal dénouement. Comme l'Impératrice débarquait à Saint-Jean-de-Luz avec son fils et leur suite, les chaloupes manquèrent l'entrée du port : celle qui portait la mère et le fils s'échoua dans les rochers. Ils montrèrent l'un et l'autre beaucoup de sang-froid. L'Impératrice rentra très gaie, très excitée, très bruyante, mais je crois que l'Empereur dut la gronder un peu ce soir-là, car il avait passé deux heures dans une terrible anxiété.

A part certains voyages incognito sur lesquels je n'ai rien à dire, puisque je n'ai jamais fait partie de son entourage dans ces circonstances, il me semble que Biarritz était le lieu du monde où l'Impératrice était le plus vraiment elle-même, parce qu'elle pouvait, autant que cela est possible à une souveraine, dans un pays comme le nôtre, faire ce qu'elle voulait, dire ce qu'elle pensait, voir les personnes qui lui plaisaient. Mais c'est à Fontainebleau et à Compiègne qu'elle devait faire les plus grands efforts pour donner à l'hospitalité impériale tout son charme et tout son éclat. C'est là qu'elle avait à déployer ses talents pour l'organisation des plaisirs en général, comme pour l'intelligence des caractères et la séduction individuelle. Pendant le séjour que j'ai fait à Fontainebleau, dans l'été de 1868, il n'y eut ni fêtes, ni réceptions. Je n'ai connu que par ouï-dire les grandes journées de Fontainebleau : par exemple, la visite des Siamois qui inspira Gérome, les séances de la « Cour d'amour » que présidait la belle madame Przedjeçka et dont Mérimée était le secrétaire, les gaîtés du « Club des Bébés » où se réunissaient, autour de la Princesse Anna Murat, — alors dans toute la splendeur de ses vingt ans, — ce que la Cour contenait de jeune et de vivant. De mon temps, il n'y avait plus à la Cour que des enfants et des personnes mûres ; point de jeunesse véritable, et la vie qu'on menait à Fontainebleau s'en ressentait un peu. Nous étions une vingtaine, perdus dans ce grand palais dont nous n'occupions qu'une très petite partie. Il n'y avait un peu d'animation que devant le salon chinois et le long de l'allée de grands arbres qui suit le bord du petit lac. C'était là qu'on se groupait après le déjeuner. Les amis des vieilles traditions avaient en poche une croûte de pain à offrir à ces horribles carpes qui, pour la taille et la férocité, eussent dépassé les murènes des viviers antiques. Au bord, étaient amarrées des embarcations de toutes sortes, canots, yoles, pirogues, périssoires et jusqu'à une gondole dont le gondolier nostalgique avait disparu

et dont nous étions incapables de manœuvrer la go-
dille. C'est dans cette longue allée droite qui bordait
le lac que le Prince impérial fit ses premières tentatives pour se tenir sur un vélocipède. Entre deux
arbres était tendu le hamac de l'Impératrice. Un jour,
elle s'y étendit. Un officier d'ordonnance, qui n'en
était pas à sa première maladresse, se saisit d'un
vieux parasol japonais, oublié contre un tronc d'arbre
et où s'étaient accumulés, depuis plusieurs années,
des chenilles et des insectes, morts ou vivants, de
toutes sortes. Et, avec des déhanchements de baya-
dère qui évente une sultane, il ouvrit le parasol et
secoua sur l'Impératrice une pluie de larves et de dé-
tritus organiques. L'Impératrice poussa un cri et fut
debout avec la rapidité de l'éclair. Aux heures chaudes
du jour, elle s'asseyait avec ses dames dans le salon
chinois, où le voisinage de l'eau et la demi-obscurité
qui y régnait entretenaient une fraîcheur relative.
Les deux pièces, réunies en une seule, qui formaient
le salon, étaient situées au-dessous des appartements
du Pape et formaient le coin de l'aile Louis XV et de
la cour des Fontaines. L'Impératrice y avait placé
elle-même les merveilles rapportées du Palais d'Été
(à Pékin) et elle les avait admirablement arrangées,
car elle avait un talent à elle pour harmoniser les
tentures et les tapis, disposer les meubles et les
objets d'art. Je crois bien qu'elle a contribué à nous
inoculer la manie du bibelot et nous a appris à en-
combrer le milieu des pièces, à y dessiner des routes
compliquées, à y ménager des coins indépendants les
uns des autres et de caractère différent. Toute autre
aurait fait du salon chinois un musée : elle en avait
fait un fragment de la demeure du « Fils du Ciel ».

Installées au milieu de ces chinoiseries, les dames travaillaient, ou faisaient semblant. Quelqu'un lisait tout haut. C'est ainsi que j'ai lu plusieurs *Nouvelles genevoises* dans le salon chinois.

Lorsque l'Empereur était au camp de Châlons ou aux eaux, on échangeait avec lui des messages assez gais. Les truites de Plombières écrivaient aux carpes de Fontainebleau, qui répondaient sur le même ton. La lecture et la rédaction de cette correspondance occupaient les après-midi du salon chinois. A quatre heures, les chars à bancs, attelés, attendaient dans la cour des Fontaines, avec leurs postillons, fouet en main. Ces postillons, dans leur costume traditionnel, bottes à l'écuyère, culottes jaunes, chapeau ciré, sans oublier la cadenette qui secouait un nuage de poudre sur leur veste verte galonnée d'or, étaient déjà une joie pour le regard et rien n'était plus exhilarant que ces courses en forêt où le tintement des grelots rythmait le trot allongé des chevaux. Nous passions sous les grandes futaies silencieuses ; nous réveillions les petits villages endormis au soleil, où les femmes émergeaient des portes et où les enfants commençaient à crier « Vive l'Impératrice ! » lorsque nous étions déjà loin.

Quelquefois, on descendait de voiture pour prendre le thé en plein air ou pour faire une excursion dans les rochers. Je me souviens qu'aux Sables-d'Arbonne nous nous lançâmes, une quinzaine environ, nous tenant par la main, sur une pente très raide. On glissait, on tombait, puis on était emporté sans que les pieds touchassent terre. Nous dévalions comme un ouragan ; les jeunes filles poussaient des cris de peur et de joie. En arrivant en bas, on constata qu'on avait laissé en route quelques pans de robes et quelques talons de bottines. Il y eut là un magnifique texte, pour les bonnes têtes, à prêcher sur les folies de l'Impératrice. Pour moi, je n'en étais pas plus scandalisé que je ne l'ai été quand j'ai vu les Pères Jésuites jouer au *football* et au *cricket* avec leurs élèves. L'Impératrice, à quarante ans, avait gardé ce privilège de s'amuser avec et comme les enfants. J'ai toujours associé ce privilège, dans ma pensée, avec la simplicité et la vigueur de l'âme et je ne pouvais sympathiser avec les rigoristes qui affectaient de croire tout perdu si, dans ces jeux-là, la jupe de l'Impératrice s'était, d'aventure, retroussée un peu au-dessus de la cheville.

Après dîner, on revenait encore vers la pièce d'eau. Quelquefois, l'Impératrice prenait l'un de nous pour lui faire faire deux ou trois fois le tour du petit lac. A la nuit, on rentrait encore dans le salon chinois. Un piano mécanique s'y trouvait et, dès que nous l'eûmes découvert, nous en abusâmes de notre mieux. Les jeunes filles dansaient entre elles au son du *Danube Bleu* et de la *Valse des Roses*, alors dans leur première vogue.

A neuf heures et demie, on servait le thé dans un salon voisin et la conversation se prolongeait, surtout quand c'était Mérimée ou Feuillet qui était assis auprès de l'Impératrice. Un soir qu'il n'y avait pas d'homme célèbre à écouter, nous nous retirâmes de bonne heure. Peu après, un lustre énorme, placé au centre de cette pièce, se détachait du plafond et tombait avec un bruit effroyable, écrasant la table avec tout ce qu'elle portait. C'est sous ce lustre que l'Impératrice s'asseyait tous les soirs. Ce fut l'un des premiers d'une nombreuse série d'accidents qui se succédèrent presque continuellement autour de nous et que les superstitieux ne manquèrent pas de considérer comme des présages.

En 1869, le régisseur de Fontainebleau mourut d'une méningite et les journaux républicains attribuèrent la maladie à ce fait qu'il avait pris les ordres de l'Impératrice, tête nue, sous un soleil ardent. Ainsi, il était mort victime de l'impitoyable étiquette que « l'Espagnole » faisait régner autour d'elle. L'histoire était fausse, mais combien plus fausse encore l'idée que certaines gens avaient formée de l'Impératrice! La vérité est qu'elle faisait bon marché de l'étiquette et que l'Empereur avait constamment à l'y rappeler.

C'est à Compiègne que j'ai vu l'Impératrice exercer, dans toute leur complexité, ses difficiles devoirs de maîtresse de maison. D'abord, il fallait dresser les listes d'invitations, combiner les séries, de façon qu'elles continssent un nombre à peu près équivalent de grands seigneurs, d'illustres cosmopolites, de diplomates, d'artistes, de savants, de jolies femmes et de membres de l'Institut. Il fallait doser ces éléments pour obtenir un mélange homogène, tenir compte des rancunes, des incompatibilités, chercher la variété et les contrastes, tout en évitant les jalousies et les frictions. Et, pour cela, il fallait connaître un peu le caractère et le passé de chacun. L'Impératrice était, il est vrai, aidée dans cette tâche, mais là, précisément, était un des dangers, car elle devait se méfier de ces donneurs de renseignements, qui avaient toujours de « charmantes Américaines » à mettre en avant ou des artistes « hors ligne » à pousser. Enfin, lorsqu'on adressait une invitation à quelque personnalité indépendante, prise en dehors du cercle ordinaire, il fallait être bien sûr qu'on ne s'exposait pas à l'affront d'un refus ou à quelque incongruité sociale qui scandaliserait les docteurs en étiquette et troublerait cette harmonie mondaine si laborieusement établie.

Une fois les listes arrêtées et les invitations lancées, il n'était pas inutile de surveiller l'installation des hôtes, car cette installation devait être exactement proportionnée à leur importance. Si la maréchale X... avait un salon pour recevoir ses amis, comment en refuser un à la princesse XX...?

Ensuite, restait à combiner le programme des neuf ou dix journées consacrées à chaque série, à amuser tout ce monde, si divers, de neuf heures du matin à minuit, à les conduire en paraissant leur laisser toute liberté d'action, à les caresser d'un mot en passant, vingt fois par jour, à tenir leur vanité et leur curiosité en éveil, à faire croire à chacun des gros bonnets qu'il était le grand homme de sa série, à empêcher les timides de s'agglomérer dans les petits coins et de former des clans, enfin à faire un salon, c'est-à-dire un ensemble mondain, une unité collective, avec des êtres aussi disparates que ceux que le hasard d'un voyage réunit dans un wagon-restaurant. C'est à quoi l'Impératrice s'appliquait de son mieux, et ceux qui survivent parmi les invités de Compiègne, — il en est encore beaucoup, Dieu merci! au moment où j'écris, — lui rendront volontiers ce témoignage qu'elle y réussissait admirablement. Je ne prétends pas qu'elle ne se soit jamais trompée et qu'il ne lui soit pas arrivé d'adresser à l'un de ses invités le compliment destiné à un autre, ou de deviner de travers alors qu'elle en était réduite aux seules ressources de l'improvisation, faute de temps pour étudier son rôle. J'ai raconté dans les *Débats* — un jour que j'évoquais les vieux souvenirs de Compiègne[1], à propos de la visite du Tsar et de la Tsarine, — une de ces petites bévues dont je suis en partie responsable. L'excellent Egger, un des professeurs de la Sorbonne, avait remis à l'Impératrice certain manuscrit roulé et cacheté en la priant d'y jeter les yeux. L'Impératrice me demanda de la renseigner sur Egger. Je fis le plus grand éloge de l'éminent helléniste, dont j'avais suivi le cours à la Sorbonne.

— Alors, demanda-t-elle, il ne s'occupe jamais que de choses grecques?

Je répondis avec conviction :

— Jamais !

Quelques jours après, M. Egger se trouva sur le chemin de l'Impératrice :

— Puis-je demander à Votre Majesté ce qu'elle a pensé du manuscrit que je lui ai remis?

— Mais... c'est très intéressant... Ah ! ces souvenirs de la Grèce ont un charme...

— Mais, Madame, ce sont des documents inédits sur Marie-Antoinette !

— J'avoue, dit l'Impératrice en riant, que je n'ai pas encore pu ouvrir le rouleau que vous m'avez remis... Ouvrons-le ensemble.

Une ou deux légères erreurs de ce genre, acceptées avec bonne grâce, ne compromettaient en rien le succès de l'Impératrice châtelaine. Rien ne l'aidait mieux,

---

1. *Journal des Débats*, 7 septembre 1901.

dans ses tentatives pour fusionner les différentes couches dont se composait chaque série, que les thés de l'après-midi. Je donnerai la description de deux de ces thés : l'un, raconté par mon père, invité de la troisième série en 1868, dans une lettre qu'il écrivait, le soir même, à ma mère ; l'autre, dont je trouve la description dans mes propres notes.

« Après déjeuner, dit mon père, une des demoiselles d'honneur, mademoiselle de Larminat, est venue m'inviter au thé de la part de l'Impératrice. C'est à cinq heures ; je suis arrivé trop tôt et j'ai été saisi, quand je suis entré dans le salon, de me trouver presque en tête à tête avec l'Impératrice. Il n'y avait qu'une seule personne d'arrivée : c'était un jeune capitaine de frégate nommé Garnier, qui arrive de l'Extrême-Orient. Il rapporte une cargaison de dessins de monuments bouddhiques. L'Impératrice m'engagea à m'asseoir et à regarder ces dessins. Cependant, le salon se garnissait : on invite au thé une vingtaine de personnes, les dames causent entre elles, ou avec les dames du palais, et les demoiselles d'honneur sont chargées d'offrir le thé. L'Impératrice, assise sur une chaise longue, fait asseoir les hommes autour d'elle. Elle fit placer Lachaud à sa droite, Baroche à sa gauche ; les autres invités étaient Alphand, Viollet-le-Duc, le prince Bibesco, un avocat général, M. Savary, et deux ou trois autres. La conversation, que l'Impératrice dirige en véritable présidente, roula d'abord sur les orateurs. C'étaient, naturellement, Baroche et Lachaud qui tenaient le dé. L'Impératrice dit qu'elle préférait les hommes d'action aux hommes de parole, et le pauvre Cicéron, qui n'était pas là pour se défendre et dont Boissier se fit l'avocat d'office, reçut à cette occasion quelques épigrammes. On parla ensuite des femmes-orateurs : ce qui me fit dire quelques mots sur madame Deraisme, que j'ai entendue au boulevard des Capucines. On finit par traiter la question du divorce. Lachaud s'en fit le défenseur, tout en convenant que le sentiment religieux était un obstacle à son rétablissement. L'Impératrice termina le débat en disant : « Nous ne rétablirons pas le divorce. » Elle se leva, nous fit signe de nous retirer, et chacun courut s'habiller en poste, car l'heure du dîner approchait et, après dîner, il y avait spectacle. »

A mon tour, j'écrivais dans mon journal : « Invité au thé de l'Impératrice. C'est le jour des magistrats. On parle « causes célèbres ». Nous mettons madame Lafarge sur le tapis et nous faisons des efforts désespérés pour confesser Lachaud, qui est assis à côté de l'Impératrice. Aujourd'hui, après tant d'années écoulées, croit-il encore à l'innocence de madame Lafarge ? Il est visible que tous les assistants ont entendu dire comme moi qu'il était amoureux d'elle. Impossible de rien obtenir. Je lui dis : « Vos clients vous ont appris leur maxime : « N'avouez jamais! » Il rit, mais demeure impénétrable.

Alors, la conversation dérive. Il est question de l'assassinat de la duchesse de Praslin par son mari. L'Impératrice nous dit qu'elle les a connus dans la maison Delessert.

— J'ai dîné avec elle quelques jours avant le crime. Elle nous raconta qu'elle avait vu, la nuit, un moine encapuchonné au milieu de sa chambre. Elle s'était pendue au cordon de sonnette et le moine avait disparu. Était-ce un cauchemar? Était-ce le duc?

— C'était le duc, dit un auteur dramatique. Il faisait sa répétition générale.

— Évidemment, reprend l'Impératrice, car, la nuit de l'assassinat, toutes les sonnettes avaient été coupées.

Au milieu de cette continuelle représentation et de cet enjouement un peu artificiel, l'Impératrice avait des instants de lassitude profonde. Un jour, elle me disait avec un peu d'amertume : « On prétend que les princes sont entourés de flatteurs. Hélas ! ce sont eux qui sont condamnés à flatter tout le monde. Leur vie se passe à remercier et à saluer. Ils n'ont pas le droit de trouver exécrables les livres qu'on leur dédie, les pièces qu'on joue devant eux, la musique dont on écorche leurs oreilles. Une souveraine, pendant qu'on la coiffe pour dîner, étudie l'ouvrage qu'un savant lui a offert, comme un écolier pioche sa leçon, afin d'y puiser la matière d'un mot aimable. Toutes les jeunes filles sont jolies, toutes les toilettes sont de bon goût, tous les artistes ont du talent : les princes sont condamnés à une plate et universelle admiration. »

Ces paroles étaient dites dans le salon solitaire où travaillait le Prince impérial, que son gouverneur tenait presque toujours loin des fêtes de Compiègne. Voici ce qui arrivait lorsque le Prince, pour une raison ou pour une autre, ne devait pas paraître à la table impériale. « Vers sept heures, tout était silencieux dans le cabinet de travail, qu'éclairait une seule lampe, recouverte de son large abat-jour. Sous la lueur de cette lampe, le Prince et son ami Conneau se débattaient contre une phrase de Salluste ou un problème d'arithmétique. Aucun bruit, sauf le lourd

battement d'un grand cartel, plus que centenaire, et
le grondement vague du vent d'hiver dans la forêt.
Une porte s'ouvrait. Un froufrou de soie et de satin,
traînant sur les tapis, un doux cliquetis de bijoux.
C'était l'Impératrice. Lorsque ses femmes, dans ce
cabinet de toilette dont on a décrit les merveilles,
avaient mis la dernière main à sa parure du soir, elle
venait voir son fils avant d'aller joindre l'Empereur.
Elle s'avançait vers la table, éclairant l'ombre autour
d'elle.

» — C'est vous, maman ?

» — Tu travailles ? Ne te dérange pas !

» Elle l'embrassait tendrement, donnait une petite
tape affectueuse sur la tête de Louis Conneau et s'approchait de la fenêtre. Elle causait, un moment, à
demi-voix, dans l'embrasure. Quelquefois, elle
appuyait son front à la vitre, plongeant ses regards
pleins de rêve dans la nuit mystérieuse et profonde,
comme pour s'y rafraîchir la vue et la pensée. Elle
me dit un soir : « Quel dommage que le général Frossard ne puisse pas me priver aussi de ce dîner ! » Il
me semble sentir encore le léger parfum qui l'enveloppait. C'était comme une vision. Cela ne durait que
cinq minutes, mais toutes les splendeurs de Compiègne s'effacent auprès de ces minutes-là [1] ! »

Saint-Cloud présentait d'étranges alternatives,
ta ntôt plus agité que les Tuileries, tantôt plus calme
q ue Fontainebleau ou Compiègne dans les jours de
solitude et de silence, dans l'absence ou dans l'inter-
valle des séries. Une délicieuse et profonde paix y
succédait à la pompe des réceptions d'apparât. Saint-

---

1. *Journal des Débats,* 7 septembre 1901.

Cloud n'était pas assez loin pour mettre les souverains à l'abri des tourments quotidiens de la politique. Elle était là, toujours présente aux yeux comme à la pensée, la grande ville frondeuse, sinon ennemie. Deux fois la semaine, on voyait la file des coupés ministériels monter lentement l'avenue et on savait que chacun d'eux apportait son contingent de problèmes et d'inquiétudes. Après le Conseil, les ministres déjeunaient à la table impériale, les uns rogues et maussades, les autres avec un enjouement de théâtre. Leurs figures, congestionnées ou pâlies par la fatigue, portaient encore la trace de discussions qui ressemblaient souvent à des disputes.

Le soir, il y avait quelquefois des réceptions de députés et ces soirées-là, — est-il besoin de le dire? — manquaient de gaîté, car l'angoisse était dans l'air et tout le monde sentait venir des jours mauvais.

Mais il y avait des journées bien différentes où Saint-Cloud, au lieu de regarder Paris, semblait se tourner vers les larges et paisibles perspectives de son parc solitaire. Alors, ce n'était plus qu'une royale maison de campagne, la maison du repos, des souvenirs, du rêve. J'ai vu les élèves de Saint-Denis jouer, bavarder, chanter des rondes, à la place où, quelques mois auparavant, avait éclaté la tragique folie de l'impératrice Charlotte.

La vie de l'Impératrice à Saint-Cloud était donc faite de ces deux éléments si opposés. Les distractions de son existence extérieure, elle les partageait avec son entourage ; les soucis de sa pensée, on les devinait à quelques mots échappés çà et là.

Le matin, je la voyais souvent, de ma fenêtre, sortir dans un panier qu'elle conduisait elle-même et

où Gamble, — un Anglais qui avait la haute main
dans les écuries, — l'installait respectueusement. Je
ne sais si elle conduisait bien au point de vue technique et quel eût été, à ce sujet, le verdict d'un pro-
fessionnel. Mais elle me paraissait à la fois imposante
et gracieuse lorsque, penchée sur le tabouret qui
l'exhaussait, elle rendait la main aux poneys, qui
s'ébranlaient en secouant leurs robes de filets et en
faisant jaillir la poussière.

Dans l'après-midi, nouvelle course en chars à
bancs, dans les bois de Ville-d'Avray, des Hubies,
de Fausses-Reposes, vers la ferme-modèle des Jardies,
vers l'étang de Saint-Cucufa ou le pavillon de la Jon-
chère, vers l'aqueduc de Marly ou vers la Malmaison
(ce fut la dernière promenade de 1870).

Le soir, après le dîner, on se tenait d'ordinaire dans
le salon central, au premier étage, et dans la salle
de billard qui était voisine. Quelques-uns s'isolaient
pour causer, dans la bibliothèque placée immédiatement derrière le salon. Cette bibliothèque, curieuse
création du roi Louis-Philippe, était une cage d'escalier où il n'y avait pas d'escalier, mais où les différents étages étaient indiqués par d'étroites galeries
superposées, et dominées par un grand vitrage qui
éclairait le tout. Ces galeries étaient, du haut en bas,
tapissées de livres et il y en avait d'extrêmement
rares et précieux. Le gardien nominal de cette bibliothèque était Jules Sandeau et, quand la Cour était à
Saint-Cloud, il se trouvait là, le dimanche, au passage de Leurs Majestés qui se rendaient à la chapelle
et il était salué d'un bonjour amical, mais ne paraissait pas se soucier d'obtenir davantage.

La grande table ronde où les dames s'installaient

avec leur prétendu ouvrage était placée dans un coin du salon, entre la porte de la bibliothèque et la cheminée. L'Impératrice était assise au-dessous d'un grand buste de Napoléon II, qui ressemblait aussi peu que possible au duc de Reichstadt que nous avons vu sur la scène. C'est à cette table que Mérimée prit place un soir pour nous lire *Lokis*, sa dernière œuvre d'imagination, et ce fut après cette lecture qu'il jugea l'œuvre assez inoffensive pour être livrée au public. J'ai raconté cette scène dans *Mérimée et ses amis*. Je me permettrai de renvoyer à ce livre ceux qui désireraient la connaître dans ses détails.

IV

L'IMPÉRATRICE CHEZ ELLE (*suite*)
LA VIE AUX TUILERIES (1867-1870)
L'IMPÉRATRICE ET LA POLITIQUE

Si la politique, à certaines heures, envahissait et attristait Saint-Cloud, on peut dire qu'elle pesait, sans cesse, sur le palais des Tuileries ; elle l'enveloppait de souvenirs douloureux et de pressentiments sinistres. C'est là que l'image de l'Impératrice m'apparaît vraiment noble et grande, parce que c'est là que je l'ai vue se dévouer, corps et âme, à son terrible métier de souveraine, repasser, avec une pleine conscience du danger et de la ressemblance des situations, par toutes les phases de cette autre agonie royale qui avait eu les mêmes lieux pour théâtre.

Tout d'abord, il faut donner une idée de ces lieux mêmes, car non seulement ils forment le cadre naturel du portrait que j'essaie de tracer, mais ils reflètent la physionomie de celle qui les a si longtemps habités et qui leur avait, jusqu'à un certain point, imprimé son caractère moral. Et c'est sous cet aspect final qu'ils apparaîtront aux historiens de l'avenir. Je ne craindrai donc pas d'être minutieux.

Les appartements de l'Impératrice occupaient huit pièces sur onze que contenait, au premier étage, l'aile du palais située entre le pavillon de l'Horloge et le pavillon de Flore. Je parle seulement des salles dont les fenêtres donnaient sur le jardin ; celles qui prenaient jour sur la cour du Carrousel avaient un autre usage qui sera expliqué tout à l'heure. Lorsqu'on arrivait chez l'Impératrice par le grand vestibule qui ouvrait sur la voûte de l'Horloge, après avoir monté l'escalier, on traversait d'abord un salon-antichambre où se tenaient les huissiers. De là, on passait dans le salon de service, puis dans le salon réservé aux dames. C'est là, si je me souviens bien, que des trumeaux, encadrés dans la boiserie, offraient les portraits des jolies femmes de l'Empire. Elles étaient censées être les « amies » de l'Impératrice, quoique plusieurs d'entre elles, à l'époque où j'entrai aux Tuileries, eussent cessé d'y venir ou n'y fussent que très froidement accueillies. Le cabinet venait ensuite, très encombré de meubles et entouré de vitrines qui contenaient des choses admirables. Près de la seconde fenêtre était le coin privilégié où l'Impératrice écrivait ses lettres. Son bureau était encadré d'un paravent de cristal autour duquel grimpaient, en festons, des plantes vives. Elle était là comme dans un buisson tropical. La table, assez petite, était entourée de miniatures et de photographies ; en sorte qu'elle ne pouvait pas tracer une ligne sans se sentir en présence et sous le regard de ceux qu'elle aimait ou qu'elle avait aimés. Derrière elle, une armoire vitrée dont elle tira un jour, pour me les montrer, de beaux volumes où elle avait copié, de sa main, des extraits, prose ou vers, de ses auteurs favoris. Les noms qui revenaient le plus fréquemment étaient Bossuet, Chateaubriand, Lamartine, de Maistre, Victor Cousin, Donoso Cortez et, en général, tous ceux qui ont laissé de grandes paroles sur de grands sujets. Elle était bien moins sensible à cette force qui réside dans la continuité des arguments, dans la classification des faits, dans la marche logique de la pensée vers une conclusion rigoureuse. Sa sympathie était pour les voyants, les intuitifs, ceux qui trouvent la vérité d'instinct et l'illuminent d'un mot, pour le bon sens éloquent qui n'a pas besoin d'une démonstration. Je ne crois pas qu'il lui soit arrivé souvent de lire un volume d'un bout à l'autre. Elle rencontrait, dès les premières pages, une phrase qui l'arrêtait et la faisait réfléchir. Elle jeta les hauts cris lorsque je lui dis que le meilleur livre serait celui d'où il serait impossible de tirer une ligne et de la comprendre en l'isolant du texte dont elle faisait partie.

Entre le cabinet et la biblothèque aboutissait un petit escalier tournant qui descendait vers l'appartement de l'Empereur, situé au rez-de-chaussée du palais, sur le jardin, au-dessous de l'appartement de l'Impératrice, mais non pas immédiatement au-dessous : entre les deux s'interposait l'entresol, occupé par Gabriel Thélin, l'ancien valet de chambre devenu trésorier de la cassette particulière. Les pièces habitées par l'Empereur étaient de petites boîtes dorées, chauffées à outrance, meublées à la mode du premier Empire. L'Empereur, qui tenait du côté créole de la famille, se plaisait dans ces chambres

resserrées et dans cette température excessive qu'il
entretenait, frileusement, autour de lui. Il adorait le
lit et, parfois, se couchait pour réfléchir. L'Impératrice descendait rarement dans cette serre chaude.
Quand elle voulait parler à l'Empereur, elle frappait
sur un gong placé en haut du petit escalier et, lorsque
Napoléon III était libre, il montait à cet appel. Les
livres de l'Impératrice étaient rangés dans des
armoires vitrées d'un joli style. Tous vêtus de maro-
quin aux teintes sombres, tous portant l'E surmonté
de la couronne impériale. Au choix des livres avait
présidé une pensée méthodiquement encyclopédique,
dominée par les prédilections idéalistes que j'ai in-
diquées tout à l'heure. C'étaient surtout les historiens qui avaient les honneurs de cette bibliothèque.
On verra plus loin comment l'Empereur s'appliqua à
la reconstituer après le 4 septembre. L'embrasure de
la fenêtre, très large, formait une sorte de jardin
d'hiver. C'est là que j'installai, un jour du printemps
de 1869, Fustel de Coulanges, qui venait entretenir
l'Impératrice, dans une série de conférences, de la
formation des sociétés primitives et, en particulier, de
cette vieille civilisation égyptienne dont elle allait,
bientôt, contempler de près les vivants souvenirs.
C'était un tableau curieux et charmant. On peut
s'imaginer ces cinq ou six femmes ou jeunes filles
qui s'étaient groupées çà et là, autour de l'Impératrice, les unes tirant l'aiguille, les autres attachant
les yeux sur l'orateur. De temps en temps, un chuchotement, un sourire, une question un peu naïve.
Et l'auteur de la *Cité Antique*, parlant sans gestes,
de sa voix égale, lente, un peu apprêtée, raide et nerveux d'abord, dans l'étroitesse de son habit noir et

dans la nouveauté de son rôle, puis s'épanouissant peu à peu sous la sympathie et la bonne curiosité qui l'accueillaient et ne cessèrent de l'entourer.

De la bibliothèque, on entrait dans une sorte d'antichambre qui semblait vide et insignifiante jusqu'au moment où une porte, placée en face de la fenêtre, ouvrait ses deux larges battants et, dans une sorte d'alcôve, apparaissait un autel. On se trouvait ainsi dans l'oratoire de l'Impératrice. Les exercices de la retraite, avant la première communion du Prince impérial, avaient eu lieu dans cet oratoire, où il avait écouté les instructions finales de l'abbé Deguerry, curé de la Madeleine. C'est dans cet oratoire que l'Impératrice devait entendre la messe pour la dernière fois, le matin du 4 septembre.

Un immense cabinet de toilette, où le Conseil d'État aurait pu délibérer, et une chambre à coucher, de proportions moindres, quoique encore vastes, complétaient l'appartement de la souveraine.

Comment était employée la matinée de l'Impératrice? Je suis très ignorant là-dessus. Je suppose qu'elle s'occupait surtout d'affaires, de toilette et de charité. Je trouve, dans mon journal, une note que j'avais oublié de dater : « Ce matin, j'ai rencontré dans la cour du château une voiture qui rentrait. Les gens étaient en livrée grise. Au fond, était assise une vieille dame en lunettes, avec un grand chapeau et un voile épais. Avec elle, se trouvaient mademoiselle Marion et les deux nièces de Sa Majesté, la duchesse de Galisteo et la duchesse de Montoro. Elles se sont mises à rire en voyant mon air étonné et, alors, la prétendue vieille dame a ôté ses lunettes et relevé son voile. Changement à vue, comme dans

Cendrillon : c'était l'Impératrice. Il paraît qu'elle se déguise ainsi très souvent pour aller voir les pauvres dans les quartiers excentriques. Nous en avons causé, ce soir. Elle voudrait que le Prince connût aussi la misère *de visu.* « Il ne sait pas ce que c'est. Il croit, probablement, que les pauvres sont des gens qui n'ont pas de voiture. Il faut absolument qu'il comprenne, qu'il se rende compte, qu'il écoute les récits de ces malheureux, dans lesquels il y a beaucoup de mensonges, mais encore plus de vérité. Il faut qu'il connaisse les affreux logis, sans air et sans pain, où le bonheur est impossible. Il ne peut pas régner s'il n'a pas vu cela. » J'ai dit que j'en parlerais au général Frossard, mais je le vois d'ici lever ses grands bras au ciel et s'en aller en claquant la porte.

L'Impératrice déjeunait seule avec l'Empereur. Le Prince, qui était quelquefois en tiers, me parlait de ces déjeuners, qui devaient être beaucoup plus simples que celui des officiers de service.

Après le déjeuner, l'Impératrice donnait des audiences et le fait caractéristique, à propos de ces audiences, c'est qu'il fallait toujours l'avertir pour qu'elle congédiât le visiteur ou la visiteuse. Elle n'avait pas la moindre notion du temps qui s'écoulait. Elle nous a raconté la première visite qu'elle fit à la princesse Marie de Bade, duchesse de Hamilton, après son mariage. « Je suis restée là cinq ou six heures. Je n'avais plus rien à dire et je ne m'en allais pas. J'y serais encore si l'Empereur, inquiet, n'avait envoyé Bacciochi me chercher. » Jamais elle ne s'habitua à mesurer le temps qu'elle pouvait accorder à chacun, suivant le rang, le degré d'intimité, l'objet de la visite. Que de fois, à Chislehurst, n'ai-je pas ou la mission d'apparaître et de couper, par quelque prétexte, une entrevue dont elle n'aurait su dire si elle était commencée depuis deux heures ou depuis dix minutes.

A quatre heures, l'invariable promenade en daumont, dont elle était bien lasse, excepté les jours où elle allait patiner. Il y eut encore d'autres occasions où la banale promenade de quatre heures fut étrangement émouvante. Par exemple, ce jour mémorable où, pendant les émeutes de 1869, la voiture impériale, au lieu de prendre la route du Bois, se dirigea, sans aucune escorte et précédée d'un seul piqueur, vers le théâtre ordinaire des troubles. Lorsque, après avoir suivi la rue de Rivoli et le boulevard de Sébastopol, les souverains arrivèrent aux grands boulevards, la foule était si compacte que le landau impérial dut aller au pas et même s'arrêter tout à fait. Cette foule de curieux, pour la plupart hostiles à l'Empire et qui, peut-être, cinq minutes auparavant, avaient hué la police, fut prise d'un accès subit d'enthousiasme et éclata en véritables transports. Ce fut un triomphe populaire, le dernier, hélas! Le soir, comme j'exprimais à ma souveraine toute mon admiration pour son courage, elle me répondit : « Vous ne savez pas que je suis très peureuse? » Je lui dis que je n'en croyais rien. Je lui rappelai la visite aux cholériques d'Amiens, je lui rappelai aussi son attitude au 14 janvier 1858, lorsqu'elle avait dit à ceux qui s'empressaient autour d'elle : « Occupez-vous des blessés. Ne vous occupez pas de nous... nous, c'est notre métier! » Mais elle répéta, en secouant la tête : « Je vous assure que je suis, par nature, très peureuse! »

A sept heures, nous étions tous réunis dans le salon de famille qui donnait sur le Carrousel. Ce salon n'était séparé de la salle des Maréchaux que par le salon dit « du Premier Consul ». Il était fort grand. On voyait, d'un côté, un grand piano à queue; de l'autre côté, près de la cheminée, une table quadrangulaire; au centre, un canapé circulaire. Les meubles étaient recouverts d'un vieux damas rouge décoloré, et passé de mode. L'étoffe était si usée qu'aux bras des fauteuils on voyait partout apparaître la doublure. On renouvela un à un tous les meubles, qui revinrent, l'un après l'autre, reprendre leur place, habillés de certain satin noir à fleurs de soie, qui devait être un encouragement à nos fabriques de Lyon, déjà très malades. Quelquefois, nous attendions fort longtemps, sans connaître la cause de ce retard, le moment où la porte du salon de l'Impératrice s'ouvrait à deux battants.

— L'Empereur ! annonçait l'huissier.

Les souverains paraissaient avec leur fils. S'il y avait des invités, ils étaient rangés, les hommes d'un côté, les femmes de l'autre. L'Empereur passait la revue des uns et l'Impératrice adressait une parole à chacune des autres. Celui qui avait fini le premier, — c'était, d'ordinaire, Napoléon III, — attendait l'autre. Le préfet du palais de service annonçait le dîner et marchait devant les souverains. Ils se donnaient le bras l'un à l'autre, sauf le cas où il y avait des personnes royales parmi les hôtes. On traversait à leur suite la salle du Trône, qui était contiguë au salon de famille et l'on entrait dans le salon Louis XIV, ainsi appelé parce que le grand panneau, en face des fenêtres, était entièrement rempli par

une tapisserie des Gobelins, représentation très
exacte du tableau où l'on voit le grand Roi remettant
le jeune Philippe V à ses futurs sujets. L'Impératrice
me fit remarquer un jour que le cardinal Portocarrero, chef de la députation, était membre de sa
famille. C'est le nom que portait son propre père
avant d'hériter de la grandesse. Lorsque la reine
Isabelle, après la révolution de 1868, visita pour la
première fois les Tuileries, elle s'arrêta devant ce
tableau : « Voilà, dit-elle, le commencement et, —
se désignant elle-même, — voici la fin ! » Les événements ont montré qu'elle se trompait et que ce
n'était pas la fin.

L'Empereur prenait place au-dessous de ce tableau,
faisant face aux fenêtres, ayant à sa gauche l'Impératrice et l'aide de camp de service, à sa droite
le Prince et la dame du palais de service, l'adjudant
général du palais vis-à-vis de l'Empereur; les autres
convives se plaçaient au hasard ou suivant leur fantaisie. A ces dîners de tous les jours, la maison militaire de l'Empereur était représentée par l'aide de
camp et les officiers d'ordonnance, la maison civile
par l'écuyer et le chambellan en fonctions, la maison de l'Impératrice par une dame du palais, une
demoiselle d'honneur et un chambellan, celle du
Prince par un aide de camp et le précepteur. Si l'on
ajoute le préfet du palais, les deux nièces de l'Impératrice et leur gouvernante, le colonel ou le commandant du bataillon de service et le jeune Louis
Conneau, on aura une idée exacte de la table impériale : en tout, une vingtaine de personnes, lorsqu'il n'y avait pas d'invités. Les dîners de gala
avaient lieu dans la galerie de Diane, qui terminait

de ce côté la série des appartements de réception.
Les soirs de grand bal, il se passait, aux Tuileries,
quelque chose d'analogue à ce qui se produit chez les
bourgeois de Paris qui donnent une soirée. Le buffet
étant dressé dans la galerie de Diane, le salon
Louis XIV et la salle du Trône étant réservés pour les
présentations et pour le cercle diplomatique, les
maîtres de la maison, avec leur entourage, emprun-
taient la salle à manger des officiers de service, qui
était, je crois, l'ancien salon de l'Impératrice Joséphine. Après le dîner, on s'arrêtait un moment dans
la salle voisine, dite salle de Félix [1], où étaient
entassés d'innombrables objets disparates, cadeaux
précieux ou sans valeur, et de toute provenance,
depuis des peintures extraordinaires qui étaient
l'œuvre d'un prince siamois jusqu'à des fusils
inédits soumis à l'Empereur par des inconnus. Puis,
on remontait dans les appartements particuliers de
l'Impératrice, où l'on attendait l'heure de former la
procession et de faire une entrée solennelle de la galerie de Diane dans le salon Louis XIV. Je ne dirai
rien de ces grands bals, sinon que j'eus une impression toute nouvelle, et comme une révélation de
la beauté de l'Impératrice, lorsqu'elle m'apparut
assise auprès de l'Empereur sur une estrade, pendant
que le quadrille d'honneur commençait devant eux
ses évolutions dans la salle des Maréchaux. Sous le
feu des lustres, le front cerclé d'une éblouissante

---

1. Félix était le chef des huissiers du Cabinet. C'était un
personnage original et ironique, qui savait une foule de choses
inconnues du vulgaire. Aussi le classique Conti ne manquait-
il jamais de l'appeler :

Félix qui potuit rerum cognoscere causas.

auréole de diamants, enveloppée dans la splendeur
du manteau impérial, elle reprenait le merveilleux
éclat des jeunes années. Je retrouvais dans ses traits,
dans ses regards, cette rêveuse langueur, qui n'était
peut-être que le vague ennui d'une pensée flottante
au milieu du vide des pompes officielles. Combien
plus belle alors, mais comme elle était moins vivante
que dans nos soirées ordinaires !

Je ne dirai rien de plus des grandes fonctions, pas
plus que des petits Lundis ou des concerts : tout cela
a été ou sera décrit par des plumes expertes à ces
sortes de choses. Je n'ai rien à dire non plus des
dîners d'apparat. Le Prince, la plupart du temps, n'y
figurait pas, ce qui dispensait son précepteur d'y
assister. Les « dîners de famille » m'ont seuls laissé
un souvenir, non pas, je pense, parce qu'on dînait
dans la vaisselle de vermeil offerte à Napoléon Ier par
la Ville de Paris et qu'on pouvait, au dessert, y manger des fraises sur une Sévigné ou une Montespan,
peinte par quelque grand artiste au fond d'une assiette
de Sèvres, mais la présence de tous les membres de
la famille Bonaparte, reflétant, dans toutes ses varié-
tés et avec toutes ses nuances, le type primitif,
comme si chacun d'eux avait hérité d'un atome de
la personnalité de l'Empereur, constituait un spectacle intéressant. Mes yeux erraient, sans se lasser,
du prince Napoléon au cardinal Bonaparte, à la comtesse Primoli, fille du roi Joseph, ou au prince
Lucien, fils du prince de Canino. Le prince-philo-
sophe, le prêtre pieux et timide, le vieil érudit passionné de pisciculture et de philologie, la princesse
amie des lettres et quelque peu bas-bleu, tous
avaient le signe, plus ou moins, et ils le savaient.

Mais c'était un spectacle muet, car la musique militaire jouait pendant ces dîners et remplaçait la conversation. Il n'en était pas ainsi les jours ordinaires, où nous ne perdions pas un mot de ce que disait l'Impératrice. Par malheur, en ces circonstances, nos oreilles n'étaient pas les seules à recueillir les paroles trop franches, trop spontanées, sur les gens et les choses, qui lui échappaient. Beaucoup de ces mots reparaissaient le lendemain dans les journaux. Un certain journaliste était particulièrement dangereux et précis dans ses révélations au public. Je ne me rappelle pas le pseudonyme dont il faisait usage : appelons-le Testis. Un jour que l'Impératrice s'était laissée aller à effleurer d'un mot railleur ceux qui la ménageaient si peu, elle ajouta, en riant : « J'espère que Testis n'est pas là. » « Il y était, Madame », riposta Testis, dès le lendemain, dans son journal, en racontant toute la petite scène. L'explication est facile. Les serviteurs des Tuileries étaient, en général, des hommes respectables et dévoués, mais ils ne l'étaient pas tous. D'autres, sans intérêt personnel, avaient la sottise de se laisser confesser. Le fils d'un des maîtres d'hôtel, qui devait son éducation à la générosité de la souveraine, était devenu rédacteur d'un de ces journaux où l'opposition n'avait qu'une forme : la calomnie, l'insulte. Il était, comme on pense, bien placé pour entendre ce qui se disait aux Tuileries et il usait, comme on le voit, de cette faculté.

Le dîner achevé, les hommes disparaissaient pour aller fumer au rez-de-chaussée, la cigarette impériale étant la seule qui eût le droit de jeter ses bouffées à travers le salon. Napoléon III s'asseyait à l'un des bouts de la table et s'absorbait dans une patience.

Les enfants jouaient dans la salle du Trône, car les enfants sont les mêmes partout, et ce Trône, avec les rideaux du baldaquin, se prêtait fort bien à une partie de cache-cache. Quelquefois, ils essayaient des charades sous l'inspiration de M. de Valabrègue, qui avait de grandes prétentions comme organisateur de ce genre d'amusements. Mais, à part le plaisir de s'entortiller dans de vieilles pelisses et de se figurer qu'on représentait un ours parce qu'on avait attaché un manchon sur sa tête, ou encore de se barbouiller le visage avec un bouchon brûlé, je ne me souviens pas que ces charades eussent grand succès. Souvent, l'Impératrice prenait l'un de nous dans un coin, et alors commençait une de ces causeries sans fin dont elle ne mesurait pas la longueur. Ceux qui étaient las d'être debout allaient s'asseoir dans une pièce voisine. Elle ne s'apercevait de rien, surtout quand elle contait une histoire, car elle contait volontiers et fort bien.

Lorsqu'elle voulait penser et non causer, elle disait aux demoiselles d'honneur : « Est-ce que vous ne faites pas un peu de musique? » Les pauvres demoiselles se dirigeaient, avec résignation, vers le piano et il s'ensuivait un certain bruit que les assistants étaient censés écouter. Quelquefois, l'Empereur convoquait tout le monde à une partie de cartes. Pour intéresser cette partie sans exciter les passions, il faisait distribuer à chacun une certaine quantité de pièces toutes neuves, qui arrivaient droit de la Monnaie. Dès qu'il voyait les bourses s'ouvrir et l'argent personnel des joueurs entrer en scène, il arrêtait la partie. Le jeu, comme la musique, n'était qu'un moyen d'occuper la soirée, de donner un emploi ap-

parent à ces longues heures de désœuvrement, sous
lequel se cachait la dévorante activité de la vie politique. En faisant et défaisant ses éternelles « patiences » où, parfois, il se trichait lui-même, ou en
jouant avec nous au trente-et-un, à quoi songeait le
grand despote qui avait à demi abdiqué et qui, peut-
être, regrettait son abdication? Nous n'en savions
rien, mais nous devinions un peu les agitations intérieures par les tressaillements et la nervosité de
l'Impératrice. Quand le Prince était couché et l'Empereur redescendu dans son cabinet, l'Impératrice,
restée avec nous, se faisait lire le compte rendu des
réunions publiques. Paris était, chaque soir, couvert
de ces meetings où les personnes et les institutions
de l'empire étaient grossièrement insultées par un
Mégy ou un Théophore Budaillo et autres grotesques
célébrités du temps, dont les noms n'ont pas survécu.
L'épreuve était cruelle, — j'en sais quelque chose!
— pour celui qui avait la mission de répéter, devant
la souveraine, ces insanités offensantes. On s'arrêtait,
mais elle voulait tout entendre, boire le calice jusqu'à
la lie. Je la vois encore, écoutant ces choses avec une
patience triste, interrompue de quelques soubresauts
douloureux. On sentait déjà le souffle de la révolution. Tous ces discours dont elle savourait, goutte
à goutte, le venin, révélaient un état d'insurrection
morale. Quelquefois, les faits succédant aux paroles,
l'écho de l'émeute arrivait jusqu'à nous. Voici ce que
j'écrivais en rentrant dans ma chambre, pendant les
émeutes des *blouses blanches* qui éclatèrent à Paris
après les élections de 1869 :

« Soirée de gala offerte à la reine de Hollande et à la
grande-duchesse Marie de Russie. L'Impératrice me

présenta à la reine de Hollande en lui disant : « C'est M. Filon, le précepteur de mon petit garçon. » Grand dîner, spectacle, bal, souper. Pendant la représentation, on apporte à chaque instant des télégrammes à l'Empereur, qui ne les ouvre pas et qui continue à applaudir les acteurs le plus tranquillement du monde. Tout le monde a l'air contraint, inquiet. Les yeux se portent involontairement vers les croisées qui donnent sur le Carrousel, où grouille une foule hostile. L'orchestre de Waldteuffel lance ses valses les plus entraînantes et cinq ou six couples se risquent. Valser, ce soir, est une forme de dévouement à l'Empire. Quand la musique s'arrête, on entend les clameurs de la foule, chargée par les agents. Au souper, beaucoup de tables vides : souper, c'est aussi du courage. »

A peu de chose près, toutes nos soirées, pendant de longues semaines, ressemblèrent à celle-ci. Comment n'aurais-je pas songé souvent aux scènes qui s'étaient passées, quatre-vingts ans plus tôt, dans ce même palais, et à une autre souveraine qui avait passé par les mêmes angoisses? Cette comparaison m'obsédait, et c'est dans cette pensée que je lus alors les *Mémoires* de madame Campan. J'écrivis à ma mère les réflexions que cette lecture me suggérait :

« C'est inouï à quel point notre souveraine à nous ressemble à la pauvre Marie-Antoinette. Il ne peut y avoir plus de similitude, principalement dans la façon de traiter son entourage et de vivre avec ses amies. C'est le même goût des amusements familiers, la même passion d'arranger, de plaire, d'orner, de déménager, la même animation entrecoupée de mélancolies courtes et de dégoûts. Il y a des mots que je m'imagine voir tomber des lèvres de l'Impératrice en les lisant dans la bonne madame Campan. Je crois qu'on peut dire encore que ç'a été la même vertu et la même innocence, avec le désir de plaire, plus encore aux foules qu'aux individus. Dieu veuille que le dénouement du drame soit différent !... »

Une question se pose ici d'elle-même : quel fut, au vrai, le rôle politique de l'Impératrice, ce rôle si étrangement surfait et travesti non seulement par les ennemis, mais par les amis de l'Empire ?

Je voudrais répondre à cette question, mais, n'ayant été que le témoin des derniers jours et n'ayant bien connu l'action politique de la souveraine que pendant la dernière régence, c'est-à-dire pendant les semaines qui ont immédiatement précédé ou suivi la chute de l'Empire, je n'ai pour me guider, en ce qui touche les événements antérieurs à mon entrée aux Tuileries, que ma propre impression, éclairée par quelques vues rétrospectives de l'Impératrice elle-même et par la connaissance profonde que je crois avoir acquise de son caractère. Le lecteur acceptera ou rejettera mon témoignage, suivant la valeur qu'il attache au jugement de l'auteur.

Jusqu'en 1860, l'opinion générale était, si je ne me trompe, que l'Impératrice était exclusivement occupée de chiffons. C'est à partir du jour où la question de l'unité italienne se fut nettement posée et que cette unité, déjà à demi réalisée, menaça le pouvoir temporel du Saint-Père, c'est à ce moment, dis-je, qu'on commença à chuchoter quelque chose dans le public sur l'influence politique de l'Impératrice. Elle avait son « coin », on dit bientôt son « parti ». Qui avait inventé ce « parti » de l'Impératrice ? A coup sûr, ce n'était pas l'Impératrice. Ce n'étaient pas davantage ceux qui formaient ce parti, car ils n'existaient pas. Durant les trois années que j'ai passées à la Cour, je n'ai jamais pu découvrir la moindre trace de ce parti imaginaire. Étaient-ce, donc, les ennemis de la dynastie? Sans nul doute, ils s'emparèrent de ce mythe politique et en tirèrent le meilleur effet possible, mais l'idée venait d'ailleurs. C'est l'Empereur lui-même qui l'avait mise en circulation et elle lui avait été suggérée par une femme, plus intelligente que scrupuleuse, qui avait été sa maîtresse et prétendait rester sa confidente. Sa beauté avait passé très rapidement, mais elle espérait se maintenir par l'ascendant de l'intelligence, devenir la meilleure amie, la conseillère indispensable de celle qu'elle avait trompée. L'Impératrice ne pénétra point le secret de ces intentions machiavéliques, mais se prêta mal à ces manœuvres qu'elle ne comprenait pas. L'idée de faire, en quelque sorte, opposition à l'Empereur, auquel elle devait toutes ses notions politiques et en la sagesse duquel elle croyait implicitement, ne lui serait jamais venue. Elle eût été encore plus surprise que l'Empereur eût intérêt à faire croire à cette divergence de vues. Pourtant, il en était ainsi.

En effet, la politique impériale venait de traverser une crise décisive. Après avoir suivi, pendant les huit premières années, une marche très nette et présenté un caractère d'énergique unité, tant à l'intérieur qu'à l'extérieur, elle semblait hésiter. Décidé à organiser la démocratie française avec des institutions parlementaires, Napoléon III sentait la nécessité de constituer, en dehors de lui, deux grands partis sur lesquels il s'appuierait alternativement et

qui assureraient le fonctionnement de la liberté.
C'est sur la question italienne que se dessinaient ces
deux partis. Mais chacun d'eux, à la suite de sa thèse
dans la question italienne, apportait tout un programme d'action ou de réaction dans les questions
intérieures. L'un pousserait l'Empire en avant, vers
les grandes réformes libérales et démocratiques;
l'autre le ramènerait en arrière, vers le régime de
1852, s'efforcerait de donner un rôle important à
l'Église dans l'éducation nationale et dans la direction de la société, en même temps qu'il tiendrait
ouvert, devant notre armée, l'horizon des grandes et
lointaines aventures.

On a appelé ce dualisme la politique de bascule,
parce qu'on trouve toujours de vilains noms pour
flétrir les entreprises qui n'ont pas réussi, les choses
qui n'ont pas vécu. Mais rien n'eût été plus logique,
ni plus viable, si ces deux partis avaient accepté
l'Empereur comme l'Empereur les acceptait. Pouvait-
il prévoir que ces deux groupes d'hommes, que tout
divisait, se réuniraient contre lui, cimentés par une
haine commune? Donc, en 1860 et dans les années
qui suivirent, il fallait les encourager à vivre et tenir
entre eux la balance égale. Le souverain avait donné
des gages au carbonarisme et même au socialisme.
Les souvenirs de l'insurrection des Romagnes et les
écrits du prisonnier de Ham, sans parler de la lettre
à Edgard Ney, étaient autant de gages donnés aux
libéraux. Comment faire contrepoids à ces signes qui
semblaient faire de l'Empereur un complice plus ou
moins conscient de Garibaldi? En laissant croire aux
cléricaux, aux ultramontains, que l'Impératrice était
avec eux et que son influence ne cessait de s'exercer

en leur faveur. De là, naquit le « parti de l'Impératrice ».

Elle était Espagnole : il semblait tout simple de
la croire superstitieuse. C'est ainsi qu'on se la représentait à genoux sur le pavé des vieilles cathé-
drales, égrenant un chapelet, hypnotisée par la lueur
des cierges qui brûlent devant Notre-Dame del Pilar
ou Notre-Dame d'Atocha. On aurait conçu d'elle une
idée bien différente si l'on avait connu son enfance
parisienne, dans quel milieu libéral elle avait grandi,
se nourrissant, non pas de pieuses légendes, mais de
souvenirs napoléoniens, sur les genoux de l'auteur
de *La Chartreuse de Parme*. Superstitieuse ? Elle l'était
moins que l'Empereur, qui portait constamment sur
lui, comme des talismans protecteurs, des prières
envoyées par des femmes inconnues et jusqu'à une
médaille donnée par mademoiselle Déjazet avant la
fuite de Ham. Ce serait trop de dire qu'elle était dévote, car ses pratiques étaient modérées et on ne l'a
vue, à aucune époque de sa vie, s'entourer de robes
noires. Elle était catholique, simplement : ce mot en
dit assez. Son respect pour les prêtres n'alla jamais
jusqu'à leur abandonner la direction de sa conduite
propre et je crois qu'elle était très éloignée de vouloir leur remettre le gouvernement de la société civile. Je suppose, quoiqu'elle ne me l'ait jamais dit,
qu'elle croyait le pouvoir temporel nécessaire à l'indépendance et à la dignité du Saint-Père. D'autre
part, elle savait combien la papauté s'était montrée
ingrate envers Napoléon et, en cela comme en tout,
elle faisait cause commune avec son mari. S'il y a eu
un parti de l'Impératrice, elle n'en était pas : elle
était du parti de l'Empereur. De même que la femme

d'un avocat s'intéresse aux causes qu'il plaide et la femme d'un poète au succès de ses vers, que la femme d'un artiste discute avec lui des idées de tableaux, se passionne pour telle ou telle École, rêve la médaille d'honneur ou l'Institut et déteste le critique qui a éreinté l'exposition de son mari, que la femme d'un officier médite l'Annuaire, sait sur le bout du doigt les promotions et tressaille aux bruits de guerre, ainsi l'Impératrice était de moitié dans tout ce qui arrivait d'heureux ou de fatal à l'Empereur. Elle avait certainement, en politique, son idéal, ou, si l'on veut, ses chimères. Mais la politique, en tant que besogne quotidienne, lui répugnait. Lorsqu'elle était à Camden, pendant la captivité de l'Empereur, elle me montrait souvent des lettres qui lui arrivaient de Genève ou de Bruxelles. Ces lettres, qui lui offraient mille conseils, plus ou moins déraisonnables, émanaient de certaines femmes de la Cour qui se prenaient pour des politiciennes. L'Impératrice me disait, en me montrant ces lettres : « Conçoit-on qu'une femme se mêle de politique sans y être forcée par sa situation? » C'était précisément son cas.

J'ai dit qu'elle était, pour Napoléon III, comme une seconde conscience. Elle lui prêtait son intuition, son instinct, et lui, qui croyait au pouvoir de l'intuition, à l'infaillibilité de l'instinct, la consultait comme d'autres consultent une somnambule[1]. Sou-

<hr>

1. On a vu quelle haute opinion avait l'Empereur des dons politiques de l'Impératrice. Il se trompait sur ses facultés lorsqu'il voulait l'employer dans ses négociations diplomatiques. Je crois très vraies les révélations faites par le baron de Hubner dans ses Mémoires, sur ces tentatives et sur le résultat négatif auquel elles aboutirent. Évidemment, l'Impératrice

vent, il passait outre : quelquefois, après avoir d'abord obéi à la suggestion, il se ravisait et, dans ces cas-là, elle ne boudait jamais. Un soir, pendant les émeutes de 1869 dont il a déjà été question, l'Empereur prit le bras de l'Impératrice pour aller visiter avec elle un régiment de ligne, campé dans la grande galerie du bord de l'eau. On disait que plusieurs quartiers étaient soulevés et que le palais pouvait être attaqué. Les soldats étaient à dîner et il est probable que leur dîner était plus copieux que de coutume. L'arrivée des souverains ne manquerait pas de les électriser. « Allons! » dit l'Impératrice. Elle n'était pas arrivée à la galerie de Diane qu'elle s'arrêta court. « On va rappeler le repas du 5 octobre, Louis XIV et Marie-Antoinette au banquet des gardes du corps! » J'étais tout près. « N'est-ce pas? » me dit-elle. Elle faisait appel à mon témoignage personnel, car il ne pouvait entrer un moment dans sa pensée que je me permisse d'offrir un conseil au souverain. Je répondis par un geste vague et les autres personnes présentes firent de même. Elle continua à parler sur ce thème avec vivacité. L'Empereur rentra dans le salon sans mot dire, mais le lendemain, dans les mêmes circonstances, la visite projetée s'accomplit.

Au mois de septembre 1903, l'Impératrice, causant avec moi très franchement des anciens jours, me dit :

— J'étais opposée à ce que l'Empereur poussât plus loin ses réformes libérales. Suivant moi, il de-

devait être une détestable diplomate si la diplomatie est l'art de cacher ses intentions, de paraître indifférent lorsqu'on est anxieux et, — comme le maître de danse de Musset, — de regarder à droite lorsqu'on veut aller à gauche.

vait rester ce qu'il était; la liberté eût été le don de joyeux avènement de son fils.

— Votre Majesté, dis-je, songeait-elle à la crise qui se fût alors produite, à ce grand pays soudainement délivré et grisé d'indépendance après de longues années de sujétion, et cela sans apprentissage préalable, sous un prince sans expérience et, peut-être, sous une minorité ?

— Je comptais, dit l'Impératrice, sur la générosité des Français.

Quoi qu'il en soit, elle s'était résignée et pensait que l'épreuve commencée devait être loyalement poussée jusqu'au bout. C'est elle-même qui le dit, et dans une lettre qui n'était pas destinée, certes, à la publicité. Les membres de la commission des *Papiers trouvés aux Tuileries* n'y virent que des fautes d'orthographe; l'Histoire y verra, je crois, une preuve irrécusable de la bonne foi, de la raison et du patriotisme de l'Impératrice :

« Mon bien cher Louis,

» Je t'écris en route sur le Nil... J'ai de tes nouvelles et de celles de Louis tous les jours par le télégraphe. C'est merveilleux et bien doux pour moi, car je suis tenue à la rive amie par ce fil qui me rattache à toutes mes affections. J'étais bien tourmentée de la journée d'hier et de te savoir à Paris sans moi, mais tout s'est bien passé, à ce que je vois par ta dépêche. Je pense qu'il faut ne pas se décourager et marcher dans la voie que tu as inaugurée. J'espère que ton discours sera dans ce sens.

» Je suis bien loin et bien ignorante des choses pour parler ainsi, mais je suis intimement convaincue que la suite dans les idées, c'est la véritable force. Je n'aime pas les *à-coups* et je suis persuadée qu'on ne fait pas deux fois dans le même règne des coups d'État. Je parle à tort et à travers, car je prêche un converti qui en sait plus long que moi, mais il faut bien dire quelque chose, ne fût-ce que pour prouver ce que tu sais, que mon cœur est près de vous deux et si, dans les jours de calme, mon esprit vagabond aime à se promener dans les espaces, c'est près de vous deux que j'aime à être dans les jours de souci et d'inquiétude... Loin des hommes et des choses, on respire un calme qui fait du bien et je me figure que tout va bien, parce que je ne sais rien. »

Cette lettre, que j'abrège, est vraiment précieuse. Avec elle, on restituerait tout le caractère de l'Impératrice si les témoignages manquaient. Car elle est là, tout entière, avec sa franchise d'impression que tempère une sincère modestie, avec son honnêteté fondamentale et indestructible, avec ce mélange d'héroïsme et de finesse, de bon sens et de rêverie, qui faisait de cette Espagnole une parfaite Française, avec sa droite et simple tendresse de femme et de mère, si opposée à cette grandeur tragique que quelques-uns lui ont prêtée. Surtout, on y voit dans quel sens, sur quel ton et jusqu'à quelle limite elle se reconnaissait le droit de donner des conseils. Dans neuf cas sur dix, elle renvoyait à l'Empereur l'écho de sa propre pensée.

Lorsque le ministère du 2 janvier 1870 entra en fonctions, le premier soin de M. Émile Ollivier fut de l'évincer du Conseil auquel elle assistait depuis nombre d'années. Dans cette même conversation du mois de septembre 1903, à laquelle j'ai fait allusion, elle rappela ce fait et j'exprimai un blâme sur l'action du premier ministre de 1870. « Mais, dit-elle, c'était logique; je n'avais plus besoin d'apprendre un métier que je ne devais plus exercer! » On va voir tout à l'heure comment les circonstances lui rendirent la présidence effective du Conseil et que M. Ollivier lui-même eut à invoquer sa présence. Mais ce moment était encore éloigné et il régnait un grand optimisme dans les sphères parlementaires et ministérielles. Le château se laissa gagner à cet optimisme, au lendemain du plébiscite. Pendant un moment, je crus moi-même à la durée de l'Empire.

V

LA RÉGENCE
(28 juillet-7 août 1870.)

Jamais Saint-Cloud ne m'avait paru plus beau que dans l'été de 1870 ; jamais je n'y avais mieux senti l'impression de majestueux repos que me donnait cette grande demeure. Bien que la manifestation plébiscitaire du 8 mai n'eût pas produit tous les résultats qu'on en avait espérés, elle avait fort découragé les partis extrêmes et à ce découragement correspondait une détente sensible dans les sphères gouvernementales. Cela semblait très doux après l'inquiétude et la surexcitation constante où l'on avait vécu depuis un an. On n'osait pas encore espérer un avenir heureux, mais on commençait à croire à un lendemain tranquille.

De fêtes, il n'en était pas question : les souverains n'aspiraient qu'au repos. Ceux qui avaient connu la Cour dix ou douze ans plus tôt, au temps des grandes *cocodettes*, ne la reconnaissaient pas. « C'est un pensionnat », disait un de ces messieurs au fumoir. Et un autre reprenait, encore plus aigrement : « Vous voulez dire une *nursery!* » En effet, avec les deux nièces de l'Impératrice et les deux filles de madame Walewska, dont la cadette était presque une enfant, le Prince et son ami Louis Conneau formaient un groupe juvénile que renforçaient encore les deux demoiselles d'honneur, mademoiselle de Larminat et mademoiselle d'Elbée. Un petit monde joueur, gai, bavard, agité quelquefois par de légères querelles qui ne ressemblaient guère aux intrigues d'autrefois. Ma chambre, au second, ouvrait sur cette large allée de marronniers qui monte à perte de vue derrière le château, dans la direction de Villeneuve. Au-dessous de moi, j'entendais des pianotages, des bruits de lecture à haute voix, des éclats de rire qui couraient de chambre en chambre et se perdaient dans cette immensité de Saint-Cloud. Puis le silence retombait, plus profond et plus lourd, à peine troublé par le bruissement infini des feuillages et le chuchotement lointain des jets d'eau. Dans cette atmosphère, il semblait possible d'oublier la grande ville, toujours en fièvre, qu'on devinait à peine, sous un rideau de brume, des fenêtres les plus hautes de la façade orientale.

Deux fois par semaine, vers dix heures, on voyait monter la côte et entrer dans la cour un étrange convoi : une dizaine de voitures qui se suivaient les unes les autres. C'étaient les ministres qui venaient au Conseil et qui déjeunaient ensuite avec la famille impériale et le service. Ils se gardaient bien de nous parler politique. Eux partis, Saint-Cloud reprenait son air de grandiose et mélancolique solitude, avec, çà et là, dans quelques coins, un peu d'animation enfantine.

Je m'attarde, involontairement, à évoquer ces derniers jours de calme, ce répit suprême avant la tempête qui emporta ce palais et ses habitants. Aucun souvenir précis ne s'offre à ma mémoire, aucun incident, sauf une visite de Prévost-Paradol à l'Impératrice. Lui aussi était bien près de la catastrophe. C'est au moment où il venait d'accepter le poste de ministre à Washington. On lui avait suggéré cette démarche et il la faisait, je crois, sans enthousiasme. L'Impératrice avait le plus grand désir de lui plaire et s'était fait renseigner avec soin sur son visiteur. Elle me chargea de recevoir et d'introduire Prévost-Paradol. Lorsqu'il entra dans le premier salon, j'allai au-devant de lui et me nommai : « L'Impératrice, lui dis-je, a voulu avoir aujourd'hui un normalien pour chambellan, afin que vous vous sentiez, dès le seuil, en pays ami. » Il sourit, mais ne répondit rien, soit qu'il ne trouvât rien à dire, soit qu'il fût essoufflé d'avoir monté l'escalier trop vite. Lorsqu'il sortit, au bout d'un quart d'heure, il fut également silencieux et ne jugea pas à propos de me communiquer aucune impression. Celle de l'Impératrice fut qu'il avait des manières parfaites. Mais elle semblait un peu déconcertée de sa froideur et, pour tout dire, un peu déçue : l'homme supérieur ne s'était pas montré.

Les journées qui s'écoulèrent entre le moment où éclatèrent les premières rumeurs de guerre et le départ de l'Empereur pour l'armée, ne m'ont laissé qu'un souvenir effroyable et trouble comme un cauchemar où les images se pressent et se confondent.

A peine la candidature d'un prince de Hohenzollern au trône d'Espagne nous avait-elle inquiétés que la renonciation faite par le prince nous rassura ; et à peine étions-nous rassurés que nous avions un nouveau sujet d'anxiété. Un jour, c'était Émile Ollivier qui jetait aux échos des couloirs du Palais-Bourbon son fameux : « L'incident est vidé ! » Et, le lendemain, c'était la circulaire belliqueuse du duc de Gramont qui réclamait une renonciation solennelle engageant l'avenir et émanée du chef des Hohenzollern, du roi de Prusse lui-même. Puis, coup pour coup, l'incident d'Ems répondait à cette circulaire et une déclaration de guerre répondait à l'incident d'Ems. Il semblait que nous n'avions pas eu le temps de nous reconnaître, de réfléchir, de respirer, et déjà nous avions passé de la sécurité la plus complète, d'une sorte de douce torpeur à l'anxiété aiguë.

Que pensait l'Empereur ? C'était là, pour nous tous, un mystère profond. Les anciens membres de la maison qui étaient députés [1], devaient lui demander une audience lorsqu'ils désiraient l'entretenir de quelque sujet relatif à leur mandat politique. J'ai vu le marquis d'Havrincourt, qui jouissait d'une influence considérable et très légitime dans le parlement, quitter le château après avoir fait son service pendant quinze jours, sans avoir pu parler à l'Empereur pendant cinq minutes. Cependant, si on se reporte aux journaux du temps, on les trouve remplis de dénonciations contre « l'ascendant néfaste de l'entourage ». M. Thiers disait à qui voulait l'entendre :

1. Une loi récente avait mis les membres de la maison en demeure d'opter entre leur charge de Cour et le mandat parlementaire.

« Nous n'aurons pas la guerre : l'Empereur n'en veut pas. » J'ai su depuis que M. Thiers avait raison. Mais, le 18 juillet 1870, nous n'en savions pas si long et, après avoir déjeuné avec les ministres, nous nous précipitions sur les journaux pour avoir des nouvelles.

L'Impératrice, en général, ne cachait guère sa pensée, mais, en ces jours de doute et d'attente, elle sentait la nécessité de la prudence. M. Thiers, qui savait la vérité, mais qui, dans la pratique, lui préférait souvent son contraire, mit, plus tard, en circulation certain mot que l'Impératrice était censée avoir laissé tomber en causant avec un diplomate, M. Lesourd, et qui rejetait sur elle, en quelque sorte, la responsabilité de nos désastres : « Cette guerre-là, lui aurait-elle dit, c'est ma guerre! » M. Rouher fit venir M. Lesourd et l'interrogea. — « L'Impératrice vous a-t-elle adressé la parole qu'on lui prête? » — « Jamais! » — « Ou quelque mot analogue? » — « Pas davantage. » — « Voulez-vous m'écrire une lettre dans ce sens pour établir la vérité? » — « Oui, certes ! » — « Et m'autorisez-vous à la publier ? » — « Je vous y autorise. » M. Rouher porta cette lettre à l'Impératrice, mais crut devoir ajouter que la destitution de M. Lesourd était certaine s'il donnait ainsi un démenti au chef de son gouvernement. Or, il avait besoin de sa place pour vivre. L'Impératrice, là-dessus, mit la lettre dans un tiroir où elle doit être encore à l'heure où j'écris.

Dans l'exil, elle s'est expliquée avec moi, en toute franchise, sur ses sentiments et sur son rôle au moment de la déclaration de guerre. Son rôle? Il avait été nul. Quant à ses sentiments, ils avaient été ceux de beaucoup de Françaises. On lui disait que la guerre était inévitable, qu'il valait mieux la faire immédiatement, attendu que nous étions prêts et que les chances de succès iraient en diminuant avec les années ; elle croyait tout cela, et comment ne l'aurait-elle pas cru, elle qui avait au plus haut degré le respect des compétences et des spécialités ? C'est pourquoi elle acceptait la lutte comme une douloureuse nécessité.

Quant au Prince impérial, dès qu'il fut assuré d'aller à la guerre, sa joie était extrême et il m'en voulait un peu de ma tristesse.

La dernière promenade faite par l'Impératrice et le Prince impérial fut un pèlerinage à la Malmaison. On s'y rendit en poste avec les chars à bancs. Les voitures pénétrèrent dans le parc par une porte qui donne sur la campagne. Nous traversâmes les pelouses et les boulingrins où Bourrienne poursuivait de ses soupirs la jeune Hortense de Beauharnais. Nous entrâmes dans la maison. L'Impératrice, qui nous guidait, nous montra une corbeille à ouvrage d'où s'épanchait une quantité d'écheveaux en désordre et nous dit : « Ce sont les laines de l'Impératrice Joséphine. » Ce qui me frappa le plus, ce fut le cabinet du premier Consul, qui avait la forme et l'aspect d'une tente militaire. Il était tapissé d'une toile aux grandes raies bleues et blanches. Mais tout cela sentait le moisi et, même en ce jour d'été, la maison et le jardin avaient quelque chose de triste et d'abandonné, en harmonie avec les souvenirs sinistres que rappelait le nom de l'endroit.

J'étais présent lorsque l'Empereur reçut l'adresse du Sénat. C'était dans la galerie de Diane, qui occupait presque tout le premier étage de l'aile gauche et qui était rempli de vieux « cabinets » et de bronzes admirables. Je crois que cette salle avait vu la couronne offerte à Napoléon Ier par les représentants de la nation. Les sénateurs de 1870 arrivaient très excités, mais le ton morne, presque dolent, du souverain, ce ton si différent de celui qu'il prenait, d'ordinaire, en public, glaça tout le monde et je crois voir encore sur les visages l'effet de cette phrase : « Nous commençons une guerre longue et difficile. » J'entendis, au sortir de cette réception, des blâmes très vivement et très librement exprimés.

Dans cette même galerie, certain soir de la dernière décade de juillet, — peut-être était-ce le 27, — tous les officiers et toutes les dames de la maison, présents à Paris, au nombre de quarante environ, furent invités à dîner pour dire adieu à l'Empereur et au Prince. C'est au dessert de ce dîner que la musique de la Garde joua pour la première fois la *Marseillaise*, proscrite depuis dix-huit ans.

Ce soir-là, il y eut une pluie d'étoiles filantes et une des jeunes filles m'informa gravement que, si l'on avait le temps de crier : « Victoire! » pendant la chute du météore, le succès des armes françaises était assuré.

Le départ de l'Empereur eut lieu le 28. Le train spécial qui devait l'emmener chauffait près de la grille dite d'Orléans sur un tronçon de voie qui, sortant du parc réservé, rejoignait la ligne de Paris à Versailles. Ce départ avait un caractère strictement privé. Seuls, les ministres étaient présents avec la famille impériale et les personnes de service. Jusqu'à la dernière minute, l'Impératrice montra un visage calme et souriant. Au moment où le train commença à glisser sur les rails, elle cria au Prince :

« J'espère, Louis, que tu feras ton devoir. »

L'Empereur et le Prince, debout derrière la glace à demi levée, répondirent à la fois, mais je n'entendis pas leurs paroles, qui se perdirent dans une acclamation des assistants. Quelques secondes plus tard, le cri de Vive l'Empereur! était répété par les foules stationnées au dehors. C'est la dernière fois que j'aie entendu ce cri en France.

Comme je revenais vers le château avec M. de Parieu, l'Impératrice nous dépassa. Elle était seule dans sa petite voiture avec la princesse Clotilde. Toutes deux pleuraient. M. de Parieu, qui connaissait mes sentiments, me dit, quand elles furent passées : « Vous savez qu'on dit que l'Impératrice a poussé à la guerre? Hé bien, ce n'est pas vrai. L'autre jour, en sortant du Conseil, elle m'a dit : « Qu'est-ce que vous pensez, M. de Parieu? » Je lui ai répondu : « Madame, je pense que, si l'Angleterre nous offrait sa médiation, nous aurions grand tort de ne pas l'accepter. » Elle a répliqué : « Je le crois comme vous. »

Le chef du cabinet de l'Empereur, M. Conti, était absent. Il était allé, déjà fort malade, faire une cure à Orezza. Franceschini Piétri, le secrétaire particulier, accompagnait Napoléon III à l'armée. Quant à M. Damas Hinard, secrétaire des commandements de l'Impératrice, il ne pouvait être question de le mêler à la politique. Il avait donc été convenu que je ferais fonction de secrétaire auprès de la Régente et, en cette qualité, le chiffre qui servait à la correspondance du souverain et de la souveraine m'avait été confié. Je crus d'abord que mes fonctions seraient une sinécure. L'Impératrice n'avait aucune expérience, ni même aucune idée de ce travail régulier et méthodique qui s'impose à un chef d'État effectif. D'ailleurs, on ne la consultait sur rien; c'est à peine si on l'informait, après coup, des résolutions prises. Elle n'était régente que de nom et n'avait aucun pouvoir. Aussi étais-je bien loin de prévoir le rôle que les événements et son propre caractère allaient bientôt lui attribuer dans la direction du gouvernement. Mais, au bout de deux ou trois jours, je commençai à la mieux comprendre. Elle dédaignait les paperasses, la broutille administrative, la routine du Cabinet; mais elle s'était tracé nettement un double but, auquel elle espérait atteindre avec son intelligence et ses ressources de femme : 1° obtenir des adhésions dans les rangs des diverses oppositions et rallier les partis dans un commun élan d'enthousiasme national; 2° susciter des alliés à la France parmi les puissances étrangères.

En ce qui touche la première partie du programme, il fallait, d'abord, calmer la presse, dont les polémiques étaient montées à un ton de violence effrayant. Elle me chargea d'écrire à Paul de Cassagnac pour faire appel, en ce sens, à sa générosité, à son dévouement, comme à son sens politique. La réponse ne se fit pas attendre et elle fut telle que l'Impératrice pouvait la désirer. En même temps, elle m'envoya chez M. Adelon, chef du cabinet d'Émile Ollivier, pour modérer son zèle dans certaine affaire de presse, alors pendante et d'où dépendait l'existence de deux grands journaux parisiens. La *Presse*, condamnée à une amende qu'elle ne pouvait payer, eût été supprimée de plein droit et sa condamnation aurait entraîné celle du *Rappel*. Je m'aperçus, dès les premiers mots, que M. Adelon se faisait l'idée la plus fausse du caractère de la Régente. Il crut d'abord que je venais lui demander des sévérités exceptionnelles : qui sait ? peut-être la tête des journalistes incriminés. Il fut très surpris de trouver l'Impératrice plus libérale que lui. Mais il ne me cacha pas, — et, en cela, je crois qu'il avait parfaitement raison, — qu'avec les hommes de l'opposition, la générosité serait comptée comme une faiblesse et n'éveillerait aucune gratitude. Il était d'avis de laisser les choses suivre leur cours devant la justice, sauf à gracier la *Presse*, si elle demandait sa grâce. « Et si elle ne la demande point ? » M. Adelon fit un geste vague qui signifiait : « En ce cas, nous nous en lavons les mains. » Je fis mon rapport à l'Impératrice, qui persista dans son essai de conciliation. L'affaire, appelée le lendemain, fut renvoyée à huitaine et ne reparut jamais au rôle[1].

Bien autrement importante était la question des alliances. Dès la première heure, l'Angleterre s'était dérobée. Lord Granville, présent à Paris, s'était d'abord caché, puis enfui ; l'ambassadeur, lord Lyons, avait reçu l'ordre d'être introuvable. Quant à l'Italie, la tâche de réveiller chez elle la mémoire et la conscience revenait, de droit, au prince Napoléon, gendre de Victor-Emmanuel. Nous avions à Saint-Pétersbourg un représentant très habile et très bien en

---

1. Quelques années après, un des deux journaux dont l'existence avait été sauvée par ma visite à la place Vendôme, annonçant la mort de mon père, crut annoncer la mienne et ajouta, en guise d'oraison funèbre : « Ça en fait toujours un de moins ! » Il est fort heureux pour le journal en question que je n'eusse pas pensé de même en juillet 1870, lorsqu'il était question de le supprimer.

Cour, — j'ai pu en juger plus tard, car j'ai vu de mes yeux avec quelle distinction et quelle sympathie le traitait Alexandre II. Moins de dix jours avant la révolution, le général comte Fleury devait obtenir du Tsar de sérieuses promesses d'une intervention sur cette double base, maintien de la dynastie, intégrité du territoire. L'Impératrice se réservait d'agir sur l'Autriche par l'intermédiaire du prince de Metternich. Elle eut avec lui une longue conversation qui ne fut, évidemment, ni sans intérêt ni sans résultats, car elle se décida à aller elle-même la rapporter à l'Empereur. Je faisais déjà mes préparatifs pour l'accompagner à Metz. Mais les événements coupèrent court à ce projet de voyage.

Dès le 30 juillet, c'est-à-dire le surlendemain du départ de Napoléon III pour Metz, l'Impératrice avait reçu de lui une lettre qui l'avait consternée. A Metz, l'Empereur n'avait trouvé, à son arrivée, que désordre, confusion et mésintelligence. Rien n'était prêt pour la marche en avant. Or, l'Empereur, trop bien instruit de notre infériorité numérique, avait espéré que la rapidité de notre mobilisation l'emporterait sur la lenteur proverbiale des Allemands et lui rendrait l'avantage. C'est là-dessus que reposait son plan. Il se flattait, par une double pointe, de séparer l'Allemagne du Nord et l'Allemagne du Sud : ce qui permettrait à celle-ci de secouer un joug encore mal affermi et de prendre, sous nos auspices, la revanche de 1866. L'Autriche, dans ce cas, n'hésiterait plus à se prononcer pour nous[1]. Tout ce plan de cam-

---

1. L'Empereur a exposé ce plan dans la brochure : *Sur les causes de la capitulation de Sedan,* par un capitaine d'Etat-Major, que je lui ai vu écrire à Chislehurst.

pagne tombait, du moment que le général en chef n'avait pas sous la main la moitié des effectifs attendus, du moment que le service des approvisionnements et des transports n'existait pas, n'avait même pas reçu un commencement d'organisation.

Cette lettre navrée, douloureuse, avait profondément impressionné l'Impératrice; elle laissait prévoir les malheurs qui allaient suivre. Cependant, le 2 août, parvint à Saint-Cloud une double dépêche, de l'Empereur et du Prince impérial, annonçant la marche en avant et le combat de Sarrebrück. Le télégramme de l'Empereur, qui avait un caractère purement privé et que l'Impératrice eût voulu garder pour elle, fut publié par le ministère et fut impitoyablement raillé par la presse opposante. En voici le texte :

« Louis vient de recevoir le baptême du feu. Il a été admirable de sang-froid. Il n'était nullement impressionné et semblait se promener au bois de Boulogne.

» Une division du général Frossard a pris les hauteurs qui dominent la rive gauche de Sarrebrück. Les Prussiens ont peu résisté. Il n'y a eu qu'un feu de tirailleurs et de canonnade. Nous étions en première ligne, mais les balles et boulets tombaient à nos pieds. Louis a conservé une balle qui était tombée près de lui. Il y a des hommes qui pleuraient en le voyant si calme.

» Nos pertes consistent en 1 officier tué et 10 soldats blessés. »

J'écrivis sur-le-champ au Prince et reçus de lui, en réponse, une lettre dans l'après-midi du 4. Cette lettre, dont j'ai donné le texte dans mon livre sur le Prince impérial, fut la dernière joie de l'Impératrice.

A l'heure même où nous la lisions ensemble, le combat funeste de Wissembourg, où périt le général Abel Douay, ouvrait la longue série de nos revers. La nouvelle parvint à Saint-Cloud dans la nuit du 4 au 5, mais elle ne fut annoncée aux Parisiens que le 5, à deux heures. C'est alors qu'elle fut affichée en Bourse et tout le monde sait qu'il est impossible de choisir une plus mauvaise heure pour jeter sur le marché une grosse nouvelle faite pour le déséquilibrer. Lavisse, qui vint me voir à Saint-Cloud cette même après-midi, me signala le fait avec ses conséquences et j'en instruisis l'Impératrice. J'ignore si cette malencontreuse mesure était due au ministre de l'Intérieur, M. Chevandier de Valdrôme, ou au président du Conseil; je tiens seulement à remarquer que la Régente n'y était pour rien.

Pendant les vingt-quatre heures qui suivirent, l'agitation alla croissant dans Paris. La colère fermentait dans les veines de la grande ville et, ne sachant à qui se prendre, se rua sur une ou deux boutiques de changeurs qui portaient des noms allemands. Tout à coup, vers midi, la nouvelle d'une grande victoire, remportée par Mac-Mahon, se répandit comme une traînée de poudre, mit tous les quartiers du centre en fièvre et en fête. Les journalistes, ameutés, assiégeaient le ministère de l'Intérieur; à la Bourse, la spéculation se livrait à des écarts effrayants. Nous continuions à ne rien savoir. Clément Duvernois nous expédia un de ses rédacteurs pour nous mettre au courant de cette situation. Il arriva vers trois heures. Après l'avoir écouté, le marquis de Piennes et moi, sur l'ordre de l'Impératrice, nous partîmes pour Paris. La fausse nouvelle était déjà officiellement démentie, mais la moitié de la ville était encore pavoisée. Ici, la foule, furieuse, faisait retirer les drapeaux ; là, on se réjouissait encore. J'allai à la place Beauvau et à la place Vendôme ; je vis plusieurs hommes politiques très inquiets, entre autres le préfet de police, qui me dit : « Ce sera chaud ce soir ! » A neuf heures et demie, nous rentrions à Saint-Cloud. L'Impératrice était dans le salon central du premier étage, voisin de la bibliothèque. Elle avait auprès d'elle la princesse d'Essling (grande-maîtresse de sa maison), la princesse de la Moskowa et la comtesse de Raynoval (qui faisaient leur service comme dames du palais), la comtesse Clary, dont le mari était auprès du Prince impérial, le prince de Metternich, qui avait dîné à Saint-Cloud, ses deux nièces, Marie, duchesse de Galisteo, et Louise, duchesse de Montoro, leur gouvernante, mademoiselle Redel, le comte de Cossé-Brissac, chambellan de service, l'amiral Jurien de la Gravière, aide de camp de l'Empereur, spécialement chargé par le souverain de veiller sur la souveraine : mission dont il s'acquitta avec un dévouement sans égal, enfin le lieutenant de vaisseau Eugène Conneau, officier d'ordonnance, délégué, aussi, auprès de la personne de l'Impératrice et, probablement, deux ou trois autres personnes que j'oublie. Le général Lepic entrait en même temps que nous. Il venait avec une mission du Conseil. Il apportait à la signature de l'Impératrice un décret qui mettait Paris en état de siège, avec une lettre d'Émile Ollivier qui conjurait l'Impératrice, vu la gravité des circonstances, de « rentrer immédiatement à Paris à la tête des troupes dont elle disposait ». Nous nous regardâmes. Ces troupes consistaient en 160 hommes présents au dépôt des voltigeurs de la Garde. N'importe! L'Impératrice signa docilement le décret et promit de rentrer aux Tuileries. Après quoi, elle se retira dans son appartement, le général Lepic repartit pour Paris, les dames restèrent un moment encore à causer; M. de Piennes et moi, nous allâmes prendre quelque nourriture. A peine étions-nous à table qu'on apporta une dépêche du grand-quartier général. Nous montâmes, pour la déchiffrer, dans un des salons du premier étage, avec l'assistance de M. de Cossé-Brissac. Dès les premiers mots, la situation se révélait dans son horreur. Qu'on s'imagine l'heure tardive, la salle silencieuse et, sur une grande carte déployée, trois hommes à genoux, pâles, en sueur, épelant avec désespoir cette fatale dépêche qui leur apportait, à travers la nuit, la nouvelle d'un désastre et dont chaque mot était un coup de massue. « Nos troupes, disait-elle, sont en pleine retraite... Il ne faut plus songer qu'à défendre la capitale... » Une seconde dépêche arriva presque aussitôt, annonçant la défaite de Mac-Mahon à Reichshoffen, qui coïncidait avec celle de Frossard à Forbach. Deux grandes défaites en une journée! Il n'y avait jamais eu rien de semblable dans toute notre histoire. Cette seconde dépêche se terminait, il est vrai, par les mots : « Tout peut encore être rétabli. » Mais, après tout ce qui précédait, cette conclusion semblait un non-sens.

Nous demeurions étourdis et comme assommés, avec cette angoisse particulièrement horrible, connue de ceux qui sont les premiers à recevoir une mauvaise nouvelle et dont le devoir est de l'annoncer au reste du monde.

Il était onze heures et demie.

— Qui est-ce qui va porter cela à l'Impératrice?... demanda le marquis de Piennes.

M. de Briesac et moi, nous nous taisions. M. de Piennes était un homme énergique, aux résolutions soudaines.

— C'est bien, dit-il, j'y vais.

Il reparut au bout de cinq minutes, très pâle.

— Savez-vous ce qu'elle m'a dit? « La dynastie est perdue, il ne faut plus songer qu'à la France. »

Ce mot nous rendit la force. Déjà l'Impératrice agissait sur nous, comme elle allait agir sur tous ceux qui l'approchèront durant ces mémorables semaines. C'était bien elle : celle dont l'amiral Jurien se plaisait à dire qu'elle avait « des moments de Chimène ». Mais combien supérieure à Chimène, puisque, sans une seconde de réflexion, elle immolait à l'honneur national sa propre grandeur, celle de son mari, celle de son fils, tout ce qu'elle aimait! On dira peut-être : « Ce n'était qu'un mot! » Non, c'était une règle de conduite et elle fut invariablement suivie, comme on va voir.

Moins d'un quart d'heure s'était écoulé lorsqu'elle reparut dans le salon où les femmes étaient encore réunies, déjà informées des tristes événements de la journée. La princesse d'Essling s'avançait les bras levés, tout en larmes.

— Ah ! madame !...

— Ne m'attendrissez pas, dit l'Impératrice, j'ai besoin de tout mon courage.

J'allai réveiller l'amiral, dont l'invincible optimisme réagit immédiatement contre les mauvaises nouvelles. En descendant l'escalier, il eut un mot caractéristique :

« Hé bien, après tout, me dit-il, ce n'est pas si mauvais ! »

Mot de marin qui a été souvent dans la tempête et qui en est sorti. L'amiral possédait le don d'espérer qui, souvent, donne la force d'agir. De ces dépêches atroces, il ne voulait retenir que la dernière ligne : « Tout peut encore se rétablir. »

L'Impératrice résolut de retourner à Paris cette nuit même. Des télégrammes convoquèrent aux Tuileries les membres du Conseil privé et les ministres. M. de Brissac et moi, nous partîmes en avant pour prendre les mesures nécessaires. Il était deux heures moins un quart quand nous descendîmes au pavillon de l'Horloge. Le maréchal Baraguey d'Hilliers, convoqué pour minuit, se promenait depuis deux heures sous la voûte, exposé à un vent glacial. Il avait l'air furieux et il nous répondit à peine quand nous l'invitâmes à entrer. Le préfet de la Seine, Henri Chevreau, et le général d'Antemarre, commandant les gardes nationales de la Seine, étaient aussi présents.

A trois heures, la souveraine était arrivée et le Conseil s'ouvrait sous sa présidence qui fut, tout le monde le sentit, une présidence effective. Les présidents des deux Chambres, Rouher et Schneider, assistaient à cette séance où l'on entendit, à titre consultatif, le général de Chabaud-Latour et le général Trochu, ce dernier amené par Émile Ollivier. Le général Trochu était alors très populaire pour avoir exposé ses vues sur la réorganisation militaire, en opposition à celles du gouvernement, dans une brochure dont la publication était une infraction à la discipline. C'est de quoi le public, toujours prêt à applaudir l'insubordination, lui savait un gré infini.

Quant à la valeur technique des critiques adressées par le général au plan ministériel, il n'y avait que les gens du métier qui fussent en état de les apprécier.

Donc, cette nuit-là, l'Impératrice fit connaissance avec la faconde du général Trochu, qui devait bientôt lui devenir familière. La séance levée et les ministres partis, M. Trochu parla encore devant deux ou trois auditeurs sans importance, tels qu'Eugène Conneau et moi. Il eût été capable de haranguer les huissiers si nous l'avions abandonné.

Je m'étendis, tout habillé, sur un divan dans un des salons du rez-de-chaussée. Lorsque j'ouvris les yeux, je fus très surpris de voir, debout près de moi, madame Walowska qui venait de me frapper sur l'épaule. Il me fallut un moment pour me rappeler tout ce qui s'était passé et comprendre comment cette apparition insolite remplaçait l'honnête figure de Pestel, qui me réveillait chaque matin. Madame Walewska était venue aux nouvelles et, errant dans le palais, était arrivée jusqu'à la porte de l'Impératrice. Là, elle avait appris que la Régente avait besoin de moi et s'était mise à ma recherche. Ce fait montre la confusion qui régnait dans le palais. Ni serviteurs, ni factionnaires nulle part. Les meubles étaient sous des housses grises et l'Impératrice ne voulut pas qu'on les enlevât. Pendant le mois qui suivit, ce fut une existence de bohème. Nous dormions et nous mangions où, quand et comme nous pouvions, nous travaillions sur les coins de table qui s'offraient. En un mot, nous vivions campés dans les Tuileries. Madame Lebreton-Bourbaki, dame lectrice de l'Impératrice et sœur du général qui commandait la Garde impériale, s'était fait dresser un lit dans une pièce qui suivait immédiatement le cabinet de toilette de l'Impératrice et où le Prince avait travaillé tout un hiver, pendant qu'on aménageait le pavillon de Flore. Là, elle se tenait à toute heure à la disposition de Sa Majesté. Depuis cette nuit du 7 août jusqu'à sa mort, survenue plus de trente ans après, elle n'a jamais quitté l'Impératrice. A l'époque dont je parle, il est arrivé plus d'une fois, à madame Lebreton et à moi, de servir l'Impératrice. Je ne suis pas d'une nature servile, mais le souvenir de ces soins, offerts par le dévouement et acceptés par l'affection, n'a rien qui me soit pénible.

Le 7 août était un dimanche. La Régente entendit la messe de bonne heure dans la chapelle des Tuileries. Elle m'envoya à la place Vendôme avec un message pour le président du Conseil. Je le trouvai endormi dans une petite pièce du rez-de-chaussée où il n'y avait guère d'autre meuble qu'un lit. En rentrant du palais, il s'était couché là pour ne pas déranger madame Ollivier. Je le réveillai, à mon tour, comme j'avais été réveillé moi-même une heure plus tôt. C'est un service qu'on est souvent appelé à se rendre les uns aux autres en temps de guerre ou de révolution : nous étions en proie à l'un de ces maux et en péril instant de l'autre.

Ollivier me parut plein d'énergie et de ressources. Il ne tarissait pas en éloges sur l'attitude et le langage de la souveraine dans le Conseil de la nuit précédente : « Elle a été admirable ; tout le monde en a été frappé [1]. »

---

1. En effet, on retrouvera l'écho de ce sentiment dans des dépositions faites devant la Commission d'enquête du 7 septembre, non seulement par les serviteurs de la dynastie, mais

Je quittai Émile Ollivier à l'arrivée des ministres, qui se réunissaient, de nouveau, pour le Conseil. Ils avaient à discuter les termes de leur proclamation, qui fut affichée vers midi, en même temps qu'un manifeste de la Régente. Ce manifeste était l'œuvre de M. de Lézay-Marnésia, premier chambellan de l'Impératrice depuis la mort du duc Tascher de la Pagerie ; il n'était pas mauvais, mais il eût été meilleur si l'Impératrice ne s'en était fiée, pour l'écrire, qu'à sa seule inspiration. Le soir, à sept heures trois quarts, le président du Conseil expédia au souverain la dépêche suivante :

« L'état de l'opinion publique est excellent. A la stupéfaction, à l'immense douleur, ont succédé la confiance et l'élan. Le parti révolutionnaire lui-même est entraîné dans le mouvement général. Un ou deux misérables ayant voulu crier Vive la République ont été saisis par la population elle-même. Chaque fois que la garde nationale sort, elle est acclamée. Ainsi, n'ayez aucune inquiétude sur nous et ne soyez qu'à la revanche, qu'il nous faut. Nous sommes prêts à faire tous les sacrifices.

» Nous sommes tous unis ; nous délibérons avec le Conseil privé dans le plus parfait accord.

» L'Impératrice est très bien de santé. Elle nous donne à tous l'exemple de la fermeté, du courage et de la hauteur d'âme.

» Nous sommes plus que jamais de cœur avec vous. »

par des hommes qui ne pouvaient être soupçonnés d'aucun faible envers les personnes impériales. « L'Impératrice, a dit le général de Chabaud-Latour, nous tint le langage le plus noble, le plus digne. »

Assurément, cette dépêche fait honneur à M. Ollivier. Elle montre, cependant, qu'il se faisait des illusions sur plusieurs points, notamment sur le patriotisme des partis extrêmes et sur sa propre situation en face du pays et de la Chambre. Même au moment où la guerre avait été le plus populaire, il n'avait pas bénéficié de cette popularité. Après nos désastres, comment persuader à une nation placée dans le plus grand péril que les hommes destinés à l'en tirer s'appelaient Louvet, Chevandier de Valdrôme et Maurice Richard? C'étaient, tout au plus, des ministres pour le beau temps, non pour la tempête. Avec une injustice qui eût été de la lâcheté, si le public avait été de sang-froid, l'opinion du grand nombre se retournait brusquement contre Ollivier et le faisait responsable de cette guerre où elle l'avait entraîné malgré lui. Les plus impartiaux se demandaient si le grand orateur libéral, excellent pour organiser une démocratie constitutionnelle, était le dictateur que demandait la Patrie en danger.

Haï de ses anciens amis de la gauche qui le traitaient de renégat, toujours suspect aux droitiers, le premier ministre, depuis le plébiscite et la retraite de MM. Buffet, de Talhouët et Daru, ne trouvait plus que de tièdes sympathies auprès du centre gauche, qui obéissait au mot d'ordre de M. Thiers. Il lui restait à constater la défection du centre droit, son principal appui, sa légion jusque-là fidèle. Il ne devait pas tarder à être éclairé là-dessus. Le Corps législatif avait été convoqué d'abord pour le 11, puis, sur la demande de M. Schneider, la date avait été rapprochée au mardi 9.

On voit quelle faute avait été commise lorsque les

pouvoirs de la Régente avaient été, au moment du départ de l'Empereur, enfermés dans de si étroites limites. Ceux-là mêmes qui les avaient tracées avaient été les premiers à lui conseiller d'en sortir. Elle les avait, en effet, franchies une première fois lorsqu'elle avait proclamé l'état de siège ; elle les franchit de nouveau en convoquant à bref délai le Corps législatif sans en référer à l'Empereur. Elle se préparait à outrepasser ses pouvoirs plus gravement encore en formant un Cabinet. « Votre Majesté, lui dis-je, agit révolutionnairement. » — « Il le faut bien », dit-elle. Elle le regrettait profondément, car elle était plus que qui que ce fût éprise de légalité et elle sentait que c'était ouvrir la voie à toutes les propositions inconstitutionnelles qui se succédèrent pendant les semaines suivantes. Mais elle cédait à des nécessités inéluctables. Il est, d'ailleurs, très nécessaire de remarquer qu'aucun des actes de l'Impératrice n'empiétait sur la souveraineté populaire, mais que ses usurpations de pouvoir, si l'on peut les appeler ainsi, étaient au détriment de la prérogative de l'Empereur. C'était, en quelque sorte, une affaire de ménage, une question à régler entre la femme et le mari.

A peine le Corps législatif était-il réuni que les trois groupes dynastiques de cette Chambre envoyaient à l'Impératrice chacun deux députés pour la prier de former un nouveau ministère. Je me rappelle seulement deux de ces six ambassadeurs, parce qu'ils se trouvaient en opposition directe sur le nom du général Trochu : MM. de Dalmas et Dugué de la Fauconnerie. Mais ils étaient tous d'accord sur un point, le renvoi d'Émile Ollivier.

— « Je n'ai pas le droit, répondit la Régente, de renvoyer le ministère ; mais, vu l'urgence, je crois que j'aurai le devoir de le remplacer, si vous le renversez. »

En effet, dans des circonstances comme celles où nous nous trouvions, c'était un devoir de préparer la solution de la crise ministérielle avant qu'elle fût ouverte. Le pouvoir, en effet, ne pouvait rester vacant vingt-quatre heures. Ce fut donc, pendant les journées du 7 et du 8 août, une continuelle allée et venue d'hommes politiques. Dès la première heure, simplement parce qu'elle avait tenu, en termes nobles et fermes, le langage de la situation, l'Impératrice était devenue le centre de tout, l'âme de la défense, le vrai chef du gouvernement.

Dans la nuit du 8 au 9, vers deux heures du matin, ne *pouvant dormir*, elle me fit appeler et discuta, avec une grande lucidité, les différents partis à prendre. Que de noms mis en avant depuis quarante-huit heures ! Que de combinaisons proposées, essayées, rejetées, reprises et, de nouveau, écartées ! On avait parlé d'Haussmann : la droite n'en voulait pas. On songeait à faire entrer Girardin dans le Cabinet, mais à condition de lui donner un portefeuille inoffensif. Or, il réclamait l'Intérieur. Rien à faire avec Girardin. On avait pressenti Trochu, le favori de l'opinion, le héros du moment avec Bazaine. Trochu s'était déclaré prêt à accepter le ministère de la Guerre si on l'autorisait à monter d'abord à la tribune pour exposer toutes les fautes commises. Quoi ! confesser nos fautes, mettre à nu nos discordes et nos faiblesses, en présence de l'ennemi en armes sur notre territoire, qui s'empresserait de recueillir ces confidences ! Ceux mêmes qui mettaient en avant la candidature Trochu n'avaient pas insisté. Alors, on s'était souvenu du vainqueur de Pékin, du général de Palikao, jadis la bête noire des journaux lorsqu'il était bien en Cour, aujourd'hui oublié dans son commandement de Lyon et à demi populaire depuis qu'il était à demi disgracié. On l'avait mandé à Paris et il était en route, pendant que l'Impératrice me parlait.

Cette conversation dura plusieurs heures. L'Impératrice était épuisée de fatigue et aussi blanche que son oreiller. Depuis trois jours, elle ne prenait ni repos, ni, — pour ainsi dire, — de nourriture. Je la conjurai d'essayer de dormir. Elle voulait absorber une dose de chloral ; je suggérai, au lieu de cette drogue, une tasse de bouillon. Elle y consentit. Je sortis pour transmettre l'ordre à mademoiselle Blanche, la femme de chambre de service et, ne la trouvant pas dans le petit passage derrière la chambre de Sa Majesté, je me déterminai à aller chercher moi-même la tasse de bouillon. Je suivis la galerie de Diane, je descendis dans le sous-sol par l'escalier du pavillon de Flore et je m'engageai dans une avenue souterraine, éclairée par des lampes et qui régnait dans toute la longueur du palais. Où étaient les cuisines ? Je n'en savais rien, mais je suivais les rails du petit chemin de fer qui amenait les plats de la table impériale. A droite et à gauche s'ouvraient des galeries que, dans toute autre circonstance, j'aurais été tenté de visiter. Tout à coup, je pensai au Petit Homme Rouge qui apparaissait, dit-on, aux maîtres de ce logis ou à leurs familiers lorsque la catastrophe était proche. Il avait là, assurément, une excellente occasion de se montrer : il n'en usa point et, dans cette longue marche, je ne rencontrai ni un fantôme, ni un vivant. Les cuisines étaient sous la rue de Rivoli. J'y trouvai un marmiton qui dormait sur une chaise. Je le réveillai comme j'avais, deux jours auparavant, réveillé le premier ministre et il prit la chose moins gracieusement que n'avait fait Émile Ollivier. Lorsque j'eus obtenu, cependant, ce que j'étais venu chercher, je refis le même trajet. Quand j'arrivai, après un voyage de vingt minutes, la tasse de bouillon était froide et l'Impératrice endormie.

VI

LA RÉGENCE (*suite*)

La place de la Concorde était houleuse le jour de l'ouverture des Chambres et il avait fallu prendre des précautions militaires pour protéger la représentation nationale contre les violences populaires. Le maréchal Baraguay-d'Hilliers était là en personne, présidant aux mesures d'ordre, mais toujours grognon. Ce métier ne lui plaisait pas et, deux jours plus tard, il donnait sa démission. Démission fatale, puisqu'elle amena la nomination de Trochu aux fonctions de gouverneur de Paris.

La séance s'ouvrit à deux heures. Le président du Conseil prit la parole et, s'il avait pu conserver jusque-là quelques doutes sur les dispositions de la majorité à son égard, il fut fixé à partir de ce moment. La séance fut suspendue, puis reprise à cinq heures. Émile Ollivier annonça que les ministres avaient remis leur démission entre les mains de l'Impératrice-régente, qu'elle avait chargé le général comte de

Palikao de former un Cabinet et que le général avait accepté cette mission. M. Ollivier ajouta, suivant la formule ordinaire, que les ministres sortants resteraient en fonctions jusqu'à la nomination de leurs successeurs. Sans un mot de plus, il descendit de cette tribune où il avait remporté tant de triomphes oratoires et où il ne devait jamais remonter. La Chambre applaudit, comme par convenance : adieu poli, mais légèrement cruel dans sa froide politesse. J'avais le cœur serré en songeant aux grandes choses que M. Émile Ollivier avait failli accomplir. Sa chute fermait un chapitre des Annales impériales qui eût pu être un des plus glorieux, celui qui eût le mieux mis en relief le sens définitif, la raison d'être du régime devant l'Histoire. Ainsi penseront, du moins, ceux qui croient que le véritable Empire, c'était l'Empire libéral et démocratique.

Mais les événements nous emportaient et il n'y avait pas à regarder en arrière. Lorsque le général de Palikao parut, le lendemain, à la tribune, ses premiers mots ne furent pas entendus : « Plus haut! » cria la gauche, insolemment.

— Excusez-moi, dit le général en souriant et sans élever la voix. J'ai là, — en même temps il portait la main vers son cou, qu'enserrait un col noir rigide à la mode de 1840, — j'ai là une balle qui n'a jamais pu être retirée et qui me gêne un peu pour prononcer des discours. Mais, si vous voulez bien prendre la peine de m'écouter, je vous assure que vous m'entendrez. » Cette petite phrase était une grande leçon; elle rappelait aux bavards qu'ils avaient devant eux un homme d'action. On comprit et on applaudit. Le général lut alors au Corps législatif la liste de ses collègues. Henri Chevreau était ministre de l'Intérieur, Clément Duvernois ministre du Commerce, Jérôme David ministre des Travaux publics; Magne recevait le portefeuille des Finances, Brame celui de l'Instruction publique. Le prince de La Tour d'Auvergne était chargé des Affaires étrangères; le procureur général Grandperret devenait garde des sceaux. La présidence du Conseil d'État, qui donnait rang dans le Cabinet, était dévolue à Busson-Billault. L'amiral Rigault de Genouilly gardait le portefeuille de la Marine et, tout naturellement, Palikao prenait celui de la Guerre avec la présidence du Conseil. Ces noms furent bien accueillis, surtout ceux de Magne et de Brame.

Les nouveaux ministres se mirent immédiatement à la besogne et, si l'on jugeait les hommes politiques, non d'après le succès final, mais d'après la droiture des intentions et les résultats immédiats obtenus, l'Histoire devrait, ce me semble, traiter avec quelque respect ce ministère de vingt-cinq jours, dont l'activité fut vraiment extraordinaire et sans lequel les cinq mois de résistance qui suivirent eussent été impossibles. L'emprunt de 500 millions, le cours forcé des billets de banque, la prorogation des effets de commerce, parèrent aux nécessités financières et, quand Magne quitta le ministère, la République trouva deux milliards dans ses caisses. Les hommes de vingt-cinq à trente-cinq ans furent appelés à servir dans la garde mobile, et les hommes de trente-cinq à quarante-cinq dans la garde nationale. Des lois spéciales stipulèrent une indemnité en faveur des familles qui se trouveraient, par suite de cet appel, privées de leur soutien. Grâce à ces

mesures, le ministre de la Guerre put créer deux
nouveaux corps d'armée, à la tête desquels furent placés Trochu et Vinoy ; avec les quatrièmes bataillons,
pris dans les dépôts, il forma les régiments de
marche. Le ministre de l'Intérieur, aidé de son frère,
Léon Chevreau, préfet de l'Oise, qu'il avait appelé
auprès de lui, réussit, en trois semaines, à armer
et à équiper 80 nouveaux bataillons de garde nationale, qui portèrent à 270.000 combattants le total
de l'armée parisienne. L'enceinte fortifiée et les forts
détachés reçurent 1.800 canons de gros calibre, dont
un grand nombre avaient été empruntés à la marine.
Le ministre des Travaux publics fit rompre les ponts
et les écluses, combler et obstruer les tunnels, afin
de retarder le transport de l'artillerie de siège que
les Prussiens amenaient devant Paris. En vue de
l'investissement de la capitale, le garde des sceaux,
Grandperret, préparait l'organisation d'un gouvernement en double, qui établirait son siège à Tours
et dont devaient faire partie, avec lui, le prince de
La Tour d'Auvergne, Brame, Magne et Busson-Billault.
C'est à Clément Duvernois que revint la tâche d'appro-
visionner Paris. Il fit entrer dans la ville 3.500 têtes
de bétail et 280.000 moutons, qui furent parqués
dans le bois de Boulogne et dans le Luxembourg.
Son successeur, Magnin, ministre de la Défense
nationale, lui a rendu ce témoignage : « Tous les
animaux vivants ont été amenés sous l'administration
de M. Clément Duvernois. Je dis tous, parce que ce
qui a été amené sous mon administration a été
minime. C'est à lui, je le reconnais très loyalement,
que revient l'honneur, si honneur il y a, d'avoir
approvisionné Paris. »

A quelques années de là, Duvernois, — une des plus promptes, une des plus souples, une des plus brillantes intelligences que j'aie connues, — mourait misérablement et le cœur brisé, au sortir de la maison centrale de Poissy, où la justice de son pays, à la suite d'une spéculation désastreuse, l'avait envoyé faire des chaussons de lisière. Je me garderai de rapporter à l'Impératrice l'initiative de tous les actes de son ministère; mais il est plusieurs mesures qu'elle suggéra ou dont elle hâta l'accomplissement. Je citerai l'armement des forts avec les canons de marine et la destruction des écluses. Son influence se faisait sentir en tout et le désir que montraient quelques-uns de ces hommes de mériter ses éloges est à peine croyable. Je lui dis un jour : « Je commence à croire que la loi salique est une bêtise, car ils font plus pour vous qu'ils ne feraient pour l'Empereur. » Un jour, au ministère de l'Intérieur, Henri Chevreau, me parlant d'elle, s'attendrit tellement qu'il se mit à sangloter. Mérimée, qui la connaissait pourtant depuis tant d'années et qui n'avait jamais douté de son courage, était plein d'admiration. Il écrivait dans les mêmes termes à Panizzi et à madame de Montijo : « Elle est ferme comme un roc! » Et Trochu lui-même devait dire, un peu plus tard : « Cette femme est une Romaine ! »

Elle recevait quelquefois d'étranges visiteurs. Un jour, l'amiral Jurien lui amena François Buloz, qui avait l'air d'un homme entraîné malgré lui dans un mauvais lieu. Un autre jour, c'était Girardin. Certain cabotin ecclésiastique rôdait autour des Tuileries et s'y glissa plusieurs fois. Juif mal converti et viveur plus ou moins repentant, il devait finir comme il

avait commencé : par le scandale. Mais il avait alors
une réputation d'apôtre, des boutons de soie violette
à sa soutane et se faisait monseigneuriser. Je crois
bien qu'il essayait de nous bénir quand nous n'y
faisions pas attention. Il apportait des consolations
dont on n'avait pas besoin et des conseils dont on ne
voulut point. L'Impératrice allait droit devant elle,
sans dévier, sans se laisser entamer par les lar-
moyeurs ni les officieux. Toujours ses deux buts :
réconcilier les hommes de bonne volonté dans une
commune action patriotique, susciter des alliés à la
France. Des ouvertures furent faites individuellement
auprès des députés de la gauche. Que leur demandait-
on ? Simplement. de faire une trêve, de surseoir à
leurs entreprises anti-dynastiques et de ne songer
qu'au péril national. Ces ouvertures ne furent pas
accueillies : M. Jules Grévy est le seul qui écouta cet
appel fait à son patriotisme et à sa conscience. C'est
pourquoi il devait se tenir à l'écart et rester en sus-
picion pendant la période qui suivit immédiatement
le 4 septembre. On chercherait vainement dans l'Histoire un groupe d'hommes politiques aussi haineux,
aussi furieusement et implacablement égoïstes que les
irréconciliables de 1870. Tout en accusant l'Empereur
d'humilier la France devant les étrangers, ils lui
avaient refusé la réorganisation de l'armée, qui,
seule, lui eût permis de parler haut et d'agir vigou-
reusement. Ils poussaient à la guerre parce qu'elle
était populaire, et ils la craignaient parce que des
victoires eussent restauré le prestige du souverain.
Ils reprenaient courage, au mois d'août, en voyant
le gouvernement désarmé et trois cent mille baïonnettes aux mains du peuple parisien. Ils se résignaient.

très facilement aux défaites qui leur frayaient le chemin du pouvoir. On n'a peut-être pas oublié une phrase qui parut, le 1er janvier, dans une grande Revue : « Malgré les désastres sans nom que nous a valus l'année 1870, puisqu'elle a renversé l'Empire, cette année n'a pas été tout à fait stérile. A nos malédictions doit donc se mêler quelque gratitude et, enfin, tout compte fait, nous la bénirons. » L'auteur de la phrase appartenait à un autre parti, que rien n'obligeait à ce cynique étalage de mauvais sentiments. Mais elle traduit fidèlement, néanmoins, l'état d'âme des membres de la gauche. L'un d'eux disait, le 4 septembre, d'un air triomphant : « L'Empereur et l'armée pris du même coup de filet! Rien n'y manque. » De là à considérer M. de Bismarck comme un bienfaiteur, il n'y avait pas loin. En effet, c'est lui qui a donné la république à la France, mais il espérait que la France mourrait de ce présent.

Des hommes qui professaient de tels sentiments devaient, on le comprend, rester sourds aux avances de l'Impératrice. M. Thiers fut, également, sondé. On le trouva dans les mêmes dispositions, bien qu'il eût soin de ne prononcer aucune parole décisive.

L'Impératrice avait repris ses négociations ou, si l'on veut, ses conversations avec le prince de Metternich et ces conversations n'étaient pas très éloignées, vers le milieu d'août, d'aboutir à un résultat pratique. Pour mettre l'Empereur au courant de ce qui s'y était dit et aussi, probablement, pour lui expliquer ceux de ses actes qui ressemblaient à une usurpation de pouvoirs, elle songeait à se rendre à Metz. Mais, à ce moment, l'Empereur, qui avait remis le commandement au maréchal Bazaine, quittait le quartier-général de Metz pour revenir à Châlons et il eût été impossible de le joindre en route. D'ailleurs, à Paris, l'accalmie qui avait suivi la nomination du nouveau ministère n'avait duré que quelques jours et l'alerte du 14 vint montrer combien était nécessaire la présence de l'Impératrice dans la capitale. Ce jour-là, vers quatre heures, une poignée d'hommes, conduits par Blanqui et Eudes, attaqua le poste des pompiers à la Villette et essaya de soulever le peuple. Cette échauffourée ne dura que quelques instants et l'ordre fut rétabli sans peine. L'heure, apparemment, n'était pas encore venue. Le lendemain, les députés de la gauche, sommés de s'expliquer par leurs collègues de la droite, désavouèrent hautement les émeutiers de la Villette. Ce qui donne la mesure de leur sincérité, c'est que, le 4 septembre au soir, leur premier soin fut de mettre Eudes en liberté et, le lendemain, il se présentait à la mairie du XVIIe arrondissement, porteur d'un ordre signé Trochu.

Du 14 au 17, nouveau répit. Mais, dans la nuit du 17, nous eûmes de violentes émotions. Un message de Châlons annonçait à la Régente l'arrivée imminente du général Trochu, qui venait d'être nommé gouverneur de Paris et qui « précédait l'Empereur de quelques heures ». En effet, l'Empereur, arrivé le 16 à Châlons, y avait tenu un conseil de guerre avec Mac-Mahon et d'autres officiers, conseil auquel assistaient le prince Napoléon et Rouher. Là, il avait été décidé que le souverain rentrerait dans la capitale et que l'armée de Mac-Mahon viendrait se reformer sous les murs de Paris. Depuis, des juges compétents ont déclaré et prouvé que, au point de vue stratégique, cette résolution était la meilleure qui pût être adoptée dans ces tristes circonstances. Mais, autour de nous, à ce moment, on pensait d'une façon toute différente. Paris, disait-on, s'armait, se fortifiait, s'équipait. Plein d'enthousiasme et d'énergie, il saurait se défendre tout seul. Ce que l'opinion réclamait, exigeait avec une véritable violence, 'c'est qu'on allât au secours de Bazaine, déjà presque entouré, qu'on le dégageât et que les deux maréchaux, réunis, frappassent un grand coup. Le ministre de la Guerre couvrait cette idée de toute sa compétence et de toute son autorité. Il élevait, d'ailleurs, la prétention de diriger l'ensemble des opérations militaires et de donner des ordres à Mac-Mahon. D'autre part, le ministre de l'Intérieur et le préfet de police avaient, plus d'une fois, exprimé l'opinion, très fondée, que le retour de l'Empereur à Paris serait le signal d'une révolution sanglante. On conçoit donc que l'Impératrice fût bouleversée en apprenant la décision prise à Châlons.

Quant à la nomination du général Trochu, elle ne pouvait se l'expliquer. Nous avons su depuis qu'elle fut, en grande partie, l'œuvre du prince Napoléon. Le maréchal Mac-Mahon et Rouher ont raconté devant la Commission d'enquête du 4 septembre ce qui s'était passé et ceux qui se reporteront à leurs dépositions seront éclairés sur les circonstances qui amenèrent et accompagnèrent cette déplorable résolution. Quoi qu'il en soit, la nomination du général Trochu était un fait acquis. Il fallait se préparer à le recevoir et le convertir, s'il était possible, aux vues du gouvernement. J'allai chercher Piétri, le préfet de police, qui était déjà couché, et je le ramenai. Il était épouvanté de ce qui se passait et des résultats qu'il prévoyait. Nous trouvâmes l'Impératrice déjà en conférence avec le nouveau gouverneur. Henri Chevreau et l'amiral Jurien étaient présents. Cette conférence fut longue, agitée, passablement incohérente et mêlée d'épisodes burlesques. L'amiral, dévoué corps et âme à l'Impératrice, mais vieux camarade du général, voulait les pousser dans les bras l'un de l'autre : « Embrassez-le, madame, criait-il, c'est un brave homme ! » Le général souriait, se raidissait, mordant sa moustache, un peu gêné. L'Impératrice ne se prêtait ni ne se refusait à l'embrassade. Elle savait que ces sortes de gestes servent quelquefois devant la foule ; mais elle ne voyait pas la nécessité d'une telle pantomime au travers d'une discussion grave et solennelle, devant trois ou quatre témoins qui connaissaient le fond des choses et le fond des cœurs. Finalement, ils ne s'embrassèrent pas.

A cet épisode comique succéda une discussion sérieuse, qui monta à des hauteurs tragiques. Fallait-il empêcher le retour de l'armée et de l'Empereur ? Trochu défendait la double mesure qu'il avait contribué à faire décider. L'Impératrice et ses conseillers plaidaient dans le sens contraire. Et voici ce qu'elle disait : « Savez-vous, général, que cinquante hommes armés pourraient arriver sans peine jusqu'à cette chambre et me massacrer ? On ne m'attaque pas, pourquoi ? Précisément parce que je ne me défends pas, parce que l'on sait bien que, moi disparue, l'Empire resterait debout. Mais supposez l'Empereur dans ce palais, qui est le piège où l'on prend les souverains. Qu'arriverait-il ? Imaginez l'assaut de toutes les haines coalisées contre lui. De deux choses l'une : ou l'armée prendrait son parti et, alors, ce serait une guerre civile entre elle et les Parisiens armés, ou elle l'abandonnerait et ce serait une révolution, un massacre. Dans les deux cas, qui gagnerait? Les Prussiens. »

Le général se rendit. Hé bien, oui, l'Empereur ne pouvait rentrer à Paris, mais le mouvement stratégique indiqué par Mac-Mahon devait suivre son cours. Alors, où irait l'Empereur? Problème saisissant. Cet homme, qui avait été le maître absolu de la France, qui avait vaincu la Russie et l'Autriche, qui avait fait l'Italie, qui, moins de trois semaines plus tôt, était encore le plus puissant souverain du monde, n'avait plus de place au milieu du peuple qu'il avait gouverné. Il avait quitté Metz pour ne pas gêner Bazaine; Mac-Mahon voulait le renvoyer à Paris et Paris le rejetait à Mac-Mahon, comme un volant sur une raquette.

Si on le séparait de sa seconde armée comme il s'était séparé de la première, en même temps qu'on lui interdisait l'entrée de sa capitale, encore une fois, où irait-il?

Lorsque le nouveau gouverneur se fut retiré, j'eus la cruelle tâche de rédiger le message adressé à l'Empereur par la Régente. Elle m'avait remis une sorte de brouillon dont j'adoucis les termes. J'aurais voulu davantage; j'aurais désiré que la dépêche fût, simplement, un exposé de la situation qui laissât à chacun, au ministre de la Guerre, au ministre de l'Intérieur, au préfet de police, la responsabilité des conseils donnés et respectât la liberté morale du souverain. « Croyez-vous, me dit l'Impératrice, que je ne sois pas la première à sentir ce qu'il y a d'horrible dans sa situation? Mais la dépêche que vous proposez ne l'arrêtera pas et il est perdu si on ne l'arrête [1]. »

On a beaucoup reproché à l'Impératrice d'avoir ainsi pesé sur les résolutions de l'Empereur et, par suite, sur la conduite des opérations militaires. On est allé jusqu'à lui imputer tous les malheurs qui ont suivi. On oublie qu'elle ne faisait, en somme, que transmettre au souverain, comme c'était son devoir strict, l'opinion des ministres. Lorsqu'elle endossait cette opinion avec tant de vivacité, elle courait, avec sa bravoure et sa générosité ordinaires, au-devant de lourdes responsabilités qui, constitutionnellement, ne lui incombaient point et auxquelles quelques précautions de langage l'eussent aisément soustraite. Elle couvrait les hommes qui auraient dû la couvrir et qui furent heureux de s'abriter derrière elle. Ceux qui la jugent sévèrement pour avoir empêché l'Empereur de rentrer à Paris et qui l'accusent d'avoir amené le désastre de Sedan, se sont-ils quelquefois demandé si une autre catastrophe n'eût pas été le résultat de la résolution contraire? De quels caractères sanglants eût été écrite cette page inédite et mystérieuse de notre histoire qui eût porté, en première ligne, à la date du 17 août, le retour du souverain au milieu d'un peuple exaspéré, délirant de rancune, altéré de vengeance? Et, d'autre part, s'est-on demandé ce qui eût pu advenir de la marche de Mac-Mahon vers le Nord, si elle avait été conduite par un général plus hardi, plus fécond en ressources que celui qui n'avait pas songé un instant à défendre

---

[1]. Il ne s'agit point ici de la dépêche expédiée immédiatement à Châlons et rédigée en la présence du général Trochu, mais de la lettre explicative qui suivit.

l'inexpugnable rempart des Vosges ? Même en admettant que la marche sur le Nord fût une faute grave, cette faute n'était pas irréparable et n'eût pas abouti peut-être à une capitulation si Mac-Mahon, arrivé à Stonne, avait été autorisé à prendre la route de Mézières. Le ministre de la guerre lui enjoignait péremptoirement de marcher sur Sedan et, cette fois, quel que fût le sentiment personnel de la Régente, elle ne l'exprima point. Plût à Dieu qu'elle eût gardé la même réserve le 17 août !

Un calme relatif régna dans Paris pendant les journées qui suivirent. On avait cédé à l'opinion populaire sur tous les points. L'Empereur s'était démis en faveur de Bazaine. Trochu, l'autre favori du public, était investi, à Paris, d'une sorte de dictature. La capitale était dégarnie de troupes et la population tout entière allait recevoir des armes. Les mobiles, enfants de Paris, qu'on avait envoyés au camp de Châlons, n'avaient eu qu'à se mutiner et à insulter leur général pour obtenir ce qu'ils voulaient. « Je vous ramène avec moi à Paris, leur dit Trochu, pour y combattre, *comme c'est votre droit*[1]. » Personne ne semblait se souvenir qu'on vivait sous l'état de siège. Le gouverneur, la plus haute autorité militaire de Paris, par une lettre adressée au journal *Le Temps*, déclarait ne vouloir faire usage que de « la force morale » : c'était apprendre aux partis extrêmes qu'ils pouvaient tout oser et que le gouvernement était, devant eux, sans défense. Au lieu de s'effacer devant le

---

1. Qu'aurait-on dit si les mobiles des autres départements avaient élevé la même prétention ? Bien loin de leur reconnaître ce prétendu « droit », une loi venait d'autoriser le gouvernement à les verser dans les régiments de l'armée active.

pouvoir militaire, le Corps législatif semblait prêt
à empiéter sur le domaine de l'Exécutif et à prendre
des airs de Convention. Latour-Dumoulin voulait que
l'Assemblée, prenant en main la prérogative souveraine, déposât Palikao pour le remplacer par Trochu.
Jules Favre réclamait l'institution d'une sorte de
Comité de salut public sous prétexte de veiller à
l'exécution des nouvelles lois. Lorsque, le 19 août,
un décret de l'Impératrice institua, sous la présidence
du général Trochu, le Comité de la défense des fortifications de Paris, d'abord exclusivement composé
de personnalités militaires et de compétences spéciales, la gauche proposa d'y adjoindre neuf députés :
ce qui eût donné à ce Conseil un caractère politique
très accentué et en eût fait un second gouvernement
en dehors et au-dessus du gouvernement légal. Le
ministère s'y refusa et posa la question de confiance.
La majorité, en sa faveur, fut très considérable, mais
cette victoire apparente avait été achetée par une transaction, consentie d'avance, et aux termes de laquelle
trois députés et un sénateur devaient être nommés
d'office pour siéger dans le Comité. M. Thiers était
tout indiqué pour en faire partie, mais, cette fois encore, il essaya de se dérober. Il hésitait, partagé
entre le désir de réserver sa popularité renaissante
pour des temps meilleurs ou des responsabilités
moins redoutables et la tentation, presque irrésistible,
de toucher aux choses militaires, de tripoter l'armée.
D'abord, il avait dit non, mais il saisit le premier
prétexte pour se raviser. Lorsque Henri Chevreau
annonça la marche du prince royal et de son armée
sur Paris, Thiers déclara que, dans ces circonstances,
aucun citoyen ne pouvait refuser son concours au

gouvernement. Il fut donc nommé membre du Comité. Son influence y était prépondérante aussi bien qu'à la Chambre. Il tenait la majorité dans ses mains et se crut, jusqu'à la dernière minute, l'arbitre de la situation parlementaire.

Si M. Thiers était tout-puissant au Palais-Bourbon, le général Trochu était l'idole des Parisiens. Je voudrais me taire sur cet homme singulier que je ne suis pas sûr de bien comprendre. Ses beaux services militaires (antérieurs à la période révolutionnaire), ses grands talents, ses rares vertus, m'imposent, malgré moi, le respect et, dans la longue retraite volontaire où s'acheva sa vie, je suis forcé de lui rendre hommage. Oui, je voudrais le laisser en paix dans la tombe où il est descendu avec tant de simplicité et de dignité. Mais comment faire? Par quels moyens raconter le 4 septembre sans toucher à l'homme qui n'a pas seulement subi, achevé cette révolution, mais qui l'a commencée, comme on le verra tout à l'heure, et qui, pouvant l'empêcher, l'a rendue inévitable?

D'ailleurs, pourquoi ne pas l'avouer? Trochu, par ses contradictions mêmes, est un problème historique qui attire et irrite, une énigme que nous, les contemporains, n'avons pas su déchiffrer et qui embarrassera grandement l'Histoire, quand l'heure de l'Histoire viendra et je crois que la voici venue, puisque nous, qui avons connu ces hommes et qui avons vu ces choses, nous allons disparaître. Comment cet honnête homme, dont la vie fut sans tache et qui semblait, à l'exemple des saints, avide de sacrifice et d'immolation, put-il se résoudre, sans hésitation comme sans remords, à violer les engagements les plus solennels? Comment cet insatiable ambitieux, ce bavard incorrigible, sut-il quitter de lui-même la scène politique pour s'infliger trente ans de silence et d'obscurité? Peut-être réussira-t-on à l'expliquer. Tout ce que je puis dire, c'est que, en août 1870, nous nous demandions à qui nous avions affaire, s'il fallait rire ou avoir peur, si ce grotesque était un tribun ou si ce héros était un traître. Et l'Empire était tombé que nous nous le demandions encore. On parlait en souriant de ce fameux plan de défense, déposé chez un notaire, et je crois que, dans l'extrême besoin où l'on était de se cramponner à quelque espérance, beaucoup de Parisiens se figuraient que le salut était vraiment là, sous pli cacheté, dans l'armoire de maître Ducoux. Le Conseil des ministres assistait, presque chaque jour, à une nouvelle sortie de ce fantaisiste en uniforme, — sortie presque aussi intempestive et aussi malheureuse que celles qui signalèrent plus tard la défense de Paris. Un jour, il débutait ainsi : « Madame, j'ai cent francs de rente et onze enfants (il voulait parler des enfants de son frère, qu'il avait adoptés et qu'il éleva religieusement, mais il trouvait le moyen de jeter du ridicule sur cette belle action, et ces onze enfants, rappelant une opérette toute récente, donnaient le fou rire). « J'ai besoin d'argent pour m'équiper », continuait-il. « Il me faut vingt mille francs, c'est-à-dire une année de mon traitement, car je n'entends point accepter un de ces traitements scandaleux dont l'Empire a donné le triste exemple... » Le ministre de la guerre l'arrêta: « Général, vous passerez à la caisse et vous toucherez ce que vous voudrez. Vous n'avez pas besoin d'entretenir la Régente d'une question de solde. » Un autre jour, il crut devoir reproduire, devant le Conseil, une allocution qu'il venait d'adresser à des gardes nationaux. Il les avait exhortés à bien mourir, à conserver, « dans les convulsions suprêmes de l'agonie, cette tragique fierté d'attitude qui convient à des hommes, à des citoyens, à des soldats. » Cette fois, ce fut l'Impératrice qui l'interrompit : « Mon Dieu, général, dit-elle, on meurt comme on peut! » Mais ces leçons étaient perdues; le bon sens, comme l'ironie, comme l'insulte, glissait sur lui. Il me semble le voir, étroitement serré dans son uniforme, nerveux, trépidant, agité, cette tête orgueilleuse et fine, ce grand crâne blanc, cette lèvre crispée, cet œil ardent, mobile, visionnaire. On sentait en lui, — par une suprême contradiction, — l'homme que tout blesse et que rien n'entame, d'une susceptibilité morbide et d'un entêtement invincible, admirablement intelligent de ses propres idées, fermé à celles d'autrui.

Les ministres s'inquiétèrent de voir le représentant de la force militaire, le dépositaire des redoutables pouvoirs de l'état de siège, se désarmer lui-même, en quelque sorte, devant la révolution et faire appel à la « force morale ». Clément Duvernois le pressa de s'expliquer à ce sujet : « Enfin, général, si la Régente était attaquée, que feriez-vous? » Le général répondit : « Je me ferais tuer sur les marches du trône. » Ses relations avec les membres de la gauche, pendant cette seconde quinzaine d'août, ont été un sujet de controverse à une certaine époque. Il avait été convenu qu'on les nierait absolument pour donner à la conversion républicaine du général, le 4 septembre, à trois heures de l'après-midi, le caractère d'un acte spontané, exempt de toute préméditation, d'une inspiration providentielle ou, simplement, d'une adhésion au fait accompli. De là, des contradictions pitoyables dont on rougit pour ceux qui s'y abaissèrent. Ernest Picard affirmait : « Je n'ai jamais vu le général Trochu avant de le rencontrer à l'Hôtel-de-Ville le 4 septembre. » — « Ah! ah! prenez garde, mon cher collègue, interrompit le marquis d'Andelarre, *je vous ai vu chez lui.* » Le gros homme, sans se déferrer, riposta avec cette impudente bonhomie qui était alors si goûtée : « Puisque vous le savez, je n'ai rien à vous cacher. » Depuis, Jules Favre a raconté qu'il avait eu une entrevue avec le gouverneur de Paris à la date du 21 août. Pour nous, nous étions édifiés. « Madame, avait dit un jour le général à Sa Majesté, si votre police est bien faite, elle a dû vous dire que je voyais les députés de la Gauche... C'est parfaitement exact. Mon devoir est de tâter le pouls de l'opinion. » Il profita de cette circonstance pour affirmer une fois de plus son dévouement à la personne de la Souveraine et sa ferme intention de la défendre. Pour être vrai, j'ajouterai qu'elle ne comptait pas sur ce dévouement : l'événement a montré si elle avait raison.

Tout en suivant ou en inspirant les actes de son ministère, la Régente s'était réservé certaines missions qui semblaient lui convenir plus particulièrement. Elle donna des ordres très intelligents et très précis pour évacuer sur Brest les œuvres les plus importantes de nos musées, les pièces les plus précieuses de nos collections. Elle parcourait les ambulances et sa visite au Val-de-Grâce fut l'occasion de plusieurs touchants épisodes qu'elle voulut bien me raconter. Je me souviens, entre autres choses, d'un pauvre *turco* à qui on avait retiré son fusil et coupé le bras et qui regrettait l'arme enlevée encore plus que le membre disparu. Elle lui fit rendre son fusil ou lui promit de le lui faire rendre (je ne me souviens plus au juste) et elle était émue jusqu'aux larmes en parlant de la joie qui avait illuminé le visage du pauvre petit soldat mutilé. Non contente de visiter les ambulances, elle en créa une sur la terrasse des Tuileries et une autre à l'intérieur du palais, dans la mémorable salle où avait siégé la Convention. Cette salle était située entre l'escalier du pavillon de Marsan et le vestibule de la chapelle. En 1867, on y avait donné aux souverains étrangers un banquet dont la magnificence, célébrée par tous les journaux du temps, a été fixée par une très curieuse et très fidèle peinture, aujourd'hui à Farnborough. Mais toute la décoration improvisée pour cette fête avait disparu et les murs avaient repris leur glaciale nudité lorsque je les vis pour la première fois. En 1868 et 1869, j'avais mon appartement au pavillon de Marsan et j'avais à traverser, plusieurs fois par jour, cette salle sur une étroite passerelle qui longeait les fenêtres vers le Carrousel. La nuit, un seul quinquet éclairait l'immense salle déserte, peuplée de terribles souvenirs. Je les ai souvent évoqués. Je m'arrêtais à la place même où s'était dressé le fauteuil du président, où Boissy-d'Anglas avait salué la tête sanglante de Féraud, où Thuriot, impassible, avait écouté l'apostrophe de Robespierre aux abois : « Président des assassins, encore une fois, je te demande la parole! » Je ressuscitais la Montagne, la Plaine et le Marais : les tribunes grouillantes, la clameur aiguë des tricoteuses et le tambour des sections qui accouraient à l'attaque ou à la défense de l'Assemblée. Je me jouais une des grandes scènes dont ce lieu sinistre avait été le théâtre. Le dernier jour où j'y pénétrai, elle avait encore une fois changé d'aspect. Une trentaine de lits, dont quelques-uns étaient déjà occupés, et l'Impératrice allant de l'un à l'autre, entourée des bonnes Sœurs en tablier blanc qui furent les dernières occupantes de cette salle.

C'est le 23 que Mac-Mahon avait commencé cette marche vers le Nord dont il n'attendait rien de bon, mais sur laquelle les Parisiens, nous compris, fondaient de folles espérances. Dès le 25 ou le 26, mais surtout le 27 et le 28, on voulait croire, contre toute vraisemblance, à la jonction des deux armées. Une après-midi de cette semaine-là, j'allai au Luxembourg pour quelque affaire urgente et je rencontrai, sur le grand escalier, les sénateurs qui sortaient de la séance. Beaucoup vinrent à moi et m'entourèrent pour me demander confirmation de la grande nouvelle qui circulait parmi eux. Et, comme je secouais tristement la tête : « Si ! Si ! crièrent plusieurs de ces messieurs, c'est absolument sûr, *ils se donnent la main !* » C'était le mot que tout le monde avait sur les lèvres. Je savais trop bien que rien n'était plus faux et qu'aucun contact n'était encore possible entre les deux maréchaux. Cependant, les dépêches de M. Franceschini Piétri me laissèrent quelque espoir jusqu'au 30. Ce soir-là, vers minuit, arriva une dépêche qui annonçait la déroute du corps de Failly et la mutinerie d'une partie de ses troupes. L'Impératrice étant très fatiguée et très souffrante, je ne jugeai pas utile de la réveiller et je gardai pour moi cette désastreuse nouvelle toute la nuit, espérant que le télégramme suivant corrigerait ou atténuerait la menaçante impression du premier. En effet, à sept heures du matin, le 31, une seconde dépêche m'informa que les troupes étaient ralliées et rentraient dans le devoir. Ces deux dépêches auraient dû, — cela était évident d'après le contexte, — me parvenir presque en même temps. Ce fait, joint à beaucoup d'autres, me donna lieu de soupçonner la fidélité des employés de notre bureau télégraphique. J'étais presque certain que les dépêches, déchiffrées tant bien que mal, allaient rue de la Sourdière, au quartier général du parti révolutionnaire, avant de m'être remises. Je fis part de ma conviction à Conti, le chef du cabinet de l'Empereur, qui venait de rentrer à Paris, mais auquel l'état de sa santé ne permettait pas un travail actif. Je me transportai au bureau télégraphique et je prévins les employés que, si je mettais la main sur l'auteur des fuites, il serait, deux heures après, devant une cour martiale. Deux ou trois ricanaient; l'un d'eux devint très pâle. De ce moment, j'étais signalé à la vengeance de ces messieurs; les circonstances aidant, elle ne se fit pas attendre. Aucune communication du quartier impérial pendant les fatales journées du 1ᵉʳ et du 2 septembre. Elles se traînèrent dans une langueur et une anxiété mortelles qui croissaient d'heure en heure, à mesure que l'absence de nouvelles devenait plus tristement significative. L'Impératrice était dévorée d'inquiétude au sujet de l'Empereur et de l'armée; elle songeait aussi beaucoup à son fils qui, à ce moment, errait de ville en ville, sur la frontière du nord-est, accompagné de quelques officiers dévoués et d'une poignée de cent-gardes. Une lettre rivée, venue d'Avesnes et datée du

30 août (elle émanait d'un journaliste dévoué à l'Empire), nous avait édifiés sur les sentiments des populations. Les aides de camp du Prince, recevant des ordres différents, sinon contradictoires, de l'Empereur et de l'Impératrice, ne savaient quel parti prendre et se sentaient un peu effrayés de leur responsabilité. Ils craignaient, surtout, d'être inopinément bloqués dans une petite place forte par les Prussiens : ce qui les eût empêchés de suivre les événements et de conserver au Prince la liberté de ses mouvements et de sa personne. La Régente n'était pas touchée de cet argument. Et voici une lettre, très caractéristique, qu'elle écrivit à Charles Duperré, le plus ancien en titre et le plus élevé en grade des aides de camp et celui, par conséquent, qui commandait auprès du Prince :

« Je ne suis pas d'avis de ces pérégrinations de ville en ville. Là où vous êtes, il faut tenir. Si la ville était prise, il serait temps de faire cacher celui que vous gardez et de le faire sortir secrètement. Si Avesnes est impossible, allez à Laon : c'est une place fortifiée et sur le théâtre de la guerre.

» Vous avez un soin plus pressant que celui de la sécurité : c'est celui de l'honneur et je trouve que cette retraite sur Amiens est indigne de lui et de nous. Chacun de nous doit soutenir, dans les limites de ses forces, les durs devoirs qui lui incombent.

» J'ai le cœur déchiré, mais résolu. Je n'ai pas de nouvelles de mon mari ni de vous depuis hier. J'ai des angoisses terribles, mais je veux, avant tout, que chacun de vous fasse son devoir. Songez à une chose : je puis pleurer mon fils mort, blessé, mais en fuite ! Je ne vous pardonnerais jamais. C'est donc à votre honneur de militaires que je m'adresse. Faites pour le mieux, mais agissez en soldats. Je vous couvre et prends toute responsabilité. Nous tiendrons à Paris, si nous sommes assiégés, et hors de Paris, encore et toujours. Pas de paix possible ! »

Cette lettre ne fut jamais expédiée, parce que le commandant Duperré arriva lui-même à Paris dans la journée du 2 septembre, pour discuter la situation avec la Régente et prendre ses ordres. Nous concertâmes, en vue des besoins les plus urgents, un chiffre qui ne comptait qu'une quarantaine de mots et dont il emporta un exemplaire conforme au mien. Il repartit, si je me souviens bien, le 3 au matin, et je ne le revis plus que dans notre commun exil [1].

Ce matin-là, avait lieu la visite historique de Mérimée à Thiers, visite au sujet de laquelle j'ai tenté d'éclairer l'opinion. Je n'ai réussi, paraît-il, qu'à demi, puisque je n'ai pas convaincu des écrivains de bonne foi et de talent qui se sont occupés de ces événements. Je dois y revenir aujourd'hui, car la solution de ce point d'histoire importe à l'honneur de la Régente.

M. Thiers a raconté devant la commission d'enquête que Mérimée se présenta chez lui avec une mission de l'Impératrice.

Il venait, d'une part, faire appel à sa pitié et, de l'autre, il cherchait à éveiller son ambition en ouvrant devant elle ces perspectives de pouvoir illimité que promettait la régence d'une femme avec un prince

---

1. Tous les faits relatifs à ces mouvements du Prince pendant les derniers jours de l'Empire ont été racontés, avec autant de précision que de conscience, par M. R. Minon, dans son intéressante brochure sur ce sujet.

mineur et un souverain prisonnier, déjà moralement déchu et dont l'abdication semblait, d'avance, escomptée par tous. M. Thiers avait alors protesté de sa respectueuse· sympathie « envers une princesse auguste et malheureuse », mais avait déclaré nettement « qu'*après Sedan* il n'y avait plus rien à faire ». Voyant qu'il ne pouvait l'ébranler, le plénipotentiaire de la Régente s'était retiré et, dans le courant de la même journée, avait fait parvenir à M. Thiers les remerciements de la souveraine pour la sympathie dont elle avait reçu l'expression.

J'ai le devoir de répéter et d'affirmer énergiquement, à l'encontre de toute affirmation contraire, que ce récit ne contient pas un mot de vérité. 1° L'Impératrice n'a donné à Mérimée aucune mission auprès de M. Thiers. 2° Elle n'a pu charger Mérimée, qu'elle n'a pas revu depuis le 25 août, de remercier M. Thiers pour des sentiments dont l'expression ne lui a jamais été transmise. 3° Dans leur entrevue, il n'a pu être question de Sedan entre ces deux hommes, puisque la capitulation ne nous était pas encore connue.

Sur le premier point, je n'ai jamais eu aucun doute. A quoi bon cette mission, puisque, depuis longtemps, l'Impératrice était pleinement édifiée sur les dispositions de M. Thiers? Mais voici, à cet égard, le témoignage personnel et direct de l'Impératrice. Lorsqu'elle lut pour la première fois l'étrange déposition de M. Thiers, elle écrivit ces lignes : « Je n'ai jamais vu M. Mérimée après le 25 août. S'il est allé voir M. Thiers, c'est de son propre mouvement et par amitié pour moi. » Oui, la démarche de Mérimée fut absolument spontanée ; elle lui était dictée par un dévouement de quarante années et par les suprêmes illusions qu'il gardait, malgré tout, sur la générosité de son ami, et l'explication semblera toute naturelle à ceux qui savent combien de fois, déjà, dans les dernières années, Mérimée avait sondé, pressenti, prêché M. Thiers dans le même sens, sans y avoir été encouragé ni autorisé par personne. On peut dire que la « conversion » de Thiers fut son dernier rêve.

Mais, après tout, qu'importe? La fausse vérité historique, à laquelle il faut donner un vigoureux démenti et qui ressort de la déposition de M. Thiers, si on la prend au sérieux, consiste à faire croire que l'Impératrice et son entourage étaient informés de la capitulation de Sedan dès le 2 au soir. M. Thiers raconte que, pendant la séance du Comité de défense, à propos de certain incident de la discussion, M. Jérôme David, ministre des Travaux publics, s'approcha de lui et lui dit à l'oreille : « N'insistez pas, monsieur Thiers. Il y a de grandes nouvelles. » Après la séance, ils allèrent sur le quai et se promenèrent longtemps entre le pont de Solférino et le pont de la Concorde, pendant que M. Jérôme David mettait M. Thiers au courant de la capitulation de Sedan, et qu'ils en discutaient les conséquences.

M. Étienne Lamy a cru devoir adopter la version de M. Thiers, en l'étayant du témoignage de M. Lara-Minot, ancien chef du cabinet de M. Jérôme David. Jusque-là, j'avais toujours considéré M. David comme un fort honnête homme. Je regretterais beaucoup d'apprendre qu'il fut réellement coupable du crime dont l'accuse son ancien chef de cabinet. Car ce serait assurément un crime, s'il connaissait la nouvelle de la capitulation de Sedan le 2, à onze heures du soir, de l'avoir communiquée à M. Thiers et cachée au gouvernement dont il faisait partie. Un crime inexplicable et impardonnable. Ou, s'il possédait ce secret en commun avec l'Impératrice et le ministère, ils sont tous responsables envers l'Histoire du silence gardé pendant vingt-quatre heures et de l'ignorance où ils ont laissé le public.

 La vérité est que l'Impératrice ne savait rien le 2 au soir, qu'elle ne savait rien le 3 au matin et qu'elle ne savait rien encore quand je la quittai, à deux heures, pour me rendre au Corps législatif[1]. Quand donc apprit-elle la capitulation de Sedan? Elle l'a dit elle-même dans une seconde note manuscrite qui lui fut inspirée, comme la première, par la lecture de la déposition de M. Thiers : « Reçu dépêche Sedan 3 septembre vers cinq heures soir. Le ministre de l'Intérieur, M. Chevreau, me l'a remise et est allé ensuite la porter au général Trochu. »

Je puis corroborer ce témoignage en y ajoutant le mien et on va comprendre, sans que j'aie besoin d'insister, comment les moindres. détails, le lieu, le moment, les circonstances, sont demeurés imprimés dans ma mémoire. C'est dans la cour du Corps législatif, vers trois heures, que j'ai, moi-même, entendu parler pour la première fois du désastre et de la dépêche qui l'avait annoncé aux députés de l'opposition. C'est mon ami Gaston Jollivet qui me mit au courant, avec un autre journaliste, nommé Édouard Bouscatel, qui m'était alors inconnu. Tous deux me conduisirent près d'un groupe au mi-

---

1. J'assistais tous les jours à la séance pour lui en rendre compte.

lieu duquel Ranc, qui avait vu et appris par cœur la dépêche, en donnait connaissance à qui voulait l'entendre. Lorsque je rentrai aux Tuileries, le Conseil était en séance. Je causai avec M. de Brimont, gendre et aide de camp du ministre de la Guerre; puis, je remontai dans le cabinet de l'Impératrice. J'y trouvai Conti qui, lui aussi, connaissait la nouvelle. Il grelottait de fièvre et s'était assis par terre, le dos tourné vers la cheminée, où j'allumai du feu. Conti était un poète, un lettré, un homme à l'ancienne mode et, de plus, un vaillant homme, comme il l'a prouvé quelques mois plus tard, lorsque, presque mourant, au milieu d'une foule enragée, il se cramponnait à la tribune en affirmant les droits de son maître. Le 3 septembre, comme s'il avait prévu les grandes luttes à venir, il se raidissait contre la douleur physique et morale en murmurant les vers tant de fois cités, mais qui ne l'ont peut-être jamais été avec plus de ferveur, avec plus de foi :

Justum et tenacem propositi virum...

Comme il prononçait, les dents serrées, les derniers mots de la strophe, l'Impératrice parut au haut du petit escalier tournant qui faisait communiquer les appartements de l'Empereur avec les siens. Nous nous levâmes d'un brusque mouvement et allâmes vers elle. Au premier regard, nous comprîmes qu'elle savait. Elle était pâle, terrible, les yeux durs, flambants de colère, presque défigurée par l'émotion. Elle nous cria : « Vous savez ce qu'ils prétendent? que l'Empereur s'est rendu, qu'il a capitulé!... Vous ne croyez pas cette infamie? »

Épouvantés, nous nous taisions. Elle reprit avec une

violence inouïe, nous menaçant presque : « Vous ne le croyez pas? »

« Madame, essaya de dire Conti, il y a des circonstances où le plus brave... » Elle l'interrompit et son âme, soulevée jusqu'en ses dernières profondeurs, se répandit en un torrent de paroles tumultueuses et folles. Ce qu'elle dit alors, Conti ne l'a redit à personne et je mourrai, comme lui, sans l'avoir répété. D'abord, ce qu'elle pensait à cette affreuse minute elle ne le pensa pas longtemps et, quand elle connut tout ce que l'Empereur avait souffert, non seulement elle lui rendit son respect, mais, — en vraie femme qu'elle était, — elle lui rendit son amour, qu'elle lui avait retiré depuis six ans. Puis, faut-il le dire? Je ne me souviens plus que du son des paroles. J'étais si ému que ma mémoire en était comme paralysée.

Cela dura cinq longues, cinq effroyables minutes. Elle redescendit l'escalier, retournant au Conseil. Nous, nous restâmes anéantis, hébétés, comme des gens sur lesquels vient de passer un cyclone.

VII

Il était plus de huit heures quand la séance du Conseil prit fin. L'Impératrice ne parut pas au dîner et je ne la vis qu'un instant. Elle semblait accablée, anéantie, frappée de stupeur; elle parlait à peine. Je sais seulement qu'elle avait fait mander le général Trochu et que celui-ci, prétextant sa fatigue à la suite d'une longue tournée d'inspection dans les forts, avait refusé de se rendre à cet appel et promis de venir le lendemain matin. J'appris aussi que M. Schneider, président de la Chambre, avait promis à l'Impératrice, « en pleurant » (c'est d'elle que je tiens ce détail), qu'il n'y aurait pas de séance de nuit.

A neuf heures, l'Impératrice rentra dans ses appartements. Les officiers et les dames de service se retirèrent. Je travaillai quelque temps dans le cabinet, où M. de Lézay-Marnésia vint me rejoindre. Il avait fait dresser deux lits de sangle, dans le salon du Premier Consul, pour lui et pour moi.

Nous nous y jetâmes, tout habillés, vers minuit. La porte des appartements, qui ouvrait en haut du grand escalier et donnait accès dans le salon des huissiers, avait été fermée et verrouillée devant moi. Les salons étaient absolument vides et, après onze heures, nul n'y pénétra. J'ai lu ou entendu des récits extraordinaires sur les choses qui furent dites ou faites aux Tuileries cette nuit-là. A ma connaissance, huit personnes, que je pourrais nommer, affirment s'y être présentées et avoir été reçues par différents officiers de la maison. Deux de ces personnes ont eu, à deux heures du matin, une longue conférence avec l'Impératrice. Mon Dieu, cela est possible. Un homme qui connaissait à fond les Tuileries a pu arriver à la porte de la chambre à coucher par le petit escalier de service, envoyer un message à la Régente au moyen de la femme de chambre et obtenir ainsi une audience de la souveraine. Il est également possible, et même probable, que plusieurs officiers de la maison passèrent volontairement la nuit dans les salons du rez-de-chaussée et purent ainsi recevoir les visiteurs. Tout ce que je puis dire, c'est que, M. de Marnésia et moi, nous n'avons rien entendu, que nous n'avons vu personne et que rien ne troubla cette veillée suprême, rien que le tumulte lointain du dehors, précurseur de la Révolution.

On ne dormit guère à Paris, cette nuit-là. Tous les ennemis de l'Empire étaient debout et se préparaient à l'assaut final. Le gouverneur de Paris était déjà en pleine révolte. Il avait refusé de se rendre à l'appel de l'Impératrice; il désobéit de même à l'ordre de son chef, le ministre de la Guerre, qui l'avait mandé auprès de lui. Il avait, de sa propre autorité, appelé à Paris le général Leflô, un revenant de 48, dont l'ardent républicanisme s'affirmait sans cesse par des paroles et ne demandait qu'à s'affirmer par des actes. Il donnait audience à des émeutiers qui venaient se plaindre à lui des agissements de la police et les renvoyait avec ces mots : « Soyez tranquilles, le peuple fera bientôt sa police lui-même. » Il chargeait M. Steenackers, député de la Gauche, d'un ordre qui convoquait les gardes nationaux de Neuilly pour le lendemain matin sur la place de la Concorde et le journal *Le Siècle*, son organe attitré, généralisait cet ordre en donnant rendez-vous, au même endroit, à tous les bataillons parisiens.

De son côté, M. Schneider, rentré à l'hôtel de la Présidence, s'empressait, en dépit de ses promesses larmoyantes, d'adresser une convocation à domicile à tous les députés pour la séance nocturne qui s'ouvrait à minuit. Le banc ministériel était vide : les ministres protestaient par leur absence contre cette violation des engagements pris. Jules Favre proposait hardiment la déchéance et M. Pinard la repoussait avec beaucoup de courage et d'éloquence. M. Thiers, qui se flattait encore de dominer la situation, emmenait Jules Favre dans sa voiture, afin de lui expliquer que la majorité voulait la chose sans le mot. Lâche et hypocrite résistance qui ne méritait pas d'être prise au sérieux et qui scellait le sort de cette Assemblée ! Le reste de la nuit se passait à préparer des bannières où l'on inscrivait, avec une curieuse impudence, comme un fait accompli, le vote que l'on comptait arracher à la faiblesse des députés, avec le chiffre probable : 185 voix sur 200 ! M. de Kératry organisait de son mieux l'émeute du lendemain.

Mais on a vu que le général Trochu lui avait laissé bien peu de chose à faire.

De minuit à deux heures, des foules immenses roulèrent sur la place de la Concorde et dans la rue de Rivoli en poussant le cri de « Déchéance! ». Au milieu de ce Paris vibrant, enflammé, dont on n'aurait su dire s'il était en révolution ou en fête, le grand palais, entre le jardin fermé et la cour déserte, se dressait, noir et morne, avec ses fenêtres éteintes, comme un îlot d'ombre et de silence au milieu d'une mer de feu.

Bien des fois, j'ouvris la porte-fenêtre qui donnait accès, du salon des dames, sur un petit balcon d'où je découvrais tout le jardin des Tuileries; j'écoutais les vagues clameurs qui traversaient la nuit, si menaçantes à certains moments qu'on eût pu croire toute proche l'heure du dernier assaut. Enfin, les bruits se calmèrent. Lorsque, au-dessus des cheminées qui surmontaient, innombrables, les toits de la rue de Rivoli, s'annoncèrent les premières lueurs de l'aube, le silence était redevenu absolu. C'était un délicieux matin d'été, frais et pur, qui se levait. Au lieu des cris de « Déchéance! » j'entendis un long et infini gazouillement d'oiseaux venant des grands marronniers qui commençaient à m'apparaître, baignés dans une brume bleuâtre.

Il me semblait que j'avais rêvé, que ces cris, ce tumulte, n'étaient qu'un cauchemar fiévreux, que le jour qui commençait allait nous retrouver tous réconciliés et travaillant, en commun, au salut de la patrie. Mais l'homme n'écoute pas les leçons que lui donne la sereine et pacifique activité des choses : un doux et glorieux matin d'été lui est aussi bon pour une révolution qu'une nuit de tempête. Aussi innocente et aussi pure a dû se lever, sur les Tuileries assiégées, l'aube du 10 août 1792. Ce rapprochement me vint à l'esprit et, sachant que nous étions absolument sans défense, je me demandais si la fin de la journée verrait encore vivante la dernière souveraine des Tuileries.

A sept heures, elle était debout. A sept heures et demie, elle entendait la messe dans son oratoire. Cinq ou six personnes, seulement, assistaient à cette messe : madame Aguado, madame Lebreton, l'amiral Jurien, Eugène Conneau et les femmes de chambre. Nous étions à genoux sur le parquet. Les femmes pleuraient silencieusement; le recueillement était austère et profond.

Après la messe, je m'approchai de 'la Régente. J'osai lui dire :

— Madame, il n'y a plus rien à faire à Paris. Il faut sortir de cet enfer, transporter votre gouvernement dans une ville de la Loire et appeler autour de vous le Corps législatif[1]. Je me charge d'aller chercher le Prince dans le Nord et de l'amener à Votre Majesté.

Elle me répondit :

— Ce serait la guerre civile. La force de résistance aux Prussiens serait brisée en deux. Et à quoi bon? Qui n'a plus Paris n'a rien. Je ne bougerai pas d'ici.

---

1. C'est précisément le conseil que M. Stephen Liégeard était venu, avant la séance de nuit, apporter aux Tuileries, en son propre nom et au nom d'un certain nombre de ses collègues. Il avait désigné Blois et le château récemment donné par la ville au Prince impérial, comme une résidence tout indiquée. J'ignorais la démarche faite par M. Liégeard et qui coïncidait si bien avec mes propres sentiments.

— Votre Majesté se défendra donc ?

— Je ne bougerai pas, mais on ne tirera pas un coup de fusil.

Que voulait-elle ? Tenir tête à l'émeute par son seul courage, défier, en quelque sorte, les Parisiens de commettre, sur sa personne, une grande et solennelle lâcheté historique, essayer sur eux l'ascendant magique qui avait enthousiasmé, fanatisé ses serviteurs et ses amis depuis un mois. Elle m'avait dit, quelques jours auparavant : « S'ils ne veulent plus de moi comme Impératrice, je leur demanderai de me garder comme infirmière [1]. »

A ce moment, on remit à l'Impératrice un message de Lesseps. Il me raconta lui-même ce jour-là qu'il était allé, à six heures du matin, éveiller son ami Girardin et qu'il l'avait trouvé faisant sa barbe.

— Émile, — lui avait-il dit, — ils vont faire une révolution.

Girardin avait répondu simplement :

— Tu vois, je suis déjà rasé.

Sur quoi ils avaient cherché ensemble un moyen de salut et l'apportaient à l'Impératrice. « Abdiquez tous vos pouvoirs entre les mains du Corps législatif. » Ainsi se résumait leur conseil. On aurait alors créé un Conseil de régence en dehors de l'Impératrice, mais Lesseps était persuadé que, si elle faisait

____

1. Plus tard, dans l'exil, parlant avec moi de cette journée, elle me dit : « Je n'avais pas peur de la mort. Tout ce que je craignais, c'était de tomber dans les mains de quelques mégères qui eussent mêlé à ma fin quelque épisode honteux ou ridicule, qui eussent essayé de me déshonorer en me massacrant. Je me figurais mes jupes relevées, j'entendais des rires féroces, car, voyez-vous, les *tricoteuses* ont laissé une postérité. »

mine de se retirer, on la prierait de rester [1]. L'Impératrice refusa de discuter cette idée : « On ne peut, dit-elle, céder que ce qu'on possède, jamais ce qu'on a reçu en dépôt. La souveraineté n'est pas à moi : je n'abdiquerai pas. »

Le Conseil se réunit à huit heures. Un de ses membres, Clément Duvernois, proposa qu'on se servît des pouvoirs de l'état de siège, qu'on mît en arrestation les chefs de la Gauche et qu'on terrifiât le parti révolutionnaire par des mesures de vigueur. Il oubliait que, pour se servir de la force, la première condition nécessaire est de l'avoir en mains. Or, de son siège, il aurait pu compter les défenseurs des Tuileries, ceux que nous pouvions opposer aux trois cent mille baïonnettes parisiennes : dans le parterre réservé, trois compagnies de voltigeurs ; dans la cour, deux compagnies de grenadiers et un escadron de cuirassiers. Encore le général Mellinet n'était-il pas trop sûr que ces troupes obéiraient, s'il leur commandait le feu.

On ne s'arrêta pas à la proposition de Duvernois et l'on décida de soumettre au Corps législatif la création d'un Conseil de Régence armé de pouvoirs dictatoriaux, comme dans le plan Girardin-Lesseps. Mais, d'après le projet ministériel, l'Impératrice devait en être la Présidente. Il était absolument impossible que ce projet prévalût dans l'Assemblée. Il eût

1. Il m'a assuré, depuis, que Barthélemy Saint-Hilaire l'avait confirmé dans cette idée. « Nous ne demandions qu'à garder l'Impératrice », aurait dit le secrétaire du gouvernement de M. Thiers. Je dois faire remarquer que cette phrase est en contradiction directe avec tout ce que nous savions des dispositions de Thiers et avec sa propre déposition devant le Conseil d'enquête.

fallu, pour le rendre viable, que M. Thiers s'y ralliât
et que le Corps législatif fût mis à l'abri des violences
populaires. Or, nous sentions ces deux conditions
irréalisables.

Pendant le Conseil, j'eus à expédier une dépêche à
Charles Duperré, sur l'ordre de l'Impératrice. Le
Prince était à Maubeuge et ses aides de camp rece-
vaient alors des instructions contradictoires de Paris
et de Bouillon, où avait été conduit l'Empereur.
Voici le texte de cette dépêche, où quelques mots
seulement étaient chiffrés d'après le chiffre particulier, fabriqué par moi l'avant-veille :

« Reçu vos deux dépêches : aurez des ordres ver-
baux avant ce soir et une lettre de moi par l'homme
que vous avez envoyé. L'Impératrice veut que vous
ne teniez pas compte des communications de Bouillon. L'Empereur ne peut pas apprécier la situation.

« FILON. »

A ce moment, arrivaient les officiers et les dames
de la Maison, présents à Paris. Ils ne venaient pas
offrir des conseils, mais affirmer leur dévouement
par leur présence et partager le péril de la souveraine. Les salons du rez-de-chaussée et ceux du premier étage furent bientôt pleins et ne se vidèrent
qu'après le départ de l'Impératrice. Je tiens à constater ce fait, si honorable pour les fidèles de la dernière heure. Je n'ai pas à défendre, contre le re-
proche d'inintelligence et de corruption, qui lui a été
si légèrement adressé, cette Cour où l'on rencontrait
des hommes de grande valeur et des femmes d'une
haute vertu. Mais j'ai le devoir de rappeler comment

elle se comporta au jour de l'adversité. Lord Rosebery remarqua avec raison l'effrayant abandon où furent laissés Napoléon Ier et sa famille quand vint l'heure du désastre final et il oppose à cet isolement l'empressement de la noblesse française à honorer les Bourbons tombés et à leur faire un rempart dans le danger, un cortège dans l'exil. La chute du second Empire ne justifierait pas le même parallèle. Le 4 septembre, les deux noblesses que Napoléon III avait ralliées autour de lui, étaient très largement et très dignement représentées aux Tuileries. Plus de quarante noms me reviennent à la mémoire. Pourtant, je ne puis me souvenir que de ceux qui se trouvèrent sur mon chemin comme j'allais et venais dans le château et, même parmi ceux-là, j'en oublie beaucoup.

Dès le matin, la Régente avait envoyé l'amiral Jurien chez le gouverneur de Paris pour l'inviter à se rendre auprès d'elle, comme il s'y était engagé la veille. Quand l'amiral revint : « Hé bien, le général Trochu?... » demanda l'Impératrice. L'amiral, accablé, laissa tomber ses bras. Il venait de perdre l'illusion à laquelle il s'était si longtemps cramponné ; son invincible optimisme était vaincu. Le général, au lieu de venir en personne, envoya son chef d'état-major, le général Schmitz, qui n'alla pas plus loin que le guichet de l'Échelle. Trochu, qui se promena toute la journée dans les environs, a prétendu qu'il n'avait pu pénétrer jusqu'à la souveraine. Jusqu'à trois heures un quart, voitures et piétons entraient et sortaient sans difficulté, et le gouverneur de Paris, accompagné d'une cinquantaine d'officiers à cheval, le général Trochu, idole des Parisiens, de-

vant qui les foules s'ouvraient respectueusement, n'a
pu trouver l'entrée des Tuileries ! Que ne venait-il
par les passages intérieurs que j'employai moi-même
pour sortir? Mais ce qui fut vraiment un comble,
c'est la dernière communication du général à la Régente, lorsque les Tuileries furent menacées et qu'il
put la croire dans un réel péril. Il lui fit dire qu'il
mettait à sa disposition un officier de mobiles « en
uniforme. » Cet « en uniforme » me semble à la hauteur des mots les plus amèrement comiques que
contiennent nos farces les plus célèbres. C'est le
« tarte à la crème » du 4 septembre 1870. Le général
s'apprêtait ainsi à « se faire tuer sur les marches du
trône », par procuration !

Les nouvelles qui nous parvenaient étaient détes-
tables et la situation devenait de plus en plus mauvaise d'heure en heure. La place de la Concorde
était couverte d'hommes armés dont les intentions
n'étaient pas douteuses. C'étaient les gardes nationaux convoqués par le général Trochu. Ils n'étaient
pas tous entièrement équipés, mais tous avaient des
fusils. On a vu quelles faibles forces nous pouvions
opposer à la Grande-Armée de l'insurrection et que
ces troupes mêmes n'étaient pas sûres. D'ailleurs,
nous ne devions pas faire l'épreuve de leur fidélité.
Car l'Impératrice avait, à plusieurs reprises, défendu
au général Mellinet de tirer sur le peuple et elle lui
renouvela devant moi cette défense. Aussi bien, l'ennemi était déjà dans la place. Les gardes nationaux,
manifestement hostiles, partageaient, depuis plusieurs jours, la garde de Tuileries avec la troupe et
ils nous regardaient avec un air moqueur qui semblait nous dire : « Vos minutes sont comptées. »

Vers midi ou midi et demi (je ne puis préciser l'heure exactement) arriva une députation du Corps législatif, dont les principaux membres étaient M. Buffet et le comte Daru. Ils furent introduits auprès de l'Impératrice par leurs collègues, MM. le comte d'Ayguesvives et le baron de Pierres qui, tous deux, avaient fait partie de la Maison, l'un comme chambellan de l'Empereur, l'autre comme écuyer de l'Impératrice. La Régente avait auprès d'elle l'amiral Jurien et la comtesse de la Poëze. Nous, nous allions et venions suivant les besoins du service. C'est pourquoi, bien que la physionomie de la scène soit encore présente à mon souvenir, beaucoup de détails m'échappèrent. Puis-je mieux faire, d'ailleurs, que de laisser parler MM. Buffet et Daru, deux témoins dont la véracité est, je pense, au-dessus du soupçon et que personne n'accusera de partialité envers les personnes impériales. M. Buffet a raconté les faits devant la commission d'enquête parlementaire, dont le comte Daru était président, et celui-ci a confirmé et complété, à plusieurs reprises, le témoignage de son ami. M. Buffet prit la parole le premier. Il exposa à l'Impératrice les raisons qui lui faisaient croire, à lui et à un très grand nombre de ses collègues, que la proposition, arrêtée le matin en Conseil des ministres, n'avait aucune chance d'être acceptée. Donc, aucun moyen de faire échec à la proposition de déchéance, à moins que l'Impératrice, par un acte spontané, ne remît le pouvoir exécutif entre les mains du Corps législatif. L'Assemblée nommerait alors une Commission de gouvernement, autour de laquelle se rallieraient tous les honnêtes gens et qui travaillerait uniquement au salut de la patrie, sans

préjuger la question dynastique qui demeurerait intacte. C'était une abdication déguisée qu'on demandait à l'Impératrice. Et à quoi bon? L'illusion parlementaire valait l'illusion ministérielle et l'heure
des transactions ou des demi-mesures était passée.
Mais nous ne savions pas encore jusqu'où allait l'impuissance du Corps législatif, et cette Assemblée elle-
même n'avait pas encore conscience de sa faiblesse.
L'Impératrice répondit avec beaucoup de calme et de
dignité [1] :

« Ce que vous me proposez, messieurs, réserve,
dites-vous, l'avenir, mais à la condition que j'abandonne dans le présent, et à l'heure du plus grand
péril, le poste qui m'a été confié. Je ne puis, je ne
dois pas y consentir... L'avenir est aujourd'hui ce
qui me préoccupe le moins; non pas, assurément,
l'avenir de la France, mais l'avenir de notre dynastie.
Croyez-moi, messieurs, les épreuves que je viens de
subir ont été tellement douloureuses, tellement horribles, que, dans ce moment, la pensée de conserver
cette couronne à l'Empereur et à mon fils me touche
très peu. Mon unique souci, ma seule ambition est
de remplir, dans toute leur étendue, les devoirs qui
me sont imposés. Si vous croyez, si le Corps législatif croit, que je sois un obstacle, que le nom de
l'Empereur soit un obstacle, et non une force, pour
dominer la situation et organiser la résistance, que
l'on prononce la déchéance, je ne me plaindrai pas.
Je pourrai quitter mon poste avec honneur; je ne
l'aurai pas déserté. Mais je suis convaincue que la

1. Ce sont les expressions employées par M. Buffet. Plus
loin, il revient encore sur la « calme énergie » de l'Impératrice.

seule conduite sensée, patriotique, pour les représentants du pays, serait de se serrer autour de moi, autour de mon gouvernement, de laisser de côté, quant à présent, toutes les questions intérieures et d'unir étroitement nos efforts pour repousser l'invasion... Quant à moi, je suis prête à affronter tous les dangers et à suivre le Corps législatif, partout où il voudra organiser la résistance.

» Si cette résistance était reconnue impossible, je crois que je serais encore utile pour obtenir des conditions de paix moins défavorables.

» Hier, le représentant d'une grande puissance m'a offert de proposer une médiation des États neutres sur ces deux bases : intégrité du territoire de la France, et maintien de la dynastie impériale.

» J'ai répondu que j'étais disposée à accepter une médiation sur le premier point; mais je l'ai énergiquement repoussée sur le second.

» Le maintien de la dynastie est une question qui ne regarde que le pays et je ne souffrirai jamais que des puissances étrangères interviennent dans nos arrangements intérieurs... »

Alors, plusieurs députés prirent successivement la parole, produisant de nouveaux arguments ou répétant, sous une forme différente, ceux dont s'était servi M. Buffet. Une sorte de conversation s'engagea, un peu confuse et incohérente, où les paroles ne répondaient pas toujours exactement aux paroles. Elle était interrompue, à de fréquents intervalles, par des messages de la Préfecture de police qui tenaient la souveraine au courant de l'émeute. Elle les tendait à M. Daru, qui les lisait tout haut. Ces messieurs étaient profondément émus. Ils l'ont déclaré eux-mêmes à la commission d'enquête et l'accent de leurs paroles, lorsqu'ils déposaient devant cette commission, indique assez que cette émotion les ressaisissait au souvenir de la scène. Il s'y mêlait un sentiment d'admiration qu'ils ne cherchaient pas à cacher. « L'Impératrice était-elle calme? » demanda le comte de Durfort de Civrac. Et M. Buffet répondit : « Elle était parfaitement calme. » Lorsque l'Impératrice dit aux députés qu'à son avis, le vrai, le seul moyen de faire face efficacement au danger était de se serrer autour d'elle et de son gouvernement, M. Buffet s'écria, — et je suis convaincu qu'il était absolument sincère, — que, pour lui, il était tout prêt à le faire, si la chose eût été encore possible.

C'est M. Daru, si je ne me trompe, qui sut le mieux faire appel aux sentiments intimes de la souveraine : « Vous craignez, Madame, qu'on ne vous accuse d'avoir déserté votre poste. Mais vous aurez donné une bien plus grande preuve de courage en vous sacrifiant au bien public et en épargnant à la France une révolution sous les yeux de l'ennemi. » Elle était ébranlée. Elle était restée inflexible quand on lui parlait de son intérêt; elle écouta celui qui lui parlait de son devoir. Mais son respect de la légalité, — un des traits dominants de son caractère politique, — la faisait hésiter : « Hé bien, dit-elle, si mes ministres se rangent à votre opinion, j'y adhérerai. Je ne demanderai qu'une chose : qu'on m'assigne une résidence quelconque, qu'on me permette de partager jusqu'au bout les périls et les souffrances de la capitale assiégée! »

Les députés se retirèrent avec cette adhésion conditionnelle. Je les vois défiler lentement, la tête penchée, l'air recueilli, comme ceux qui viennent de jeter la dernière goutte d'eau bénite sur un catafalque. Ils trouvèrent, en arrivant au Corps législatif, que leur mission était inexécutable et nulle communication ne devait plus venir de ce côté.

La séance s'était ouverte par une triple proposition dont l'Assemblée fut saisie : l'une, émanant de la Gauche révolutionnaire et formulée par Jules Favre; l'autre, présentée par M. Thiers au nom des centres ; la troisième, enfin, qui était là proposition du gouvernement. La première proclamait la déchéance, la seconde la sous-entendait. Quant à celle des ministres, on sait déjà en quoi elle consistait. Les députés se retirèrent dans leurs bureaux pour délibérer. C'est à ce moment que M. Jacob, chef du service d'ordre, recevait du général Trochu l'ordre de retirer ses agents, qui barraient encore le quai : seule et unique circonstance où le gouverneur de Paris ait fait usage des droits que lui conférait l'état de siège et qui plaçaient les pouvoirs civils sous l'autorité du pouvoir militaire. Les grilles étaient ouvertes au peuple par les gardes nationaux du poste, commandés ce jour-là par Clément Laurier et Gabriel Ferry ; la salle des séances était envahie. La déchéance était « prononcée », comme allait l'apprendre à la France un télégramme de Gambetta. Ce qui eût été parfaitement vrai s'il eût ajouté que la déchéance avait été prononcée par lui à la tribune, aux applaudissements de cinq cents insurgés qui garnissaient les gradins. Aussitôt Jules Favre, accompagné d'une foule considérable, se mettait en route vers l'Hôtel de Ville et rencontrait, sur le quai des Tuileries, le gouverneur de Paris, à cheval, à la tête d'un nombreux état-ma-

jor qui semblait (l'expression est de Jules Favre)
« attendre les événements ».

— Nous allons à l'Hôtel de Ville, dit Jules Favre,
venez avec nous, général.

Et Trochu répondit[1] :

— C'est bien, j'y vais.

Il y alla. On sait le reste. La conscience du général
Trochu était tranquille. N'avait-il pas mis à la disposition de l'Impératrice un capitaine de mobiles « en
uniforme[2] » ?

Ces choses se passaient tout près de nous et presque
en vue des Tuileries. Cependant, nous les ignorions.
Aucune nouvelle ne nous parvenait plus. Ceux qui
avaient quitté le palais pour s'informer de ce qui adve-
nait au Corps législatif, — Lesseps était un de ceux-
là, — n'étaient point encore revenus. Enfin, nous vîmes
reparaître Henri Chevreau, Jérôme David et Busson-
Billault, venant du Palais-Bourbon qui était déjà au
pouvoir de la foule. Ils annoncèrent l'invasion de
l'enceinte législative comme un fait accompli : celle
des Tuileries, déclarèrent-ils, allait suivre presque
immédiatement. Rien à attendre de la troupe : un
bataillon venait de mettre la crosse en l'air dans la

1. Le fait est attesté par un de ceux qui accompagnaient
Jules Favre, un républicain de la veille et du lendemain, dont
le témoignage ne peut être révoqué en doute par personne,
l'honorable M. Robinet, adjoint au maire d'un des arrondisse-
ments de Paris durant le premier siège.

2. La conscience du général Trochu lui suggéra encore autre
chose. Son premier décret était ainsi conçu : « Art. 1ᵉʳ : Les
fonctionnaires de tout ordre sont déliés de leur serment envers le gouvernement impérial. Art. 2 : Le serment politique
est et demeure aboli. » C'était, sans nul doute, dans sa pensée,
une légalisation rétrospective de sa propre conduite, une ab-
solution qu'il se donnait à lui-même.

cour du Corps législatif. Quand même, par impossible, on serait parvenu à dégager l'Assemblée et à lui rendre l'indépendance nécessaire pour délibérer, la démarche faite, une heure auparavant, par M. Buffet et ses collègues, indiquait clairement à l'Impératrice qu'elle ne pouvait plus compter sur l'appui de la majorité. Le gouverneur de Paris, qui avait refusé, à trois reprises, de se rendre à son appel, était, manifestement, du côté de l'insurrection. Paris était au pouvoir de la garde nationale et la garde nationale paraissait unanime pour accomplir ou accepter la révolution. Les ministres, persuadés que toute résistance était impossible, conseillaient donc à la souveraine de quitter le palais. Le prince de Metternich et le chevalier Nigra se joignaient à eux pour donner le même conseil, qui était appuyé, également, par l'amiral Jurien et par Conti. L'Impératrice était ébranlée, mais ne se rendait pas encore. Sa première pensée fut de mettre son fils en sûreté et elle voulut télégraphier à Charles Duperré, afin qu'il fît, sans retard, passer la frontière au Prince. J'expédiai donc la dépêche suivante : « Partez immédiatement pour Belgique. FILON ».

Deux mots, seulement, étaient en clair, les deux derniers, le mot Belgique et ma propre signature ; le reste était traduit dans notre chiffre particulier. C'est cette dépêche qui fut travestie, dans les *Papiers trouvés aux Tuileries*, sous la forme d'un stupide calembour. Ils la présentèrent comme « la dernière calembredaine de l'Empire » : c'était, simplement, la première de la République[1].

---

[1]. Je crois inutile de revenir sur cette légende, déjà tant de fois réduite à néant. Je suppose que les employés du télégraphe remirent aux commissaires chargés du dépouillement

Après avoir expédié cette dépêche, je me dis que le dénouement du drame approchait et je courus jusque dans mon appartement pour prendre mon revolver. Toujours courant, je traversai le cabinet du Prince pour m'assurer que les objets précieux qui s'y trouvaient (les souvenirs de Sainte-Hélène, le chapeau, la redingote grise, la bibliothèque de voyage de Napoléon Ier) avaient bien été évacués. Je revins en toute hâte vers le cabinet de l'Impératrice, où je ne trouvai plus personne. J'avais été absent un quart d'heure. Que s'était-il passé pendant ce quart d'heure? On avait continué à insister auprès de l'Impératrice pour la décider à partir. Quelqu'un avait dit : « Vous ne voulez pas abdiquer ?... Hé bien, dans une heure, vous serez entre les mains de gens qui vous feront abdiquer de force et vous aurez ainsi sacrifié les droits dont vous êtes dépositaire. Si vous vous dérobez, où que vous alliez, vous emportez ces droits avec vous. » Je suis persuadé que c'est cet argument qui convainquit l'Impératrice. Brusquement, elle prit son parti. Rien n'avait été arrangé en vue de cette fuite. Madame Lebreton avait dans sa poche la

des papiers, non pas le texte chiffré, mais une traduction dont ils étaient les auteurs et que la Commission eut le tort d'endosser. Tort d'autant plus grave que l'absurdité de cette invention n'aurait pas dû échapper à des hommes intelligents. La dépêche, avec le calembour qu'on y introduisait, devenait un pur non-sens. Signifiait-elle que nous (c'est-à-dire l'Impératrice et son entourage) allions passer en Belgique? Ou bien invitait-elle le commandant Duperré à franchir lui-même la frontière avec le Prince? Dans le premier cas, information fausse ; dans le second, ordre équivoque; que eût laissé très perplexe l'officier auquel il était destiné. Le commandant Duperré attendait un ordre clair et précis : il le reçut et l'exécuta sans perdre un instant.

monnaie d'un billet de cinq cents francs que Lesseps était allé chercher dans la matinée. Il n'y eut pas d'autre préparatif. L'Impératrice mit son chapeau, dit adieu aux trois ministres, embrassa quelques dames et donna au général Mellinet l'ordre de faire retirer les troupes aussitôt que ses serviteurs auraient quitté le palais. Le vieux soldat lui baisa la main, les larmes aux yeux. Alors, elle sortit de chez elle par un couloir obscur, éclairé jour et nuit par des lampes et qui régnait derrière sa chambre à coucher et son cabinet de toilette.

Tout cela fut l'affaire de quelques instants. J'étais stupéfait, après une si courte absence, de trouver l'appartement vide. Mais je n'eus guère le temps de m'étonner. On m'apporta une dépêche de l'Empereur pour l'Impératrice, la première qui nous fût parvenue, depuis le matin du 31 août. Elle était datée de Bruxelles, 4 septembre, 6 heures. Évidemment, elle était, depuis plusieurs heures, entre les mains des employés du bureau télégraphique impérial. Ils ne se décidaient à me l'envoyer que parce qu'ils avaient vu le drapeau abaissé et ils espéraient que ce message n'arriverait jamais à destination.

On devine avec quelle avidité je me mis à la déchiffrer. J'étais absorbé depuis quelques moments dans ma tâche lorsque le chef des huissiers de l'Impératrice accourut, très agité : « Mais, monsieur, vous ne savez donc pas ce qui se passe? L'Impératrice est partie, tout le monde est parti et voilà le peuple qui envahit les Tuileries. » Je replaçai à la hâte le chiffre dans sa boîte et la boîte dans le tiroir d'une petite table dont la clef ne me quittait jamais. Je mis dans ma poche la dépêche, à demi déchiffrée, et je courus à la salle des Maréchaux. Là, de la fenêtre centrale, je pus juger la situation. Une immense foule armée déferlait sur les grilles à hauteur d'appui qui séparaient le jardin public des parterres réservés ; elle emplissait la grande allée en débordant dans les massifs, se prolongeait en queue interminable au delà du grand bassin, sur la place de la Concorde et jusque dans les Champs-Élysées. Du lieu où j'étais, on ne voyait que des baïonnettes et des têtes. Toutes ces têtes étaient tournées vers le palais. Les voltigeurs de Mellinet, alignés depuis le matin sur l'allée asphaltée qui courait du pont Royal à la rue des Pyramides, avaient déjà commencé leur mouvement de retraite. Je descendis sous la voûte, où se trouvaient encore quelques personnes de la Maison. Je n'avais plus rien à faire aux Tuileries et je sortis du palais avec le comte de Suarez d'Aulan et Louis Conneau, par un couloir secret qui débouchait dans le corps de garde des voltigeurs.

Je n'ai donc pas assisté à l'envahissement final des Tuileries. Cette scène me fut racontée un peu plus tard par Lesseps, lorsqu'il vint recevoir des mains de la reine Victoria la *Star of India*. Je donne ce récit caractéristique, tel que je l'ai écrit presque immédiatement après l'avoir recueilli de ses lèvres. Ceux qui ont connu l'homme l'y retrouveront sans peine. Je le crois vrai dans ses traits principaux, bien que Lesseps s'exagère un peu l'importance de son rôle :

« J'étais allé au Corps législatif, me dit Lesseps, avec un billet de la Maison pour rapporter des nouvelles. J'ai trouvé la Chambre envahie et les députés réunis dans les bureaux. Je suis revenu par le quai d'Orsay. La foule était attroupée devant les bureaux du *Journal officiel*. On brisait les armes de l'Empire. J'ai traversé le pont. Un énorme rassemblement me barrait la porte. Je leur ai dit : « Vous ne savez pas ? On s'amuse joliment là-bas : on brise les armes de l'Empereur devant les bureaux du *Journal officiel*. » La foule a couru de l'autre côté de l'eau et la porte s'est trouvée dégagée. En pénétrant dans les Tuileries, j'ai rencontré Jurion, qui avait quitté l'Impératrice pour haranguer le peuple et qui, ne retrouvant ni le peuple ni l'Impératrice, perdait la tête. Je suis allé vers l'Horloge : il n'y avait là personne. J'ai vu le général de Montebello qui était en bourgeois. Je lui ai dit : « Je vais parler à ces gens-là. » J'ai sauté par-dessus la grille et je suis allé vers les insurgés, qui étaient de l'autre côté du bassin. Un mobile du bataillon de mon fils a crié : « Tiens ! c'est Lesseps ! » J'ai dit : « Les mobiles au premier rang ! » On a laissé les mobiles s'approcher. Vous savez, ils étaient très populaires, ces jeunes gens !... Je leur ai dit :

» — Hé bien, oui, je suis M. de Lesseps, le cousin de l'Impératrice. Elle est partie, l'Impératrice. Que voulez-vous faire aux Tuileries ?

» Un grand diable s'approcha de moi et me dit :

» — Monsieur de Lesseps, je suis venu pour empêcher qu'il y ait du désordre.

» — Et vous êtes ?

» — Victorien Sardou.

» — Ah ! très bien ! — Je lui tends la main. — Aidez-moi à les tenir un peu.

» Je gagne du temps ; je saute de nouveau la grille. Je vais chercher Mellinet, je le fais monter sur une chaise. Pendant ce temps-là, j'envoie Gardonne s'assurer si l'Impératrice est partie. Il revient, il me dit qu'elle est partie. Alors, je dis au peuple : « Vous voulez passer par les Tuileries pour aller à l'Hôtel de Ville? Qu'est-ce que ça vous fait de passer par les grilles latérales au lieu de passer par la voûte de l'Horloge? » Ces gens insistent : ils tenaient à leur idée. Je renvoie la garde impériale et je remets le poste à la garde nationale. Alors, voyant qu'il n'y avait pas moyen de les convaincre, je dis aux gardes nationaux : « Messieurs, nous allons laisser couler le torrent, mais nous allons faire une berge. C'est mon métier, vous savez, de faire des berges. » Et nous avons fait une berge. Je suis resté là une heure et demie. Il y eut un grand rougeaud qui me dit, en me mettant le poing sous le nez :

» — Té! tu n'as pas l'air content, citoyen!

» Je lui répondis :

» — Té! Fous-moi la paix, citoyen! »

Pendant que le peuple défilait sous la voûte de l'Horloge, entre les berges improvisées par Lesseps, j'avais reconduit le jeune Conneau chez lui. Ensuite, j'avais mis mes papiers en sûreté; puis, j'étais allé rassurer les miens qui étaient fort en peine. Je n'avais que deux pensées : retrouver l'Impératrice et reprendre possession du chiffre que j'avais oublié au moment de mon départ. La Régente était partie, m'avait-on affirmé, avec le prince de Metternich et le chevalier Nigra. A sept heures et demie, j'étais à l'ambassade d'Autriche. Là, on me dit que le prince avait dîné avec le chevalier Nigra et je me fis conduire immédiatement à l'ambassade d'Italie, située au rond-point des Champs-Élysées. Je fis passer ma carte. Ces messieurs se levèrent de table et vinrent au-devant de moi. En montant l'escalier, je les vis sur le palier du premier étage qui me regardaient venir avec anxiété.

— Hé bien ! me diront-ils, où est-elle ?

— Mais c'est ce que je viens vous demander.

Ils me racontèrent alors les circonstances du départ de l'Impératrice, que l'on va bientôt lire, et m'expliquèrent comment ils l'avaient perdue de vue. Navré de ne pouvoir rejoindre l'Impératrice, je leur dis l'autre sujet d'angoisse que j'avais : le chiffre oublié. Je leur confiai que j'étais décidé à tout tenter pour le recouvrer : à quoi ils m'encouragèrent fort. Je retournai donc aux Tuileries. Après plusieurs heures d'efforts et deux essais infructueux, je réussis à pénétrer dans les appartements de l'Impératrice. Au lieu des nobles et courageuses femmes que j'y avais vues cette même après-midi, je les trouvai occupés par des gardes nationaux qui bivouaquaient. Une cruche au large ventre sur la table du salon des dames d'honneur, de gros verres brisés, quelques chaises renversées, des traces de pieds poudreux sur les parquets, voilà tout ce qui annonçait le passage d'une révolution. Malgré la présence d'un grand nombre de témoins, je pus reprendre le chiffre de la correspondance impériale sans que personne soupçonnât qui j'étais ni ce que j'étais venu faire.

Il était plus de minuit lorsque, dans mon appartement de la rue Saint-Placide, j'achevai enfin de déchiffrer le télégramme de Napoléon III.

A cette heure, la révolution était consommée. Le gouvernement né de l'émeute et âgé de quatre ou cinq heures, avait mis à la porte, avec des airs de légalité offensée, les représentants légitimes du suffrage universel, qui avaient tenté de se réunir de nouveau. La France entière, d'un bout à l'autre du territoire, avalait et digérait le télégramme menteur de Gambetta. Trochu, qui s'était levé gouverneur de Paris au nom de l'Empereur, se couchait, dans le même lit, président de la République, ou peu s'en faut, après avoir détruit le gouvernement dont il faisait partie et servi de chef à l'insurrection qu'il devait combattre. La souveraine, pour laquelle il avait juré de mourir, chassée de son palais, séparée de ses serviteurs, essayait de prendre quelques heures de repos, que la fatigue disputait à l'angoisse, et, au lever du jour, commençait pour elle la première étape de l'exil. On va en suivre toutes les péripéties.

VIII

DES TUILERIES A HASTINGS [1]

Lorsqu'on eut décidé l'Impératrice à quitter les
Tuileries, Sa Majesté sortit de ses appartements par
la galerie de Diane. Elle était accompagnée de madame Lebreton-Bourbaki, du prince de Metternich,
du chevalier Nigra, de l'amiral Jurien de la Gravière,
de M. Conti et de M. Eugène Conneau. Il était trois
heures et demie. Sa Majesté, arrivée à l'extrémité
de la galerie de Diane qui touche au pavillon de
Flore, tourna à gauche, suivit la galerie qui régna
dans les bâtiments neufs, traversa la nouvelle salle
des États et arriva devant la petite porte qui donne

1. Quelques jours après notre installation à Chislehurst,
madame Lebreton, sur le désir de l'Impératrice, me raconta
tout ce qui s'était passé depuis le moment où l'Impératrice
avait quitté ses appartements jusqu'à celui où elle avait mis
le pied sur le sol anglais. J'écrivis, en quelque sorte, sous sa
dictée ; puis je lui fis relire mon travail pour m'assurer que je
n'avais rien omis ni rien altéré. C'est ce récit que je reproduis
sans y changer un seul mot.

accès dans la grande galerie du Louvre. Cette petite
porte était fermée. Il fallut rebrousser chemin. On
regagna le pavillon de Flore. De là, on pouvait des-
cendre dans le souterrain des cuisines, qui commu-
niquait avec la berge de la Seine. Mais, au moment
où l'Impératrice et les personnes qui l'accompagnaient étaient engagées dans l'escalier, elles virent
un mouvement se produire dans la cour des Tuileries
et un certain nombre d'individus accourir en désordre. Elles crurent le palais envahi et remontèrent
au premier étage, tandis que l'amiral Jurien de la
Gravière, se détachant du petit groupe qui entourait
Sa Majesté, allait reconnaître l'état des choses et par-
lementer, s'il le pouvait, avec la foule. Instinctive-
ment, on reprit le chemin déjà parcouru et, de temps
en temps, on s'arrêtait pour se rendre compte de la
situation. Sur le quai, le tumulte grossissait de minute en minute et des cris furieux montaient jusqu'à
l'auguste fugitive. Dans la cour des Tuileries, des
mouvements de troupes avaient lieu. La cavalerie se
replia derrière l'infanterie : ce qui fit croire un instant à la foule répandue sur le Carrousel que celle-ci
allait se servir de ses armes, tandis que, en réalité,
le château était sur le point d'être abandonné. Le général Mellinet parlementait avec la principale colonne
insurgée, qui envahissait le palais du côté des jardins. Déjà le drapeau était abaissé ; le bruit s'était
répandu partout que l'Impératrice était partie et ceux
de ses serviteurs qui étaient restés derrière elle,
rassurés sur le sort de leur maîtresse, avisaient à
leur propre départ.

Cependant, la petite troupe était revenue devant la
porte de la galerie du Louvre et cette porte se trouva

ouverte. L'Impératrice pénétra donc dans le Musée, alors privé, par ses ordres, de presque toutes ses toiles, qui allaient être expédiées à Brest et mises ainsi à l'abri du siège. On traversa successivement la grande Galerie, le grand-salon carré, la galerie d'Apollon. Un gardien du musée marchait à quelques pas en avant de l'Impératrice pour montrer le chemin. Dans le salon des Sept-Cheminées, devant la grande toile de Géricault qui représente le naufrage de la *Méduse*, Sa Majesté s'arrêta. Elle était inquiète du sort des personnes qu'elle avait laissées dans les Tuileries et qui n'étaient point, croyait-elle, prévenues de son départ. Elle voulut bien ordonner à M. Conneau d'aller les informer à cet égard et de veiller à ce qu'elles sortissent sans danger. M. Conneau obéit et prit congé de Sa Majesté en lui baisant la main. Le gardien, présent à cette scène, se découvrit, comme s'il eût compris pour la première fois quelle était la personne dont il guidait la fuite. Puis, il se remit à marcher devant l'Impératrice. Au bout de cette succession de galeries, qu'occupaient autrefois les tableaux de l'École Française, s'ouvre un palier qui communique avec la colonnade. De là, descend un large escalier droit, au bas duquel se trouve la galerie qui renferme les antiquités égyptiennes. C'est au haut de cet escalier que la petite troupe se diminua encore de M. Conti, par la volonté expresse de l'Impératrice. Sa Majesté embrassa M. Conti et lui dit au revoir, sans pouvoir lui donner rendez-vous nulle part, car elle ignorait ce que le hasard déciderait de sa route au sortir des Tuileries.

On se trouva enfin sous la voûte qui fait communiquer la cour du Louvre avec la place Saint-Germain-l'Auxerrois. Les grilles étaient fermées. On essaya en vain d'ouvrir une des grilles latérales. Il fallut que le concierge ouvrît, toute grande, la porte du milieu. L'Impératrice prit le bras du chevalier Nigra et madame Lebreton celui du prince de Metternich. Ils s'avancèrent ainsi dans l'espace vide qui sépare les deux parterres appelés les « Jardins de l'Infante ». Deux flots de peuple, débordant l'un du quai, l'autre de la rue de Rivoli, venaient se heurter et se confondre sur la petite place plantée d'arbres qui s'étend devant Saint-Germain-l'Auxerrois et devant la mairie qui lui est symétrique. Les étroites rues qui débouchent au fond de la place fournissaient aussi, de minute en minute, un contingent à la foule.

A ce moment, un gamin de dix-huit à vingt ans aperçut les deux femmes, courut vers elles, reconnut, selon toute vraisemblance, l'Impératrice, la menaça un instant du poing et retourna vers la foule en courant et en criant comme pour donner l'éveil. Mais sa voix ne se fit pas entendre au milieu du tumulte assourdissant qui régnait sur la place et l'Impératrice put atteindre en quelques instants les voitures de place qui stationnent le long du trottoir. Elle monta dans la première, qui était un fiacre fermé ; madame Lebreton prit place auprès d'elle. Elle donna au cocher l'adresse d'un de ses amis qui, par sa nationalité, devait être, plus que tout autre, à l'abri du soupçon et du danger et qui, le matin même, était venu lui offrir son dévouement.

Au moment où le fiacre s'ébranlait, le gamin reparut, allongeant le poing dans la voiture jusque sous le visage de Sa Majesté et proférant des menaces inintelligibles. Le chevalier Nigra le saisit et le retint jusqu'à ce que la voiture se fût perdue dans la foule.

Quant au prince de Metternich, il s'était éloigné un instant auparavant dans la direction du quai, cherchant, sans doute, une voiture qu'il savait stationnée à peu de distance et qu'il voulait mettre à la disposition de l'Impératrice.

Le fiacre descendait au pas la rue de Rivoli, où se pressait une immense multitude. Les uns se rendaient déjà à l'Hôtel de Ville pour acclamer le nouveau gouvernement ; les autres voulaient assister à la chute des Tuileries et voir encore une fois la demeure des souverains livrée au peuple. Les cris de *Vive la République ! Vive la nation !* et de *Déchéance !* se croisaient de tous côtés. Aux fenêtres de la caserne du Louvre, des soldats, portant les uniformes de la Garde Impériale, regardaient passer l'émeute. Quelques-uns, — les plus jeunes, — s'unissaient aux cris populaires ; les autres, plus âgés, tordaient silencieusement leur moustache. L'Impératrice, le voile baissé, la main devant la bouche, ne perdait aucun trait de ce spectacle. Ceux qui passaient jetaient un regard dans la voiture. Un homme du peuple avança la tête par la portière opposée à l'Impératrice et hurla : « Vive la nation ! » A la hauteur de la rue du 29 Juillet, madame Lebreton engagea le cocher à quitter la rue de Rivoli : « Nous sommes un peu pressées, lui dit-elle, vous devriez prendre une route moins encombrée. » Le cocher obéit et fit prendre à ses chevaux une allure plus rapide. Au coin de la rue Caumartin et du boulevard des Capucines, l'Impératrice vit un groupe arrêté devant une boutique. On renversait et on brisait l'écusson impérial, accroché au-dessus de la porte : « Déjà ! », dit Sa Majesté à madame Lebreton.

Le fiacre s'arrêta devant le numéro *** du boulevard Malesherbes. Là, on apprit du concierge que la personne chez laquelle on se rendait était absente et que l'appartement était désert. On avait congédié le cocher : il fallut envoyer chercher une autre voiture. L'Impératrice y monta et se fit conduire chez M. de Piennes, qui habitait à l'avenue de Wagram. Il n'était pas chez lui. Un seul domestique se trouvait dans l'intérieur de l'appartement. Il répondit à travers la porte aux questions qu'on lui adressa. Par un hasard singulier, il était enfermé et ne put faire entrer les étrangères.

L'Impératrice songea alors à la Légation américaine, mais ni elle, ni madame Lebreton, ne savaient l'adresse du ministre des États-Unis, M. Washburne. Cependant, cette idée lui en suggéra une autre. Elle se rappela qu'une personne très dévouée et qui lui appartenait en quelque sorte, le docteur Evans, habitait à l'avenue de l'Impératrice. Sa nationalité américaine et sa position indépendante lui permettraient de donner asile à la souveraine sans être compromis ni inquiété.

On arriva chez le docteur. Les deux femmes furent introduites dans son cabinet et l'Impératrice s'assit, le dos tourné à la porte, afin d'éviter qu'une exclamation du docteur, en l'apercevant, ne trahît sa présence aux domestiques. Le docteur Evans, dès qu'il eut reconnu Sa Majesté, avisa aussitôt aux moyens de combiner son départ. Il avait, ce jour-là, à dîner un de ses amis intimes, Américain comme lui, M. K... Il demanda à Sa Majesté la permission de le mettre dans la confidence, assurant que son sang-froid, son intelligence et son énergie, seraient certainement utiles à l'entreprise qu'on allait tenter. L'Impératrice y consentit aussitôt. M. Evans se rendit d'abord dans l'intérieur de la ville, afin de constater les progrès de la révolution. Il revint, raconta à Sa Majesté que les Tuileries avaient été envahies, puis évacuées, qu'elles étaient actuellement occupées par la garde nationale, que la république avait été proclamée et qu'un gouvernement était en train de se constituer à l'Hotel de Ville. Les ministres avaient quitté leurs ministères ; les pouvoirs établis par la Régente n'existaient plus. Dès lors, l'Impératrice ne pouvait plus songer qu'à quitter Paris.

Le docteur Evans et M. K... voulurent s'assurer par eux-mêmes que la sortie de Paris était libre. Ils se rendirent aux fortifications : les portes n'étaient point gardées. La voiture put sortir et rentrer sans être l'objet d'aucun examen.

L'Impératrice prit quelque repos. A cinq heures, elle montait en voiture avec madame Lebreton, le docteur Evans et M. K... Quelques mobiles étaient en faction à la porte de Neuilly ; mais ils n'arrêtèrent qu'un instant les voyageurs et la voiture s'éloigna rapidement par l'avenue de la Grande-Armée.

On se dirigea sur Saint-Germain-en-Laye et on traversa les rues de la petite ville, remplies de tumulte. De Saint-Germain on prit la route de Mantes. A Mantes, le docteur Evans remisa ses chevaux et sa voiture chez un ami. Il se procura une autre voiture qui conduisit Sa Majesté jusqu'à quelques lieux d'Évreux. Vers le milieu de la nuit, on changea encore de voiture. On traversa Évreux dans la matinée du 5 septembre. La grande place était couverte de mobiles qui venaient recevoir des armes à l'Hôtel de Ville. Leur commandant, le comte d'Arjuzon, chambellan de l'Empereur, sortait de la mairie en habits bourgeois. Ses yeux rencontrèrent ceux de madame Lebreton ; on ignore s'il a reconnu l'Impératrice ou sa compagne.

Au sortir de la ville, il fallut faire une halte. On s'arrêta devant une auberge ; on fit manger les chevaux sans les dételer. Un grand nombre de mobiles affluaient dans cet endroit. Ils retournaient dans leurs villages, après avoir reçu leur équipement. Ils passaient et repassaient auprès de la voiture, regardant avec curiosité les deux femmes, qui n'étaient pas descendues. Le docteur Evans entra dans l'auberge et rapporta des vivres. L'Impératrice fit un léger repas dans la voiture.

Dans le courant de cette même journée, une nouvelle station fut nécessaire pour changer encore une fois de voiture. On suivait la route d'Évreux à Bernay pour gagner, de là, Lisieux et le bord de la mer.

Le docteur Evans et M. K... montaient, de temps à autre, sur le siège, en apparence pour fumer un cigare, mais, en réalité, pour connaître les sentiments du cocher et s'assurer s'il ne soupçonnait rien. Le dernier voiturier, qu'on avait pris après avoir dépassé Évreux, se réjouissait de la révolution parisienne et manifestait l'espoir qu'on « ferait leur affaire à tous les bourgeois ». Néanmoins, il était loin de deviner qui il conduisait. Vers le soir, se trouvant assez éloigné de son point de départ, cet homme refusa de conduire plus loin les quatre voyageurs et les déposa devant une auberge, à *** (madame Lebreton n'a pu se rappeler le nom). On dut traverser la grande salle de l'auberge qui servait, en même temps, de cuisine et où plusieurs buveurs étaient installés. Tandis que Sa Majesté se reposait dans la seule chambre qui fût disponible, les fugitifs eurent un moment de vive inquiétude en apprenant qu'un homme, venant de Paris, était descendu à l'auberge après eux et s'était informé du nom des voyageurs de passage. Ils se croyaient déjà découverts. On avertit Sa Majesté, mais l'homme, qui n'avait ni intention, ni soupçon, se contenta de savoir que quatre Anglais étaient arrivés un moment avant lui et s'éloigna après avoir satisfait sa curiosité.

Il eût été possible à Sa Majesté, pour éviter le danger continuel d'être reconnue, de déguiser un peu cette physionomie dont les traits, grâce à la photographie, sont gravés dans toutes les imaginations et ne peuvent plus, dès qu'on les connaît, être confondus avec d'autres. Il lui eût été possible de se vieillir par un changement de coiffure ou par quelque autre négligence calculée. Madame Lebreton, avec cette liberté que la situation exigeait et qu'autorisait son dévouement, reprocha à l'Impératrice de se refuser à ces utiles précautions et accusait la « coquetterie » de Sa Majesté [1]. Mais ce n'était point une coquetterie vulgaire. L'Impératrice redoutait, avec raison, le ridicule auquel l'exposerait un déguisement, au cas où, par malheur, elle serait découverte. Elle voulait, dans cette circonstance, retrouver son prestige de femme et de souveraine ; elle avait conscience de l'impres-

---

1. Madame Lebreton voulait parler de cette ligne au crayon noir dont l'Impératrice soulignait sa paupière inférieure, comme je l'ai expliqué au premier chapitre.

sion profonde qu'elle produirait alors sur ceux qui
essaieraient de l'arrêter. C'était là sa seule défense,
sa seule chance de salut et, en tout cas, le dernier
moyen qui lui restât de tomber en Impératrice.

La nuit du 5 au 6 septembre se passa paisiblement
dans cette auberge de campagne. Le matin, une voiture conduisit l'Impératrice et ses compagnons à une
station de chemin de fer. Mais les heures n'avaient
pas été bien calculées. On dut attendre longtemps
dans la gare l'arrivée du train. Son voile baissé,
l'Impératrice lisait. A Lisieux, on quitta le chemin
de fer. Là encore, la gare et la ville étaient encombrées
de mobiles. Une voiture emmena les voyageurs à
Deauville et les déposa devant un vaste hôtel où
était logée, en ce moment, la femme du docteur
Evans. Tandis que M. K... et madame Lebreton
entraient par la grande porte, se donnant pour un
couple en voyage, on introduisit l'Impératrice chez
madame Evans, à laquelle elle était censée faire une
simple visite.

Restait la grande difficulté : trouver les moyens de
sortir de France. M. Evans s'en occupa immédiatement. En flânant sur le quai, il avisa un tout petit
yacht aux allures élégantes. Il questionna ; il apprit
que le yacht était la propriété de sir John Burgoyne,
officier dans l'armée anglaise, et que ce gentleman
se trouvait, en ce moment, à Deauville. Le docteur
alla trouver sir John Burgoyne ; il s'ouvrit à lui. Sir
John demanda seulement le temps de consulter sa
femme et la journée n'était pas finie que sa réponse
affirmative parvenait au docteur Evans.

Vers minuit, l'Impératrice sortit de l'hôtel où elle
s'était tenue cachée jusque-là ; elle traversa les

pelouses de Deauville, éclairées par la lune. Tout était désert et silencieux. Quelques douaniers se promenaient au bord de la mer près de l'endroit où était amarré le yacht. Sir John Burgoyne attendait Sa Majesté. Il la salua d'un *shake-hands* familier, comme une personne qu'il eût connue de longue date et l'introduisit sur son bateau. Quand il fut arrivé dans la cabine, changeant tout à coup d'attitude, il prit la main de l'Impératrice et la baisa. A ce moment, la ville endormie était réveillée par des cris et des chants. Les passagers du yacht prêtèrent l'oreille, ils distinguèrent le son de *la Marseillaise*, mêlée à ces cris qui les poursuivaient depuis les Tuileries : « Vive la République ! Vive la nation ! » L'Impératrice crut un moment qu'on avait retrouvé sa trace. Mais on fut bientôt rassuré. C'était l'arrivée du train de Paris qui causait cette émotion nocturne. Les voyageurs, après avoir crié et chanté, se répandirent dans les hôtels; tout rentra dans le silence.

A cinq heures du matin, le yacht appareilla et l'Impératrice perdit de vue les côtes de France. Lady Burgoyne l'avait installée dans sa propre cabine et l'avait, ensuite, laissée seule avec madame Lebreton. Les premières heures de la traversée furent paisibles ; la brise fraîchit avant que le yacht fût entré dans les eaux de l'Angleterre et devint tellement forte sur le soir que sir John Burgoyne se sentit inquiet. Ces inquiétudes n'étaient que trop justifiées, puisque le coup de vent de cette même nuit fit périr, corps et biens, dans les mêmes parages, un petit yacht à peu près semblable à celui qui portait l'Impératrice. Un peu plus loin, dans la Manche, se perdait le vaisseau de guerre anglais le *Captain*, dont le commandant, par une étrange coïncidence, portait aussi le nom de Burgoyne et dont le naufrage produisit en Angleterre une vive émotion.

Sir John se garda de communiquer ses appréhensions à son auguste passagère, mais, à travers les minces cloisons du bateau, elle l'entendit se consulter avec lady Burgoyne, femme de tête et de courage dont il ne dédaignait pas l'expérience. En réalité, il n'était pas plus marin qu'elle-même et c'était sur lui, cependant, que reposaient le salut et la direction du bateau. Fallait-il courir devant le vent ? Fallait-il tenir à la cape ? Lady Burgoyne conseilla cette dernière manœuvre et l'on se rangea à son avis.

Il vint un moment, pendant cette longue nuit, où il sembla à l'Impératrice que la frêle carcasse du yacht se brisait et où elle entendit une exclamation sinistre : « *We are ashore.* »

— Que disent-ils ? demanda madame Lebreton qui n'avait plus la force de prier, mais qui crispait ses doigts autour de son chapelet.

— Ils disent, répondit l'Impératrice, que nous sommes à terre

Et madame Lebreton, rassurée par cette traduction optimiste, de s'écrier :

— Ah ! Dieu soit loué !

Elle n'apprit que plus tard dans quelle extrémité s'était crue l'Impératrice. En effet, ce n'était qu'une fausse alarme et, après cette terrible lutte, quand le jour parut, le vent se calma et le bateau put reprendre sa route. Il déposa enfin l'Impératrice dans le petit port de Cowes (île de Wight). De là, Sa Majeté se rembarqua pour la terre ferme et toucha l'Angleterre peu d'heures après. Le soir de ce jour (c'était le jeudi 8 septembre), l'Impératrice avait rejoint son fils à Hastings.

IX

MONSIEUR RÉGNIER

C'est le 12 septembre, dans la matinée, qu'Eugène
Conneau et moi, — après avoir vainement cherché
l'Impératrice pendant plusieurs jours, — nous eûmes
le bonheur de revoir notre souveraine et qu'il me fut
possible de remettre dans ses mains le message de
l'Empereur dont j'étais dépositaire. Ce message
n'avait plus rien à lui apprendre, mais elle fut heureuse de le posséder et de le garder comme document
historique.

L'Impératrice était logée, avec son fils, dans un
hôtel fort modeste, appelé « Marine Hotel » et situé sur
l'Eastern Parade. Ce logis, où elle ne devait demeurer que peu de jours, a pourtant son intérêt et son
importance, puisqu'une photographie de cette maison
faillit changer le cours de notre histoire.

Nous trouvâmes Sa Majesté assise près de la cheminée dans une pièce du premier étage, donnant sur
le quai et communiquant, par une large porte à deux

battants, avec sa chambre à coucher. Cette pièce
servait à la fois de salon et de salle à manger, et je
me souviens que notre première conversation fut
interrompue, presque immédiatement, par les domestiques qui entrèrent, sans façon, pour mettre le couvert. J'en fus péniblement affecté, mais elle ne donnait à ces détails aucune attention. Elle reprenait,
du premier coup et sans difficulté, les habitudes de
la vie ordinaire, mais, si elle renonçait, sans un soupir de regret, aux honneurs et au faste, elle n'oubliait
pas ses grands devoirs ; elle demeurait consciente,
— je le vis aussitôt, — de la position qu'elle avait
occupée et qu'elle occupait encore. « Je crois, me dit-
elle, que je peux être encore utile à la défense nationale. » Dans cette vue, elle s'était décidée à écrire
aux deux empereurs de Russie et d'Autriche. Elle
voulait rappeler à l'un les paroles si catégoriques,
transmises par le général Fleury dans sa dépêche du
26 août, à l'autre les promesses faites en son nom
par le prince de Metternich, promesses auxquelles
elle avait fait allusion dans son entrevue avec les députés. Elle désirait assurer à la France, sous le nouveau gouvernement qu'elle s'était donné ou qu'elle
avait subi, le bénéfice de ces bonnes dispositions. La
rédaction de ces deux lettres fut notre premier travail
et je souhaite qu'on ne se trompe pas sur la part
très insignifiante que j'eus à y prendre. L'Impératrice écrivait elle-même les lettres qu'elle signait et
rien n'eût été plus inutile ou plus maladroit que de
se substituer à elle dans cette tâche. Elle avait un
talent naturel pour dire les choses d'une façon claire
et frappante. Aux barbouilleurs de papier professionnels, elle aurait pu donner des leçons de style, tout

comme La Rochefoucauld et Saint-Simon auraient pu apprendre son métier à plus d'un lourd rhéteur de leur temps.

Voici la lettre que l'Impératrice adressa au Tsar, lettre dont je ne puis donner la date exacte :

Hastings, septembre 1870.

« Sire,

» Éloignée de ma patrie, j'écris aujourd'hui à Votre Majesté. Il y a quelques jours à peine, quand les destinées de la France étaient encore entre les mains du pouvoir constitué par l'Empereur, si j'avais fait la même démarche, j'aurais paru peut-être, aux yeux de Votre Majesté et à ceux de la France, douter des forces vives de mon pays. Les derniers événements me rendent ma liberté et je puis m'adresser au cœur de Votre Majesté. Si j'ai bien compris les rapports adressés par notre ambassadeur, le général Fleury, votre gouvernement écartait *a priori* l'idée éventuelle du démembrement de la France.

» Sire, le sort nous a été contraire. L'Empereur est prisonnier et calomnié. Un autre gouvernement a entrepris la tâche que nous regardions comme notre devoir de remplir.

» Je viens supplier Votre Majesté d'user de son influence afin qu'une paix honorable et durable puisse se conclure quand le moment sera venu. Que la France trouve chez Votre Majesté, quel que soit son gouvernement, les mêmes sentiments qu'Elle nous avait montrés dans ces dures épreuves.

» Telle est la prière que je Lui adresse. Dans la situation où je me trouve, tout peut être mal interprêté. Je prie donc Votre Majesté de tenir secrète cette démarche, que son généreux esprit comprendra sans peine et que m'inspire le souvenir de son séjour à Paris. »

L'Empereur de Russie fit à cette lettre la réponse qui suit :

Tsarskoé-Selo, 20 septembre-2 octobre 1870.

« J'ai reçu, Madame, la lettre que Votre Majesté a bien voulu m'adresser. Je comprends et j'apprécie le sentiment qui vous l'a dictée et vous fait oublier vos malheurs pour ne songer qu'à ceux de la France. J'y prends un intérêt sincère et souhaite ardemment qu'une prompte paix vienne y mettre un terme ainsi qu'aux maux qui en résultent pour toute l'Europe. Je crois que cette paix sera d'autant plus solide qu'elle serait plus équitable et plus modérée. J'ai fait et continuerai de faire tout ce qui dépendra de moi pour contribuer à ce résultat que j'appelle de tous mes vœux.

» Je vous remercie de votre bon souvenir et de la confiance dans mes sentiments. En vous en renouvelant l'assurance, je suis, Madame,

de Votre Majesté
le bon frère.
» *Signé* : ALEXANDRE. »

Je n'ai, malheureusement, pas le texte de la lettre adressée par l'Impératrice Eugénie à l'Empereur François-Joseph, mais il sera facile d'en imaginer le contenu d'après la réponse qu'y fit le souverain d'Autriche-Hongrie.

« Madame ma sœur,

» Je suis profondément sensible à la confiance que Votre Majesté me témoigne, et la lettre qui vient de m'être transmise par le comte Apponyi m'a vivement touché. On ne saurait montrer plus de patriotisme et d'abnégation personnelle au milieu d'aussi cruelles épreuves. L'expression de ces nobles sentiments appellerait toutes mes sympathies si elles n'étaient pas déjà acquises au plus haut degré à Votre Majesté ainsi qu'à son infortuné pays. Je rends un hommage mérité au courage qui supporte sans faillir des coups aussi accablants et mon cœur prend la part la plus sincère aux angoisses subies par Votre Majesté, comme mère, comme épouse et comme souveraine.

» Le sort de la France me préoccupe vivement. Pour faire en sa faveur tout ce que peuvent commander les intérêts de la politique et de l'humanité, je n'ai pas attendu l'appel de Votre Majesté. Je sens trop combien il serait urgent qu'une paix prompte et honorable vint mettre un terme aux effroyables calamités de cette guerre. Mes vœux et mes efforts tendent sans cesse vers ce but que je ne cesserai de poursuivre.

» Il m'est d'autant plus facile de plaider à présent la cause de la paix que mon influence s'est toujours exercée dans ce sens. Il n'a pas dépendu de moi que la paix ne fût maintenue et, au milieu des douloureuses émotions que cause la vue de tant de ruines, je trouve, du moins, une triste consolation à penser que je n'ai pas à me reprocher d'avoir contribué à faire éclater cette guerre désastreuse. J'ai fait, au contraire, ce que j'ai pu pour empêcher un conflit dont je prévoyais les dangers pour la France et les graves embarras pour mon Empire.

» Le rétablissement de la paix est aujourd'hui l'objet de tous mes désirs et, dans la mesure de ce qui m'est permis, j'y consacre mes soins assidus. Mais Votre Majesté sait qu'un souverain ne peut écouter les seules inspirations de son cœur. Il doit obéir aux exigences de sa position et aux devoirs que la Providence lui a imposés envers les peuples dont les destinées lui sont confiées.

» Je ne puis m'écarter de la ligne de conduite qui m'est tracée par des considérations aussi hautes; mais Votre Majesté me trouvera toujours disposé à faire des efforts sincères afin d'atténuer les maux qui sont venus fondre sur la France.

» De toutes les puissances neutres, je crois que l'Autriche est celle qui est animée des sentiments les plus amicaux pour la France et qui élèvera le plus volontiers la voix en sa faveur.

» Mes sympathies réelles pour ce pays ne sont qu'augmentées par ses malheurs et je serai heureux de pouvoir donner à Votre Majesté quelque preuve de l'attachement véritable que je lui ai voué personnellement depuis longtemps.

» Je prie Votre Majesté de recevoir mes affectueux hommages ainsi que l'assurance des sentiments avec lesquels je suis, Madame,

de Votre Majesté

le bon frère.

» *Signé :* FRANÇOIS-JOSEPH. »

Schœnbrunn, le 12 octobre 1870.

A Hastings, l'Impératrice avait auprès d'elle, outre madame Lebreton, ses deux nièces, Marie et Louise, qui avaient passé en Angleterre depuis plusieurs semaines, ainsi que la comtesse Clary, qui vint rejoindre son mari, attaché à la personne du Prince. MM. Duperré et Lamey, les deux autres aides de camp, complétaient ce groupe de la première heure. Quant à M. Eugène Conneau, l'Impératrice l'encouragea à retourner en France pour prendre part, s'il en était temps encore, à la défense de Paris. Il s'empressa de lui obéir. Ce brave officier, qui avait déjà fait ses preuves au Mexique et ailleurs, se distingua pendant le siège sous les ordres du général Favé, qui commandait un des secteurs.

Le commandant Duperré et madame Lebreton se mirent en devoir de chercher une résidence qui pût servir d'asile à la souveraine fugitive et à son fils. Nous avions hâte de quitter *Marine Hotel*, où nous étions fort mal et où nous souffrions beaucoup de l'indiscrétion des curieux. En effet, des groupes stationnaient presque constamment devant la maison, guettant les sorties du Prince et de sa mère et plongeant, par toutes les larges baies vitrées de la façade, dans les pièces du devant, semblables à des cages de verre où des animaux exotiques auraient été livrés à l'examen des passants. La nuit tombée, quand les jalousies étaient baissées, on nous laissait quelque répit. Un soir, — c'était quatre jours, seulement, après notre arrivée, — nous étions réunis auprès de l'Impératrice dans le salon du premier étage. Ces messieurs étaient restés en bas à fumer. Vers neuf heures, l'un d'eux monta et prévint Sa Majesté qu'il y avait là un Français qui insistait pour être reçu.

— Comment s'appelle-t-il ?

— Il donne le nom de Régnier.

— Oh ! dit madame Lebreton, c'est ce monsieur qui m'accable de communications depuis deux jours. Il a tout un plan pour ramener Votre Majesté en France. C'est l'homme aux quatre proclamations : une pour l'armée, une pour la flotte, une pour le peuple français, une pour les puissances étrangères.

— C'est cela, dit l'aide de camp. Nous ne savons comment nous débarrasser de lui.

L'Impératrice se tourna vers moi :

— Allez donc voir ce qu'il dit.

Je descendis aussitôt et les trois aides de camp, s'éclipsant l'un après l'autre, me laissèrent en tête à tête avec M. Régnier. Je m'attendais à me trouver en présence d'un de ces aliénés de la politique, comme j'en ai tant rencontrés avant et depuis. Mais, dès que j'eus jeté les yeux sur le visiteur, j'éprouvai une impression différente. Je vis devant moi un homme d'une cinquantaine d'années, à la physionomie un peu vulgaire, mais intelligente et résolue. Des mâchoires carrées et puissantes, le regard aigu, impérieux et dur, l'air d'un vieux sous-officier qui a laissé pousser ses cheveux blancs en crinière de lion : non pas de ces sous-officiers qu'on aime, au régiment, mais de ceux que l'on craint.

Je lui demandai qui il était.

Il me répondit brusquement :

— Je ne suis rien du tout.

Et, sans autre préambule, il entra en matière, m'exposa son plan. L'Impératrice, suivant lui, ne devait pas accepter sa déchéance. Elle devait se rendre sur un des navires de la flotte restée fidèle, prendre pied dans une ville maritime (Le Havre, par exemple), convoquer les Chambres autour d'elle et entrer en négociations avec la Prusse.

Je dis à M. Régnier :

— Vous voulez expliquer cette ligne de conduite à l'Impératrice ? C'est inutile : vous perdrez votre temps. Elle est parfaitement décidée à ne pas retirer une chance ni un soldat à la Défense nationale. Au besoin, elle aiderait dans leur tâche les hommes qui l'ont renversée.

Les pages qui précèdent ont fait voir, je crois, et les pages qui suivent montreront plus clairement encore à quel point j'étais fondé à parler ainsi.

M. Régnier répondit :

— L'Impératrice comprend mal son devoir. Son devoir est de ressaisir l'autorité et de traiter avec la Prusse... La France est battue, plus battue que n'était l'Autriche après Sadowa. De ses deux armées, l'une est prisonnière, l'autre le sera bientôt. » Ici, je me récriai. Il répéta, en appuyant : « L'autre le sera bientôt. Le reste n'est qu'un ramassis sans valeur. »

— La France se lève, lui dis-je. L'élan de 1792 va recommencer.

M. Régnier ricana.

— Vous savez bien que l'élan de 1792 est une légende... D'ailleurs, les hommes d'aujourd'hui ne sont pas les hommes d'alors. La longue prospérité nous a énervés. Je vous dis que tout est perdu. Si l'on traite actuellement, la France conservera son intégrité territoriale. Dans trois mois elle sera démembrée, disséquée, dépecée... Je vous dis qu'il n'y a qu'une chose à faire : la paix.

— Allez dire cela aux hommes qui ont chassé l'Impératrice des Tuileries. C'est à eux à traiter.

— Oh! ce n'est pas l'envie qui leur en manque et, si je croyais qu'ils puissent réussir, je leur souhaiterais bonne chance. Mais ils ne peuvent pas... Personne ne voudra négocier avec un gouvernement sorti de l'émeute et qui n'ose pas consulter les électeurs. Pour les puissances étrangères, pour l'armée, pour les sept millions et demi de Français qui ont voté oui au plébiscite du 8 mai, l'Empereur est toujours l'Empereur. Or, il n'est pas libre de sa personne et il a délégué ses pouvoirs à la Régente. C'est à elle qu'il appartient de traiter de la paix.

— « Mais celle dont vous parlez est, en ce moment, une femme impuissante et isolée, sans amis, sans appuis. Elle n'a ni un écu, ni un soldat à sa disposition.

— Et l'armée de Metz?

— Qui vous a dit que Bazaine était fidèle? Qui vous a dit que Bismarck refuserait de traiter avec le gouvernement de la Défense nationale et serait disposé à traiter avec celui de l'Impératrice?

— Personne... Oh! ne triomphez pas! Je n'en sais rien, mais le devoir de l'Impératrice est de le savoir, et sans tarder.

— Mais comment? C'est très difficile!

— Allons donc! C'est simple comme bonjour.

Je réfléchis un moment.

— Monsieur Régnier, lui dis-je, je vois que vous êtes un positiviste. Vous paraissez ignorer qu'il existe des forces morales et que ces forces gouvernent le monde. L'Empire, en ce moment, est battu par un flot d'opinion tellement violent qu'il est impossible de le redresser. Supposons votre idée réalisée. L'existence de la famille impériale, rentrée aux Tuileries, serait une véritable agonie et, bientôt, la dynastie serait emportée par une catastrophe sanglante.

— Qu'est-ce que ça me fait? dit froidement M. Régnier. Je ne suis pas un serviteur de la dynastie, moi. Je me moque pas mal des Napoléons. Ce que je veux, c'est sauver le territoire de mon pays. Si vous êtes un bon Français, vous devez penser comme moi.

Il s'était approché de moi et me parlait de tout près, dans la figure, comme s'il avait voulu m'hypnotiser.

— Et, ajouta-t-il, si l'Impératrice est l'héroïne que l'on prétend, elle se sacrifiera et boira le calice jusqu'à la lie.

Je montai auprès de l'Impératrice et je la priai de vouloir bien accorder quelques minutes d'entretien à M. Régnier. Je me heurtai à un refus inébranlable et je dus transmettre ce refus au visiteur. Il se leva et prit son chapeau.

Je ne pus m'empêcher de lui dire :

— Il faudrait, peut-être, voir l'Empereur.

— C'est ce que je vais essayer de faire, mais on ne me laissera pas arriver jusqu'à lui... Ah! si j'avais quelque message, par exemple une photographie signée du Prince pour son père... Tenez! Je vais en chercher une.

Il revint au bout de quelques minutes, rapportant trois vues photographiques de *Marine Hotel* et du quai de Hastings.

Je lui dis :

— Revenez demain matin à sept heures et vous aurez la réponse.

Après qu'il fut parti, je montai d'abord auprès du Prince, qui allait se coucher, et j'assistai à sa prière comme tous les soirs.

— Monseigneur, lui dis-je, il y a là un Français qui va partir pour Wilhelmshöhe. Voulez-vous lui confier un message pour l'Empereur ?

— Très volontiers. Que puis-je envoyer à mon père ?

— Tout simplement votre signature, avec un mot, sur l'une de ces photographies.

Uhlmann alla chercher une plume et de l'encre. Les photographies signées, je rejoignis l'Impératrice et je lui soumis la requête de M. Régnier, mais sans succès.

— Nous ne connaissons pas cet homme, me dit-elle, et nous ne pouvons lui confier aucun message. Pour adoucir le refus, dites-lui que la mission qu'il veut se donner présente des dangers et que je ne puis l'y exposer.

Je me retirai dans ma chambre. Ce fut une nuit pleine d'angoisse. Les cruelles paroles de M. Régnier roulaient douloureusement dans mon esprit. J'étais profondément dévoué à ma souveraine. J'aimais passionnément ma patrie. Je finis par me persuader qu'en désobéissant à la première, je les servirais toutes deux.

Le lendemain 17, à sept heures, M. Régnier était dans ma chambre et je lui remettais les trois photographies, signées Louis-Napoléon. Sur la plus grande il avait écrit : « Mon cher papa, je vous envoie des photographies d'Hastings. J'espère qu'elles vous plairont. »

11.

— L'Impératrice, lui dis-je, a refusé son autorisation, mais je prends sur moi de contrevenir à ses ordres.

Nous n'échangeâmes pas un mot de plus. Il me remercia à peine et s'enfuit comme s'il avait peur de me voir soudain me raviser. Je le suivis des yeux. Il me semble encore le voir enjambant les flaques d'eau et se perdant dans l'éloignement du quai encore désert.

Telle est la vérité. M. Régnier a prétendu que je lui avais remis les photographies de la part de l'Impératrice : cela est faux. On a raconté qu'il avait guetté le Prince au cours d'une promenade et qu'il avait extorqué ces signatures à l'inexpérience d'un enfant de quatorze ans : cela, encore, est faux. Les choses se sont passées comme je viens de les raconter. A chacun la responsabilité de ses actes.

Le jour suivant, nous quittions Hastings pour aller nous installer à Chislehurst. Le surlendemain, si mes souvenirs sont exacts, Jérôme David, qui était à Londres depuis quelques jours, vint rendre visite à l'Impératrice. Ils étaient ensemble depuis cinq minutes lorsque l'Impératrice me fit appeler.

— Comment! me dit-elle. Vous avez remis à ce Régnier la photographie signée du Prince que j'avais défendu de lui donner?

J'avouai aussitôt.

— Vous avez eu grand tort. Cet homme est un espion de Bismarck ou un agent du gouvernement de Paris qui veut nous déshonorer aux yeux de la nation en faisant croire que nous intriguons avec la Prusse.

Jérôme David m'expliqua qu'il avait connu ce Régnier au collège et que cet individu, s'autorisant de en souvenir, était venu le trouver à Londres et avait fait entrevoir de mystérieux projets.

A partir de ce jour, on vécut, à Chislehurst, dans une sorte de continuelle appréhension. Que faisait M. Régnier? Je le sus plus tard lorsque je pus lire les notes manuscrites où il avait relaté minutieusement les incidents et les impressions de son voyage à Ferrières : les difficultés et les périls rencontrés en route, son arrivée au quartier-général prussien le même jour que Jules Favre ; le peu de considération montré à celui-ci, les égards et les prévenances dont il avait été (lui, Régnier) entouré par tous ceux auxquels il avait eu affaire, notamment par M. de Hatzfeldt, qui lui avait donné sa propre chambre et avait parlé, avec un respect ému, des infortunes de l'Impératrice. Il avait vu le Chancelier et, lui montrant les photographies dont il était porteur, lui avait demandé l'autorisation d'être admis sans délai auprès du prisonnier de Wilhelmshöhe, pour lui soumettre son plan, qui visait à une paix immédiate. Ce plan, qui avait fait hausser les épaules à Hastings, le comte de Bismarck l'avait pris au sérieux et se l'était, en quelque sorte, assimilé avec quelques modifications. Mais, avant tout, il fallait savoir si Bazaine, avec son armée, tenait encore pour l'Empereur, s'il appuierait le projet Régnier et fournirait ainsi la base, la garantie nécessaire pour négocier. Il fallait que Régnier se rendît auprès du maréchal et rapportât son adhésion. Cette mission, étrange et périlleuse jusqu'à l'invraisemblance, Régnier l'avait acceptée et accomplie [1].

1. Ces notes devaient travestir ou dissimuler bien des choses et je n'avais que trop de raisons pour savoir combien le respect de la vérité gênait peu M. Régnier. Mais, en ce qui

Nous ne savions rien de tout cela, mais, le 28 septembre, au matin, un coup de théâtre nous tira de notre ignorance. On vint me dire que le général Bourbaki était à Camden-Place. Il est facile de s'imaginer ma stupeur. Le commandant de la garde impériale, que je savais étroitement bloqué dans les lignes de Metz avec ses soldats, était dans une chambre voisine de celle où je faisais lire au Prince une page des *Géorgiques*. J'y courus aussitôt. Je trouvai le général assis entre sa femme et sa sœur. Il était fagoté de la façon la plus étrange, déguisé en quelque sorte. Il parlait à peine ; il avait l'air d'un homme frappé de la foudre. Madame Bourbaki, sévère et refrognée, ne me répondit pas quand je la saluai et son mari me tendit la main avec une visible hésitation. Il répétait par intervalles : « Perdu ! Déshonoré ! » L'Impératrice, me dit-on, n'avait rien pu tirer de lui, si ce n'est : « Vous m'avez fait demander, me voici. »

Que s'était-il passé ?

Dans la même journée, le général me dicta une note qui contenait le récit des faits et que je reproduis ici textuellement :

« Le samedi 24 septembre, j'étais monté vers le fort Saint-Julien et je suis resté dans le voisinage jusqu'à cinq heures du soir. Quand je suis revenu à mon quartier-général, les généraux Dauvergne et de Villers m'ont appris qu'un des neveux du maréchal Bazaine me cherchait partout pour me parler et me

touche l'attitude et le langage du Chancelier, elles furent confirmées, sur tous les points, par les conversations de M. de Bismarck avec M. G... et avec le général Boyer, conversations dont on lira, au chapitre suivant, le rapport authentique.

donner une lettre du maréchal; qu'il n'avait pas voulu la laisser et l'avait emportée en retournant au quartier-général. En causant avec ces messieurs, je me disposais à me rendre chez le maréchal quand je reçus de lui un télégramme portant ordre d'arriver sans retard.

» Je fis seller un cheval et partis pour le quartier-général où, tout d'abord, je rencontrai le colonel Boyer qui me dit: « Connaissez-vous un monsieur Régnier? L'avez-vous vu aux Tuileries? Le voilà qui se promène. »

» Je vis, en effet, un monsieur qui se promenait avec le maréchal et je répondis que je ne l'avais jamais vu auprès de leurs Majestés.

» Le maréchal, averti que j'étais là, rentra et me mit en rapport avec M. Régnier. Ce monsieur prit la parole, me donna des nouvelles de ma sœur, me montra des photographies de l'habitation de l'Impératrice, me dit qu'il en avait une à remettre à l'Empereur, sur laquelle il y avait écrit, de la main du Prince impérial, à peu près ceci : « J'espère que vous serez content d'avoir une photographie de la maison que nous habitons en ce moment. »

» M. Régnier m'expliqua ensuite que Jules Favre avait dû traiter d'un armistice, mais que, heureusement, les pourparlers étaient rompus; qu'il ne fallait pas se dissimuler que la France était vaincue et qu'il fallait traiter; que les conditions faites par la Prusse seraient bien plus favorables pour la France en traitant avec le seul gouvernement de droit qui existait en ce moment et qui était celui de la Régence. Enfin, le maréchal rentra à peu près en ce moment et me dit que l'Impératrice désirait avoir auprès d'elle ou le maréchal Canrobert ou moi. Le maréchal Bazaine ajouta que, pour lui comme pour l'armée, il n'y avait qu'un seul gouvernement, celui de la Régente, qu'il n'avait eu de communications que du gouvernement de l'Empereur et que, si la Régente traitait, lui et son armée appuieraient le traité, qui ne pouvait être fait que par elle. Il me dit, de plus, que j'étais aide de camp de l'Empereur, commandant en chef de la Garde impériale, que tout était arrangé pour que je passe sortir de Metz.

» Je fis remarquer que tout cela me paraissait fort extraordinaire, qu'il n'y avait ni un mot de l'Impératrice, ni un mot de ma sœur, pour accréditer M. Régnier, auquel cas je n'aurais pas hésité. Sur ma demande au maréchal de ce qu'il ferait à ma place, il me répondit qu'il se rendrait auprès de l'Impératrice; d'autant plus que, depuis longtemps, son intention était d'avoir un officier auprès d'elle. Or, ma position, ajouta-t-il, me désignait plus qu'un autre. D'ailleurs, le maréchal Canrobert ne pourrait pas partir à cause de ses douleurs de jambes.

» Je fis la réflexion que, m'en allant ainsi, j'aurais l'air d'un déserteur : « Mais nullement, me répondit le maréchal, car je vous donnerai un ordre écrit et le mettrai demain au rapport, afin que nul n'ignore que je vous ai envoyé auprès de l'Impératrice-Régente. »

« — Dans ces conditions, répliquai-je, je n'ai plus rien à dire et je partirai.

» Ayant fait la réflexion que je n'avais pas d'habits bourgeois, le maréchal mit les siens à ma disposition et, comme son pantalon était trop large pour moi, il alla jusqu'à ôter ses bretelles pour me les donner.

» Il me remit ensuite mon ordre de départ. M. Régnier, qui avait assisté à toute cette conversation, lut l'ordre et remarqua qu'il n'était pas daté. Ils ont parlé de la date, je ne sais pourquoi, et le maréchal mit une date que je croyais être celle du jour (le 24), mais j'ai vu depuis qu'on avait mis le 15.

» Le maréchal Canrobert me dit que je trouverais sa femme auprès de l'Impératrice, qu'il était d'avis que je partisse et me chargea de donner de ses nouvelles à la maréchale.

» A sept heures du soir, je montai en voiture avec M. Régnier. Je portais à peu près le costume des médecins internationaux : car on m'avait procuré une casquette à croix rouge sur fond blanc. Sept médecins Luxembourgeois, qui devaient s'en aller, montèrent dans deux autres voitures.

» Nous arrivâmes aux avant-postes, de l'autre côté de Moulins, à deux lieues de notre quartier-général. Mais les officiers parlementaires ne s'étaient pas entendus entre eux. Nous ne passâmes que le lendemain au point du jour. Un colonel prussien vint au-devant de nous et se mit en communication avec M. Régnier, qui lui fit ses excuses de l'avoir fait attendre aux avant-postes depuis la veille. Le colonel répondit qu'en effet il était là depuis hier à trois heures. M. Régnier ajouta qu'il avait prévenu de son retard par une lettre, qui n'était pas parvenue. Il nous fit monter dans une voiture et nous conduisit lui-même à Corny, au quartier-général du prince Frédéric-Charles. M. Régnier me demanda là si je voulais voir le prince. Je lui répondis : « Pour rien au monde ! »

» Il me dit que le chef d'état-major général serait

très heureux de serrer la main d'un collègue. Je lui dis que, pour le moment, je désirais passer inaperçu. Et, en effet, personne ne m'a rien dit.

» Une heure après, environ, on attela un grand break où nous montâmes tous, moins M. Régnier qui resta au camp du prince en disant qu'il allait chez M. de Bismarck et que, dans quatre ou cinq jours, il serait chez l'Impératrice, porteur d'un projet de traité.

» Nous fûmes escortés par un officier qui est aide de camp du prince Frédéric-Charles et que j'avais rencontré plusieurs fois à Paris, où il était attaché à l'ambassade prussienne. Il se nomme, je crois, M. de Siskow. Cet officier me dit, au moment où il me quittait : « Je vous ai parfaitement reconnu. » — « Moi aussi, lui ai-je répondu, mais les circonstances sont si tristes! Et j'ai un chagrin de plus, celui de quitter mon corps d'armée ». — « J'espère, a-t-il ajouté, que nous nous reverrons dans des circonstances meilleures. » Il m'a entouré de soins jusqu'au moment où il s'est fait reconnaître et a été pour moi d'une politesse extrême. Ce fait prouve, évidemment, que tout l'état-major et le prince Frédéric connaissaient mon passage et y adhéraient.

» A Remilly, nous avons trouvé un train spécial qui, par ordre supérieur, devait nous mener jusqu'à Luxembourg. Mais, d'après un arrangement ultérieur, il nous laissa à Sarrebrück et, de ce point à Luxembourg, nous avons toujours eu une caisse réservée et toujours aux frais du gouvernement prussien. L'attitude de M. Régnier auprès des autorités prussiennes m'avait déjà fait craindre que je ne me fusse fourvoyé et, lorsque j'ai lu les journaux, en

Belgique, il m'a semblé impossible que, étant donné le moment actuel, l'Impératrice pût signer un traité, dans la position où se trouvait Sa Majesté, et j'ai amèrement regretté d'avoir quitté mon quartier-général.

» Dans ces circonstances, je demande que, ma bonne foi ayant été surprise (car il n'y a aucun ser-vice à rendre à l'Impératrice), on m'accorde la faveur de retourner immédiatement à mon poste, afin que je puisse partager le sort des soldats que j'ai l'honneur de commander.

» J'ajouterai qu'à Moulins, ou à Ars, M. Régnier me remit quelques feuilles de papier en me disant que c'était la relation de ses entretiens avec Bismarck. Il me remit, de plus, son portefeuille en m'engageant à me servir de son passeport. Il s'y trouvait, en outre, une lettre décachetée, adressée à sa femme.

» Signé : C. BOURBAKI,
Général de division, aide de camp de l'Empereur,
commandant en chef de la Garde impériale. »

Camden Place, Chislehurst, 28 septembre 1870.

Cette note — très circonstanciée en tout ce qui touchait la sortie de Metz — n'expliquait pas pourquoi le général, au lieu de se rendre directement auprès de l'Impératrice, comme il en avait reçu l'ordre, et de garder l'incognito comme il en était convenu avec Régnier, s'était arrêté deux jours en Belgique et s'était fait reconnaître de diverses personnes. Pendant ce séjour à Bruxelles, il avait vu beaucoup de gens, appris beaucoup de choses et fait beaucoup de réflexions. Il me parut très réservé et même avare de détails lorsqu'on l'interrogeait sur les dispositions de Bazaine et des troupes placées sous ses ordres envers l'Empereur et envers l'Empire. Il ne savait rien de ce qui se passait dans la ville de Metz, ni si la république y avait été proclamée. Pendant le trajet qu'il avait fait en chemin de fer avec Régnier, ce personnage lui avait expliqué minutieusement et à plusieurs reprises les conditions possibles de la paix, telles qu'elles avaient été esquissées avec Bismarck. Naturellement, nous le questionnâmes à ce sujet : « J'ai tout oublié, dit-il en se frappant le front ; je ne me rappelle pas un seul mot de ce que m'a dit ce diable d'homme. »

Le général ne songeait qu'à sa situation personnelle. Il semblait convaincu que tout cela, c'était une conspiration ourdie pour le séparer de ses soldats. Comme s'il importait aux Prussiens de savoir qui commandait la Garde impériale, maintenant qu'elle était, avec tout le reste de l'armée, réduite à la plus complète impuissance ! Visiblement, l'Impératrice sympathisait avec le désespoir de Bourbaki, de sa femme et de sa sœur ; elle ne voulait rien voir au delà et, sans attendre que cette affaire fût éclaircie, elle fit prévenir le gouvernement prussien, par l'intermédiaire de lord Granville et du comte de Bernstorff, ambassadeur à Londres, que M. Régnier n'était investi d'aucun mandat et qu'elle n'avait donné à personne les pouvoirs nécessaires pour négocier. En même temps, elle faisait demander au prince Frédéric-Charles l'autorisation nécessaire pour faire rentrer Bourbaki dans les lignes de Metz. En attendant, le général partit pour Bruxelles, où il causa beaucoup avec le ministre plénipotentiaire de notre nouvelle république, M. Tachard. Après avoir fait attendre sa réponse quelques jours, Frédéric-Charles refusa l'autorisation demandée et Bourbaki offrit aussitôt ses services au gouvernement de Tours. Ce gouvernement fut d'abord très divisé sur la question de savoir s'il devait les accepter. Crémieux disait oui, Gambetta disait non. Enfin, on se mit d'accord sur l'affirmative lorsqu'on fut parfaitement convaincu que Bourbaki, loin de conspirer pour la restauration de l'Empire, venait de faire échouer un plan dans ce sens, parfaitement viable et fort praticable. Il se rendit donc à Tours, où il fut reçu à bras ouverts. Il avait retrouvé toute sa mémoire et mit les membres du gouvernement au courant de la triste situation de Bazaine. Ce qui n'empêcha pas Gambetta de déclarer, dans ses bulletins au peuple français, qu'il avait les meilleures nouvelles de « l'héroïque » Bazaine et que l'armée de Metz tiendrait indéfiniment.

Le général Bourbaki était encore en pourparlers avec Frédéric-Charles lorsque M. Régnier parut à Chislehurst. On n'aura pas de peine à se figurer sa surprise et son irritation. A ce retour de ce voyage, où il avait plus d'une fois risqué sa vie, il trouvait ses plans renversés, ses précautions inutiles, ses laborieuses combinaisons réduites à néant, son nom livré au mépris universel dans les journaux anglais comme celui d'un imposteur aux gages de la Prusse, qui était venu, par des moyens de vaudeville ou de mélodrame, escamoter Bourbaki au milieu de ses troupes.

Je partageai avec madame Lebreton et M. Léon Chevreau le privilège, très peu enviable, de le recevoir. Je lui dis :

— Vous deviez aller trouver l'Empereur. Vous n'en avez rien fait.

— Je n'avais pas le temps. Je suis allé au plus pressé.

— Quand vous avez exhibé la photographie comme venant de l'Impératrice, vous saviez que vous ne disiez pas la vérité.

Régnier me rit brutalement au nez :

— Si j'avais dit au comte de Bismarck que j'étais accrédité auprès de lui par le précepteur du Prince impérial, croyez-vous qu'il m'eût écouté une minute?... Allons, ne disons pas d'enfantillages et occupons-nous des affaires sérieuses. Où en sommes-nous? Pourquoi Bourbaki n'est-il pas ici sous mon nom, ainsi qu'il était convenu? Vous a-t-il dit les conditions de la paix?

Je cite les paroles de cet homme pour montrer au lecteur que, s'il m'avait gagné, ce n'était pas en me flattant.

Quand il apprit que Bourbaki n'avait pas su ou voulu répéter un seul mot de leurs conversations, il entra en fureur et le traita de crétin :

— Jamais la France n'a été si mal servie depuis la folie de Charles VI. Heureusement, vous avez mes notes. J'imagine que Sa Majesté les a lues. En voici d'autres qui continuent et complètent les premières.

Il revint le lendemain, insista encore pour voir l'Impératrice, mais sans succès.

Comme il s'éloignait dans le parc et qu'il était déjà à mi-chemin vers la grille, l'Impératrice se décida à le recevoir, pour la première et dernière fois. Je courus après lui et le ramenai sans lui dire de quoi il s'agissait. Il croyait avoir une entrevue avec Henri

Chevreau, alors présent à Camden Place. Lorsqu'il se vit en présence de l'Impératrice, son aplomb l'abandonna un moment. Mais il se remit assez vite.

L'Impératrice lui dit avec beaucoup de dignité :

« Vous avez demandé, avec beaucoup de persistance, à me parler. Je suis prête à vous entendre. Asseyez-vous. »

Mais il préféra rester debout. Alors, il raconta ce qu'il avait fait, ce qu'il avait vu et entendu, mêlant quelques sottises à son discours, mais, à certains moments, avec une sorte de brutale et convulsive éloquence qui, cette fois encore, m'impressionna. Il expliqua les arrangements éventuels pris avec Bismarck : « L'armée de Metz, délivrée avec les honneurs de la guerre et ravitaillée, occupait une large zone neutralisée. Là, les autorités, dissoutes illégalement, seraient convoquées et reconstituées pour ratifier les bases de la paix, qui auraient été, au préalable, acceptées par l'Impératrice. Que serait cette paix? Elle serait douloureuse, mais non désastreuse. Elle coûterait beaucoup d'argent et quelques districts de l'Alsace. Elle désarmerait notre frontière, déjà si précaire. Mais pouvait-on espérer mieux après les revers qu'on avait subis! » Régnier peignit les effroyables misères dont il venait d'être le témoin, les villages déserts, les paysans cachés dans les bois, sans nouvelles, sans vivres, hébétés de terreur et de désespoir. Il conclut en disant : « Vous ne voulez pas de moi?... Soit : jetez-moi par-dessus bord, mais profitez des faits que je vous ai appris et des conseils que je vous ai donnés. La paix est préparée, vous n'avez qu'à la signer. Il en est temps encore, mais hâtez-vous : chaque jour qui s'écoule coûte des millions à la France, lui arrache un lambeau de sa chair. Rappelez-vous la date inexorable : Metz tombera le 16... Madame, sauvez l'armée et sauvez la France ! »

— Monsieur, lui dit l'Impératrice, je blâme votre conduite, mais je rends justice à vos intentions. Il y a beaucoup de choses vraies dans ce que vous avez dit ; par malheur, vous ne paraissez pas connaître vos compatriotes. Ils ne pardonneront pas à celui qui cédera une parcelle de la France ; ils diront toujours, — et leurs fils diront après eux, — que, si l'on avait lutté jusqu'au bout, on aurait vaincu. Il y a plus : la paix ne serait pas reconnue et, après la guerre étrangère, ce serait la guerre civile.

Cette entrevue dura longtemps et il était plus de huit heures et demie quand M. Régnier se retira.

Les notes que M. Régnier nous avait laissées dans les mains étaient extrêmement curieuses. Elles révélaient le caractère de l'homme, fait des contrastes les plus inattendus. Une énergie, une activité indomptables, un courage qui ne reculait devant aucun danger ni aucune fatigue ; à côté de cela, des enfantillages et une fatuité risible ; une intelligence étonnante de certains hommes et de certaines choses, une inintelligence non moins surprenante d'autres choses et d'autres hommes. Qu'avait dû penser le Chancelier de fer lorsque Régnier, introduit devant lui pour la troisième fois à Ferrières, lui avait débité une sorte de harangue dont il préparait l'exorde depuis le matin en roulant à travers les plaines de la Champagne, exposé aux balles des Prussiens ou des francs-tireurs. Un exorde philosophique et prudhommesque, panaché de fadeurs à l'adresse du grand homme !

Chose infiniment plus intéressante que la psychologie de l'aventurier, les notes faisaient connaître les dispositions de Bismarck à l'égard du gouvernement impérial. Dans le principe, il avait accueilli notre prétendu plénipotentiaire avec distinction, avec faveur, avec empressement. M. de Bismarck l'avait reçu *avant* et *après* Jules Favre. Il avait été l'hôte du roi. On avait mis une voiture à sa disposition, ainsi que toutes les passes dont il avait besoin. Pendant son second séjour à Ferrières (28-30 septembre), il avait été traité avec beaucoup moins d'égards ; peut-être Bismarck avait-il déjà eu vent, par l'intermédiaire du comte Bornstorff, du désaveu public infligé à Régnier, mais, jusqu'au dernier moment, le ministre prussien avait répété qu'il était prêt à traiter si l'Impératrice lui offrait les garanties nécessaires. Quant aux conditions de la paix, pas un mot, sinon que l'Empereur aurait pu traiter après Sedan, moyennant une simple rectification de frontières. C'était Régnier qui avait parlé tout seul sur une ligne à établir allant de Neuf-Brisach à Deux-Ponts et d'un milliard d'indemnité. M. Régnier avait été jusqu'à écrire, dans ses notes, cette phrase stupéfiante : « Je suis disposé à céder la Savoie et Nice, si c'est nécessaire, pour garder nos vieilles provinces. » Bismarck ne s'était nullement avancé. Il s'était contenté de dire : « Ah! si vous étiez venu il y a quelques jours! Maintenant, c'est bien difficile. Pourtant, ce n'est pas impossible! Mais, plus vous attendrez, plus ce sera cher... On ne remonte pas en arrière; on ne corrige pas la Destinée. On n'empêche pas d'être ce qui est. »

Régnier s'efforçait de ramener M. de Bismarck sur le terrain de la discussion pratique. Il insistait sur ce fait qu'il avait maintenant un mandat de Bazaine pour traiter avec lui. Mais il n'avait d'autre lettre de créance qu'un billet ouvert du maréchal à sa femme, où il était fait allusion aux négociations engagées par M. Régnier et qui devaient promptement aboutir à une heureuse solution. Cela ne suffisait pas à M. de Bismarck. Il avait alors envoyé au maréchal Bazaine un télégramme conçu à peu près dans ces termes : « Le maréchal donne-t-il ses pleins pouvoirs à M. Régnier pour traiter en son nom de la reddition de Metz ? » Le soir, était arrivé un télégramme de Bazaine. « Je ne puis répondre par l'affirmative. La ville et la garnison de Metz ne sont pas sous mon autorité. » Là-dessus, le chancelier avait fait savoir à M. Régnier, par le comte de Hatzfeldt, qu'il ne pouvait plus le recevoir et que, par conséquent, sa présence au quartier-général prussien n'avait plus aucune raison d'être.

Quelques jours après la visite de M. Régnier à Camden-Place, l'Impératrice lui faisait remettre ses notes et son passeport. Ainsi se terminèrent nos relations avec ce personnage énigmatique dont toute l'Europe parla pendant quinze jours. La brochure qu'il publia alors en anglais, avec son portrait, sous ce titre à sensation : *What is your name*, eut une circulation énorme. Il y informait le public qu'il était né à Paris en 1822, que sa femme était Anglaise, qu'il possédait, indépendamment de ses propriétés en France, vingt mille francs de revenus en Angleterre ; ce qui devait, dans sa pensée, le mettre à l'abri de tout soupçon. Les détails qu'il livrait au public sur sa propre personnalité étaient-ils exacts ? Je n'ai jamais été à même de le vérifier.

Après avoir intrigué si vivement la curiosité du monde entier durant une ou deux semaines, Régnier retomba dans son obscurité. Il vint témoigner au procès de Trianon. Mais, averti qu'on songeait à l'arrêter, il se déroba avant la conclusion. C'est alors qu'il fut condamné à mort par des juges qui ne savaient rien des faits, ni du rôle qu'il y avait joué. Puis, le silence se fit autour de lui jusqu'au jour où certains journaux crurent le retrouver dans je ne sais quelle intrigue ténébreuse (et, évidemment, prussienne!) dont la Roumanie était le théâtre. Quelques années plus tard, il mourait obscurément à Ramsgate où il s'était retiré. On ne parlait plus de Régnier lorsqu'une intrigante aux abois, vers la dernière scène d'un procès sensationnel, jeta ce nom oublié à la foule, en essayant de greffer une seconde énigme sur la première. Mais on ne fit que hausser les épaules et l'oubli est retombé sur Régnier, plus lourd, plus profond.

Pour moi, je ne fais que soulever ici un coin du voile.

En ce moment, quand j'évoque la figure de ce diplomate vraiment extraordinaire, qui surgit un soir à Hastings et qui s'éclipsa un autre soir à Chislehurst, que nul ne connaissait, qui s'était donné la mission de sauver la France et qui prétendait l'accomplir à force d'insolence et d'audace, je suis encore dans le doute sur ses vrais mobiles et sur sa véritable origine. Qui servait-il? Venait-il de Dieu ou de « l'Autre », comme disaient les exorcistes du moyen âge? Était-ce un ami ou un ennemi? Je n'en sais rien, mais ce que je sais bien, c'est que raisonnements, conseils et prophéties, tout ce qu'il avait dit se trouva littéralement vérifié et justifié.

J'appelle l'attention de tout esprit non prévenu et libre de préjugés sur la douloureuse progression que voici.

En rendant son épée à Sedan, l'Empereur pouvait conclure la paix au prix d'une indemnité de guerre et d'une rectification de frontières.

Au 20 septembre, à Ferrières, Jules Favre pouvait conclure la paix en cédant Strasbourg et sa banlieue.

Au 30 octobre, à Sèvres, les conditions de la paix eussent été la cession de l'Alsace et deux milliards.

A la fin de janvier, elles furent l'Alsace, une partie de la Lorraine et cinq milliards.

Après cela, on admettra peut-être que le terrible homme avait raison de dire que chaque jour perdu enlevait un lambeau de sa chair à la France. Et celui qui écrit ces lignes n'avait peut-être pas tort de joindre ses chétifs efforts aux siens pour hâter la conclusion de la paix.

Mais on était bien loin de penser ainsi à Chislehurst et, depuis la venue de Bourbaki, j'étais, en quelque sorte, en quarantaine. Plusieurs des habitants de la maison avaient cessé de me parler. Quant à l'Impératrice, dès qu'elle eut désavoué Régnier et qu'elle sut Bourbaki à Tours, pourvu d'un commandement actif, elle retrouva sa liberté et sa sérénité d'esprit. Duperré profita de cette disposition pour appeler son attention sur la situation pénible qui m'était faite. Elle vint très vivement vers moi, la main tendue, généreuse et indulgente comme je l'ai toujours connue :

— Jamais je n'en veux, dit-elle, à ceux qui ont cru agir pour le bien.

Je reçus humblement mon pardon; mais j'appris,

quelques jours après, que l'Empereur approuvait ma conduite et jugeait indispensable, dans l'intérêt de la France comme dans le sien, d'être renseigné, d'une manière certaine, sur la fidélité de l'armée de Metz et sur les dispositions de la Prusse.

— Eh bien, soit, me dit l'Impératrice, s'il m'est prouvé que le roi Guillaume nous fait de meilleures conditions qu'au gouvernement de la Défense nationale et s'il m'est prouvé, d'autre part, que la France est à bout de forces, je boirai le calice.

A partir de ce moment, la politique de la Régente exilée entra dans une nouvelle phase.

X

L'IMPÉRATRICE ET LA CAPITULATION DE METZ

Dès que les faits de l'affaire Régnier furent connus de l'Empereur, il en conclut que, si le gouvernement prussien était sincère dans son désir de traiter avec la Régence, plutôt qu'avec le gouvernement de la Défense nationale, ce n'était certainement pas par sympathie chevaleresque envers une femme malheureuse ou par préférence personnelle pour la dynastie napoléonienne. Il savait mieux que personne qu'après trois quarts de siècle, les Bonaparte n'étaient pas entrés dans la vieille famille des rois; qu'on ne leur avait encore pardonné ni leur origine, ni leurs conquêtes, ni leur esprit démocratique. Ce sentiment était plus persistant et plus vivace chez les Hohenzollern que chez les autres. Le roi de Prusse n'avait-il pas, au début même de la lutte, déclaré qu'il ne faisait pas la guerre à la France, mais à son gouvernement? Je tiens d'autant plus à rappeler ce mot qu'on va entendre, tout à l'heure, M. de Bismarck faire une déclaration absolument contraire.

Donc, l'Empereur supposait le roi de Prusse et son ministre exclusivement préoccupés de deux considérations purement égoïstes : 1° danger de déchaîner et de fortifier l'esprit révolutionnaire qui, de France, gagnerait toute l'Europe, comme en 1793, en 1830 et en 1848 ; 2° impossibilité de faire la paix avec un gouvernement né de l'émeute, qui n'avait pas d'armée régulière à sa disposition pour exécuter les conditions du traité et faire respecter l'ordre. Pour s'assurer que tels étaient bien les mobiles auxquels le gouvernement prussien avait obéi lorsqu'il avait accueilli si favorablement un aventurier avec, pour toute lettre de créance, la signature d'un enfant sur une photographie, l'Empereur fit envoyer, de Wilhelmshöhe à Versailles, le télégramme suivant, dont je ne puis, à mon regret, fournir la date exacte, mais dont je garantis l'authenticité :

« D'après les nouvelles que reproduisent les journaux allemands, le maréchal Bazaine peut tenir encore longtemps dans Metz. Néanmoins, il finira toujours par être obligé de se rendre devant les forces supérieures qui l'entourent.

» L'intérêt du roi de Prusse se confond, suivant nous, avec l'intérêt bien entendu de la France, pour que cette dernière armée que possède la France ne soit ni détruite, ni faite prisonnière.

» D'abord, pour arriver à ce résultat, il faudra répandre encore beaucoup de sang et, une fois la paix faite, on sera obligé de rapatrier les restes de cette armée, dont la ruine aura coûté bien cher.

» D'un autre côté, si les armées prussiennes entrent dans Paris, il faudra traiter de la paix, et le gouvernement, quel qu'il soit, qui succédera à celui qui existe, sera obligé d'agir avec la plus grande fermeté pour réprimer l'anarchie, désarmer le populaire et établir quelque chose de durable. Or, comment pourra-t-il le faire s'il n'a pas sous la main une force quelconque organisée, et il n'en existe plus en France, si ce n'est l'armée enfermée dans Metz ?

» L'intérêt bien entendu du roi de Prusse, l'intérêt futur de la France réorganisée, se confondent pour faire désirer qu'une convention militaire ait lieu entre le commandant en chef de l'armée du roi de Prusse et le maréchal Bazaine.

» Si l'on signait un armistice qui durerait jusqu'à la paix, l'armée française de Metz ne pourrait pas sortir d'un certain rayon autour de la forteresse ; mais elle pourrait se ravitailler et renvoyer ses blessés et ses malades.

» D'un autre côté, les armées prussiennes devraient se tenir à une certaine distance de la place. Un semblable armistice, qui diminuerait les maux de la guerre, serait honorable et profitable pour tous les partis. »

L'Empereur reçut, à Wilhelmshöhe, du quartier-général de Versailles, la réponse suivante :

« Quand la paix sera conclue entre l'Allemagne et la France, le premier intérêt du général français sera, sans doute, de réprimer l'anarchie, de fonder un ordre de choses durable et, pour suffire à cette tâche, il lui faudra des forces régulières et disciplinées. L'Allemagne, de son côté, doit se préoccuper, en première ligne, d'assurer les résultats d'une guerre qui n'est pas encore terminée. En accordant un armistice au maréchal Bazaine, qui lui permettrait de se ravitailler et d'évacuer ses blessés, l'Allemagne renoncerait aux avantages militaires qu'elle doit attendre de la reddition de Metz. Pour justifier un sacrifice pareil, il faudrait qu'en y consentant, l'Allemagne gagnât des garanties de paix, de nature à en assurer la conclusion aux conditions jugées indispensables. L'incertitude où l'on se trouve relativement aux intentions du maréchal et à l'équivalent qu'il serait en mesure d'offrir pour un armistice dont il retirerait seul l'avantage, ne permet pas, jusqu'à présent, de juger de l'opportunité d'une pareille transaction.

» Les relations que M. Régnier, après s'être présenté au quartier-général comme venant d'Hastings, a nouées avec le maréchal, n'ont pu aboutir, parce que l'intermédiaire n'est pas muni de pouvoirs de la part des personnes dans l'intérêt desquelles il a voulu entrer en négociations. »

Tout cela était fort clair et on ne pouvait se méprendre sur les dispositions favorables du gouvernement prussien. L'Impératrice tardait encore. Pourquoi ? Tout simplement parce que, comme toute la France et une bonne partie de l'Europe, elle se laissait persuader par les bulletins lyriques que le dictateur de Tours jetait à tous les vents. Elle croyait à la réalité de l'armée de la Loire ; elle espérait ardemment une victoire des Français qui eût mis à néant les chances d'une restauration dynastique, mais qui eût, soudainement, ouvert la perspective d'une paix bien meilleure. Elle rêvait une sortie en masse des Parisiens, l'armée de Metz se raidissant dans un suprême effort et essayant une trouée ; ou, encore, des ennemis inattendus se dressant derrière les Prussiens et les prenant à dos ; l'Italie entraînée par Garibaldi, l'Autriche poussée par le souvenir de Sadowa et attirant à elle les Allemands du Sud, qui nous combattaient, disait-on, à contre-cœur. Telles sont les éventualités chimériques qu'elle agitait fiévreusement avec nous et avec tous ceux qui venaient la voir. Pour la blâmer de s'y être abandonnée, il faut n'avoir pas connu le désarroi mental, l'angoisse, la patriotique folie de ces temps-là.

Enfin, elle se décida. Après tout, il s'agissait seulement de connaître les termes offerts par nos vainqueurs ou d'en suggérer elle-même d'autres, conçus de façon à ménager l'amour-propre national et à réserver l'avenir. Deux personnes furent successivement envoyées au quartier-général allemand. Le premier de ces négociateurs était un officier qui avait des relations étroites avec la famille impériale. Ce qu'il fit, je l'ignore. Il se cachait de moi avec le plus grand soin et n'a laissé aucune trace écrite de sa mission. Quelques paroles échappées à M. de Bismarck, dans des conversations ultérieures, me donnent à penser que, par son esprit étroit et son manque d'intelligence politique, il nuisit à l'objet en vue au lieu d'y aider.

Le second négociateur, M. G***, avait été indiqué par M. Rouher, dont il possédait et méritait la confiance. Il avait du sang-froid, de la finesse et savait l'allemand à fond. Pendant le temps que durerait sa mission à Versailles, M. Léon Chevreau, installé à Gand (au lieu de Bruxelles, qui était un centre d'intrigues et où il était difficile d'échapper aux espions de M. Tachard), devait se tenir en communication télégraphique avec lui et servir d'intermédiaire avec Chislehurst. M. G***, retardé par mille difficultés, n'arriva à Versailles que le dimanche 23 et ne put voir M. de Bismarck que le lundi 24. Dès les premiers mots échangés, il s'aperçut qu'il venait trop tard et que son entrevue avec le Chancelier fédéral ne devait et ne pouvait avoir qu'un intérêt rétrospectif et, en quelque sorte, académique. C'est entre le moment où M. G*** avait quitté Chislehurst et celui où il recevait son audience du comte de Bismarck que s'était joué le véritable drame. Je vais le raconter en plaçant sous les yeux du lecteur le journal de l'un des principaux acteurs, le général Boyer, chef d'état-major de l'armée du Rhin. Je n'y change pas un mot et j'y laisse subsister certaines indications sommaires qui, évidemment, devaient servir à aider la mémoire du général et qui sont demeurées pour moi des énigmes.

« Parti de Metz le mercredi 12 octobre, à dix heures du matin. Parti d'Ars à onze heures. Retenu une partie de la nuit à Nanteuil-Saacy sur la voie encombrée de trains de matériel.

» Arrivé à Nanteuil-Saacy, à six heures du matin, le 10. Départ en voiture à midi. Arrivé par La Ferté-sous-Jouarre, Meaux, Lagny et Villeneuve-Saint-Georges, à Versailles, à cinq heures du matin, le vendredi 14 octobre. Logé chez M. Dagnan, 48, rue de Satory. A midi et demi, prévenu que M. le comte de Bismarck m'attend. Introduit chez le comte à une heure de l'après-midi.

» J'expose en peu de mots le but de ma visite. Quand je prononce le nom de M. Régnier, le comte, m'interrogeant du regard, m'interrompt et insiste pour savoir si c'est bien ainsi que je l'appelle, si c'est

bien sous ce seul nom qu'il m'est connu. Je réponds
que jamais le maréchal ne l'avait vu ni n'avait entendu parler de lui.

» Le comte prend alors la parole et me dit que
M. Régnier s'était un jour présenté à lui comme venant de Hastings et lui avait fait voir, pour tout
moyen d'introduction, une photographie au dos de
laquelle était la signature du Prince impérial, qu'il
lui avait exposé son plan en lui demandant l'autorisation d'aller, ou sonder le maréchal en faveur de la
Régence, ou le décider à prendre parti pour la Régence, puisque c'était dans l'intérêt de ce gouvernement que son plan était conçu. « Cet homme me
paraît sincère, me dit le comte, et il est certain
qu'il l'a été. Il n'avait pas confié son projet à Hastings, où il est fort mal vu et où ses services sont re-
poussés. Il a servi l'Impératrice et il paraît que l'on
a été mécontent de lui, à ce point qu'on n'en veut
plus entendre parler. »

» Le comte me développe, alors, toute sa conversation avec ce Régnier, arrive à l'explication du télégramme [1] qu'il fit passer au maréchal et termine en
me disant que la réponse du maréchal, sans être
absolument négative, lui prouvant que M. Régnier
n'était nullement chargé de stipuler des conditions, il
l'avait invité à quitter le quartier-général. « Je n'a-
vais, d'ailleurs, ajoutait le comte, transmis ce télégramme au maréchal que pour mieux prouver à
M. Régnier que je ne fondais pas grand établissement
sur ses stipulations. Car il m'avait déclaré que le

---

1. On a lu plus haut le texte (approximatif) de ce télégramme.

maréchal écartait la ville de Metz de toute combinaison et c'est Metz, surtout, que nous tenons à avoir. »

» Le comte s'arrêtant, je pris la parole et je lui dis
que je venais de la part du maréchal reprendre l'idée
émise par M. Régnier, que le maréchal avait attendu
longtemps des nouvelles, d'abord, puis le retour du
général Bourbaki, que le télégramme dans lequel il
était question de la reddition de l'armée sous Metz
l'avait fortement ému et que, pour couper court à
toute fausse interprétation, pour prouver qu'il avait
agi et qu'il était encore disposé à agir loyalement, il
avait demandé à m'envoyer au quartier-général du
roi pour apporter les explications que je donnais.

» J'entrai alors dans le développement de la note
qui a été remise au prince Frédéric-Charles. Le comte
m'écouta très attentivement. Jusqu'alors, nous avions
causé dans un cabinet attenant à une salle où se
trouvaient des employés du bureau du comte. Il
se leva et me dit : « Il y a, à côté, des personnes qui
comprennent le français. Les murs, comme on dit,
ont des oreilles : allons dans le jardin. Nous cause-
rons plus librement. » Et, allumant un cigare, il me
montra le chemin.

» Objection tirée de la non-remise de la place de
Metz. L'Empereur peut seul délier le général Coffi-
nières.

» Objection tirée de la difficulté de maintenir l'armée, une fois hors du blocus. Moyen d'y parer, en
partie, en faisant faire à l'armée une manifestation
en faveur du gouvernement impérial de la Régence.
« Faites attention, reprit le comte, que, si vous ne
pouvez pas maintenir l'armée, votre situation personnelle deviendra fort périlleuse. C'est votre vie, vos

biens, votre patrie, l'exil en perspective, que vous risquez. »

» Il insiste alors sur les sentiments qui animent la Prusse : « On ne veut pas le moins du monde repousser la dynastie impériale, ni cette forme de gouvernement qui a maintenu l'ordre pendant vingt ans. On traitera, au contraire, plus volontiers avec la Régence qu'avec tout autre gouvernement parce que, dans l'opinion du comte, c'est encore la forme qui convient le mieux à assurer l'avenir.

» Mais il ne faut pas se dissimuler que c'est la France qui a déclaré la guerre à l'Allemagne et qu'en ce moment, c'est bien à la France que l'Allemagne fait la guerre. La situation actuelle de la France ne permet pas de traiter avec son gouvernement, qui ne présente aucune chance de durée et qui, en conséquence, ne donnera aucune garantie sérieuse de paix durable. »

» M. de Bismarck me raconte alors son entrevue avec l'Empereur après la capitulation de Sedan. Il dit qu'il croyait sincèrement que l'Empereur allait traiter. Aussi fut-il fort surpris lorsque Sa Majesté lui dit qu'étant prisonnier, il n'avait aucun pouvoir, que la Régence, seule, pouvait traiter. « Et, depuis ce moment, ajoute le comte, j'étais tellement convaincu que le désir de traiter était dans l'intérêt de la Régence que j'accueillis, de suite, les ouvertures de M. Régnier, croyant qu'il venait au nom de la Régente, quoique, déjà, il fût bien tard.

» Vous m'exposez maintenant les idées et les désirs du maréchal Bazaine. Assurément, l'armée qui est sous Metz est la seule qui reste à la France. L'armée de la Loire, composée de volontaires, de gardes mobiles et des derniers régiments qu'on ait pu tirer d'Algérie, vient d'être détruite à Arthenay et à Orléans. Elle pouvait être forte de vingt-cinq mille hommes de troupes régulières. Vous n'avez plus d'armée, rien ne peut plus venir au secours de Paris. Paris est, d'ailleurs, dans une telle situation que la famine suffira, probablement, à nous en donner raison. On ne bombarde pas une ville comme Paris. Peut-être, cependant, à un moment donné, nous faudra-t-il en venir à cette dernière extrémité. »

» Ici, le comte me donne quelques détails sur le prix de la viande de cheval à Paris. Il entre, en même temps, dans quelques considérations sur le caractère sauvage et en dehors des habitudes des nations civilisées, que les francs-tireurs donnent à la guerre. « Nous serons sans pitié pour ces gens-là, dit-il, et nous les tuerons tous. »

» Revenant à l'idée de laisser l'armée française quitter Metz, le comte me dit qu'il faut ici se préoccuper non seulement de la possibilité de maintenir l'armée dans l'obéissance, mais aussi de la question du traité à intervenir. Car, pour ne pas courir les chances de nous rendre une certaine liberté d'action et de voir les négociations pour la paix ne pas aboutir, il lui faudra des assurances de voir ses conditions acceptées, quelque exorbitantes qu'elles puissent paraître.

» Il faut donc que quelqu'un aille à Hastings ou à Cassel, afin que les deux négociations marchent en même temps. Il pense qu'il vaut mieux que la question se règle à Hastings, parce que, traitant ainsi en pays neutre, l'Impératrice ne paraîtra pas subir la pression de l'étranger. « Allez à Hastings, général,

me dit-il, et obtenez de l'Impératrice l'ordre pour
le général Cofilnières de remettre Metz, puisque le
maréchal Bazaine n'en a pas le pouvoir. Ce sera
déjà une garantie pour nous. »

» Il me dit alors qu'il était regrettable que la flotte
ne se fût pas montrée favorable à la restauration de
la Régence; sans quoi, comme le Nord et les villes
commerciales, telles que Rouen, veulent l'ordre et
redoutent la République, il eût été facile, avec le
concours de la flotte, de faire du Havre qui, bien qu'un
peu agité, veut aussi l'ordre et le maintien de la
richesse publique, le pivot de cette restauration.

» Ici, comme parenthèse, le comte ajouta : « Car
il faut que la France se donne à elle-même son
gouvernement. Nous ne ferons pas, comme en 1815,
la faute de lui en imposer un. Aussi, voyons-nous
que ce gouvernement républicain actuel n'est pas
de bonne foi. Il a, par deux fois, voulu en appeler
aux élections, le 2 octobre, puis le 16. Mais il retarde
sans cesse ce moment parce qu'il sent bien que les
élections ne lui seront pas favorables. L'élément con-
servateur, qui est le plus nombreux en France, ne
veut pas de cette république de terreur. Soyez assuré
que, si on votait aujourd'hui un plébiscite, l'Empereur
aurait encore une grande majorité. »

» J'interrompis alors le comte pour lui dire que,
puisque telle était sa pensée, puisqu'il était convaincu
que l'armée du maréchal Bazaine était la seule qui
restât à la France, il était logique, il était de son
intérêt aussi bien que du nôtre de la laisser partir
le plus tôt possible et dans des conditions qui lui
laissassent la force morale nécessaire pour l'œuvre
qu'elle se propose d'accomplir. L'objection perpé-

tuelle se représentait toujours, quoique j'assurasse qu'on pouvait répondre de l'armée ou, au moins, de la grande majorité; quelques désertions partielles, mais individuelles, pouvant se présenter.

» Poursuivant la série de ses idées, le comte me représenta l'état actuel de la France : Paris entre les mains des républicains, Lyon livré aux partis exaltés, puisque le drapeau rouge y flotte toujours; le Nord, désireux de voir la tranquillité rétablie, ayant demandé qu'on lui envoyât des troupes allemandes pour maintenir l'ordre; l'Ouest entre les mains du clergé, qui a mis en avant les Charette et les Stofflet, poussant les populations à repousser l'invasion d'un peuple protestant, venu pour anéantir le catholicisme; le Midi ne s'étant pas encore prononcé d'une façon bien nette, sauf à Marseille où la Commune a pris la direction du gouvernement. De l'état de l'Europe, de son attitude, le comte ne me dit pas un mot. Cette république de Paris et de Lyon a découragé même les Américains, qui avaient envoyé une députation pour venir s'entendre avec le gouvernement républicain et essayer de s'interposer. « J'ai vu ces messieurs, qui sont repartis en me disant qu'il n'y avait rien à faire avec ces gens-là. Ce sont des fous, qui ignorent même ce que c'est qu'un État républicain. Il n'y a parmi eux qu'un républicain dans l'acception du mot, un homme sincère. C'est le général Trochu. »

» Et, comme je me récriais, disant que la conversion du général Trochu aux idées républicaines datait du jour où l'on n'avait pas voulu accepter ses théories personnelles et où son ambition avait été déçue : « En tout cas, reprit le comte, l'Empereur

avait singulièrement placé sa confiance en le char-
geant de veiller sur l'Impératrice, sur la Régence et
sur les pouvoirs constitués. Il a trahi cette confiance,
car il pouvait défendre l'Assemblée. »

» — Mais, lui dis-je, les élections ne doivent donc
pas avoir lieu le 16? » — « Il y a désaccord, me répondit le comte, entre Paris et Tours. Crémieux veut que
les élections se fassent ; Paris ne le veut pas. Gambetta est même parti en ballon pour aller convaincre
son collègue. Il est descendu à Amiens et a gagné
Tours par l'ouest. » Je remerciai M. de Bismarck de
tous ces renseignements si précieux pour nous et lui
dis que j'avais hâte de rentrer à Metz pour renseigner
le maréchal et prendre ses ordres. « Vous comprenez,
me dit le comte, que notre conversation doit être,
de ma part, l'objet d'une conférence avec le Roi. Sa
Majesté voudra sans aucun doute consulter le maréchal de Moltke et le ministre de la guerre. Demain,
vous aurez la réponse du Roi et vous pourrez
partir. » Je le priai alors de vouloir bien envoyer un
télégramme au prince Frédéric-Charles, en invitant
Son Altesse Royale à faire savoir au maréchal que
j'étais arrivé à Versailles le matin seulement, que
j'avais eu l'honneur d'être reçu, etc. Il me le promit,
puis me remit quelques journaux pour me mettre
au courant de la situation et me congédia. Il était
quatre heures du soir.

» Vers six heures, je fus informé que le Roi devait
tenir aujourd'hui Conseil avec le général comte de
Moltke et le ministre de la guerre.

» Observation du comte de Bismarck relative à la
prolongation de la guerre : « La guerre ne peut durer
toujours, mais, s'il le faut, nous sommes prêts à

prendre nos quartiers d'hiver, quoique cela ne soit pas notre idéal. Nous préférerions, de beaucoup, rentrer chez nous et nous n'en sommes même pas sortis volontiers. »

» Le 15, à deux heures, le comte de Bismarck, qui m'avait fait prévenir une heure à l'avance, vint me trouver dans le logement qui m'avait été assigné et me fit part de la résolution qui avait été prise en Conseil. Il me dit que les généraux, ainsi qu'il s'y était bien attendu, avaient spontanément déclaré qu'ils ne renonceraient pas à l'exigence d'une capitulation dans les termes de celle de Sedan, telle que le voulait leur intérêt militaire. Il avait alors pris la parole et représenté au Roi que, sans préjudice de l'intérêt militaire, il devait faire ressortir aussi l'intérêt politique et diplomatique dans la question dont il s'agissait. Il fut alors convenu que, pour le moment, on laisserait de côté toute idée de capitulation et que le but à atteindre serait d'obtenir l'assurance que l'armée de Metz voulait rester fidèle à son serment et se faisait le champion de la dynastie impériale. Le maréchal ferait un acte public par lequel il le ferait bien comprendre, afin que le pays sût qu'il pouvait compter sur son appui, s'il voulait se rallier autour de la Régente. De cette façon, l'armée prendrait un engagement qui la compromettrait vis-à-vis du parti républicain et M. de Bismarck verrait l'effet produit en France par cette déclaration. A cela se joindrait un manifeste de l'Impératrice qui, sûre d'avoir un appui dans l'armée de Metz, ferait un appel à la nation, revendiquerait ses droits et demanderait, de nouveau, au peuple français de les consacrer par un vote. Alors, seulement, on pourrait traiter avec chance de voir réussir un plan qui amènerait la paix générale et arrêterait l'effusion du sang; tandis que, dans les conditions actuelles, tout est aléatoire. — Entrevue de Jules Favre, sa scène de comédie, sa mauvaise foi en ce qui concerne Soissons et le Mont-Valérien. — Incident de Strasbourg et de Toul. — Le comte revint sur l'opinion des généraux américains. « Ils sont repartis exaspérés, disant qu'ils avaient cru entrer dans un hôpital de fous, habité par des singes. » — Dépêche du comte de Bernstorff relatant le regret de l'Impératrice d'avoir mal accueilli le général Bourbaki. L'Empereur lui en ayant adressé de très vifs reproches, puisqu'il n'y avait plus à compter que sur Bazaine, qui était resté fidèle, l'Impératrice aurait dit qu'elle était prête à donner tous les pouvoirs au maréchal pour traiter et même à abdiquer en sa faveur la régence de l'Empire. « — Oh! dis-je, le maréchal n'accepterait jamais une pareille combinaison. » — « Et, certainement, dit le comte de Bismarck, je ne le lui conseillerais pas s'il me demandait mon avis. Cela ne ferait que compliquer les affaires et diviser davantage les opinions. »

» Lettres de M. le baron Gudin et de M. de Lavalette restées sans réponse. M. Thiers a demandé à venir : on l'a laissé venir. Il est à Florence, revenant de Vienne, après son excursion à Saint-Pétersbourg, où il a été congédié par l'empereur de Russie avec ces mots : « Si l'Autriche prend parti dans le différend, je lui déclare immédiatement la guerre. » M. Thiers serait à Florence pour traiter la question de Nice, dont M. de Bismarck ne veut pas se mêler, la question de Rome et de l'Italie ne le regardant pas.

» Lettre du comte de Chambord restée sans réponse. »

Le général retourna à Metz avec toute la célérité que comportaient les circonstances. La journée du 19 fut employée en conciliabules entre le maréchal et ses principaux officiers, auxquels le général Boyer fit un rapport détaillé de tout ce qu'il avait vu et entendu à Versailles. Puis, avec un sauf-conduit de l'autorité prussienne, il retraversa les lignes du prince Frédéric-Charles, en route pour Chislehart où il arriva le 21 et où son apparition produisit sur nous une impression profonde.

Les manières du général Boyer étaient graves et modestes. En ce moment, sur ses traits pâlis par les privations et empreints de douleur, il portait le deuil de cette noble armée dont il avait été l'un des chefs et dont il semblait le fantôme. En le voyant, notre cœur se serra. Une pensée s'empara de l'Impératrice comme de nous tous : c'est qu'il fallait faire les plus grands sacrifices pour cette malheureuse armée, s'il en était temps encore. Et, pendant quelques instants, tout s'effaça, tout disparut devant cette pensée-là !

Le général était porteur de deux lettres qui ne laissaient aucun doute sur l'authenticité de sa mission, ni sur les dispositions des chefs de l'armée. La première, signée du maréchal, était ainsi conçue :

Metz, le 19 octobre 1870.

« Madame,

» Il y a quelque temps, j'ai envoyé le général Bourbaki à Votre Majesté. N'ayant reçu aucune réponse, j'envoie aujourd'hui auprès d'Elle le général

Boyer, mon aide de camp, pour l'assurer de notre fidélité. Elle aura la bonté de lui donner ses instructions et peut avoir confiance en lui.

» J'ai l'honneur d'être, avec le plus profond respect, son très dévoué serviteur.

» *Signé :* MARÉCHAL BAZAINE. »

La seconde émanait du général Frossard, gouverneur du Prince impérial et commandant d'un des corps d'armée sous Metz. En voici le texte :

« Madame,

» Depuis nos malheurs, je n'avais pu encore avoir l'honneur d'écrire à Votre Majesté pour lui exprimer mon dévouement et mes espérances dans l'avenir. Le blocus étroit qui nous retient sous Metz et qu'il ne nous a pas encore été possible de percer, nous a privés de toute communication avec le dehors.

» L'armée du maréchal Bazaine a conservé son organisation, son bon esprit, sa discipline, une bonne partie de ses forces. Elle est, ainsi que son chef et ceux qui commandent sous ses ordres, toute dévouée à l'Empereur, à Votre Majesté et à son auguste fils. Elle est encore l'armée Impériale et nous répondons d'elle.

» Votre Majesté connaît la situation beaucoup mieux que nous, qui n'avons appris que quelques détails par le général Boyer, revenu hier de Versailles.

» L'Impératrice sait déjà, et cet officier général lui redira, que le roi de Prusse ne peut et ne veut entrer en négociations pour la paix qu'avec le gouvernement impérial, représenté par la Régente et s'appuyant sur son armée de Metz. Pour cela, il faut que cette armée sorte du blocus par une convention militaire, lui laissant sa constitution tout entière, son armement, sa puissance d'action et sa liberté de mouvement, sous condition, seulement, de ne pas prendre part à la lutte. Elle n'agirait plus alors que pour soutenir le gouvernement que personne n'avait le droit de renverser et pour soutenir l'ordre social, si menacé au milieu des déchirements auxquels notre pauvre pays est en proie.

» Votre Majesté, Madame, sait aussi que M. de Bismarck demande que le gouvernement de la Régente se manifeste, fasse un acte qui donne foi en lui et qu'il se montre disposé et prêt à traiter de la paix.

» Notre ennemi demande, en outre, que les bases principales de ce traité de paix soient admises par le gouvernement de la Régence avant que l'armée impériale quitte Metz, et c'est là une de ses conditions.

» Je ne sais pas s'il persistera à l'exiger, mais, que Votre Majesté me permette de le lui dire, il importe qu'Elle veuille bien se mettre, comme Régente, en relations avec le gouvernement prussien.

» Je ne sais pas non plus quelles peuvent être toutes les conditions de la paix ; mais, si elles ne sont pas complètement inacceptables, je pense, avec tous les chefs de notre armée, que Votre Majesté fera bien d'y adhérer, pour sauver le pays que la prolongation de l'état actuel des choses accable et tue.

» Il n'y a, en effet, que le gouvernement impérial, croyez-le bien, Madame, qui puisse entreprendre cette tâche et assumer cette responsabilité. Elle ne lui sera pas funeste, car on reconnaît aujourd'hui partout que les dures conséquences qu'on entrevoit ne peuvent être évitées à la France et que nul n'aurait le pouvoir d'éloigner d'elle le calice.

» Que Votre Majesté me permette, Madame, de la prier d'écouter le général Boyer, envoyé du maréchal, et de croire en ses paroles, qui seront le reflet de nos sentiments à tous.

» Je supplie Votre Majesté, Madame, de me croire son très fidèle, très dévoué et très respectueux serviteur.

» Signé : CHARLES FROSSARD. »

L'Impératrice lut ces deux lettres et conféra avec le général Boyer, qui ne crut pas devoir lui communiquer encore tout ce qu'il savait sur les exigences de la Prusse. Le même jour, il expédiait un télégramme au comte de Bismarck par l'intermédiaire de M. de Bernstorff. Je ne puis donner les termes absolument exacts de ce télégramme ; mais j'en garantis le sens. Le général Boyer y informait le Chancelier fédéral qu'il venait de voir l'Impératrice. Elle demandait le ravitaillement de l'armée pour quinze jours et désirait qu'on lui fît connaître les bases des préliminaires de paix. Un message direct de l'Impératrice au roi Guillaume suivit et appuya le télégramme du général. Ce message était ainsi conçu :

« Sire,

» Votre Majesté a entre les mains la dépêche du comte de Bernstorff au comte de Bismarck. Je supplie Votre Majesté d'être favorable à ma demande. Son

succès est la condition indispensable pour la suite
des négociations.

» Signé : EUGÉNIE. »

M. de Bismarck fit la réponse suivante au télégramme du général Boyer :

Versailles, octobre, onze heures trente minutes.

« Pour pouvoir répondre, il me faut prendre les
ordres du Roi. Je puis dire, d'avance, que le ravitaillement est, militairement, inadmissible. Je m'en rapporte au jugement du général Boyer.

» Signé : BISMARCK. »

Puis, un second télégramme vint faire connaître à
l'Impératrice la véritable pensée du roi de Prusse et
de ses conseillers :

« Les questions posées hier ne donnent ni à l'Impératrice, ni à nous, les assurances des garanties de
paix. L'armée de Bazaine n'a pas fait son pronunciamiento et nous serions obligés de poursuivre par nos
armes, et probablement contre l'armée de Bazaine,
l'exécution du traité.

» Le Roi ne traitera que sous les conditions que
j'ai fait connaître au général Boyer et dont aucune
n'a été remplie.

» Signé : BISMARCK. »

C'est alors que le général Boyer révéla à l'Impératrice ces conditions : 1° Acclamation de l'armée
française en faveur de la dynastie Impériale ; 2° Proclamation de l'Impératrice au peuple français et son

départ pour la France, avec engagement préalable de signer des préliminaires de paix, quelque exorbitants qu'ils puissent paraître, qui ne seraient connus qu'en France et qui seraient tenus secrets ; 3° Réunion des Chambres. »

M. de Bismarck s'était étrangement trompé s'il avait cru que l'Impératrice se laisserait tenter à l'idée d'un *pronunciamiento*. Elle était trop bien éclairée par le souvenir de ces coups d'État militaires, qui ont amené et consommé la décadence de son pays d'origine, pour songer un instant à acclimater chez nous ces tristes mœurs politiques. Certes, elle était fermement convaincue, et je croyais comme elle, et je crois encore que le maréchal commandant en chef l'armée du Rhin, était non seulement autorisé à se considérer encore comme le sujet de l'Empereur, dont il tenait ses pouvoirs, mais que son honneur et sa conscience lui en faisaient un devoir impératif, aussi longtemps que le souverain lui-même ou un plébiscite national ne l'avait pas délié de son serment. Le premier effet des révolutions est de renverser nos idées sur la moralité politique et sur la légalité. Elles font de la fidélité une trahison, de même qu'elles transforment la trahison en héroïsme. Elles conduisent Trochu au Capitole et traînent Bazaine aux Gémonies.

Personne ne pouvait demander à l'Impératrice de raisonner ainsi, au lendemain du 4 septembre. Mais, si elle n'avait aucun scrupule à accepter le dévouement du maréchal et de son armée, elle entendait ne le devoir qu'à l'esprit d'obéissance et au respect des autorités constituées par le suffrage universel. Elle n'admettait pas qu'on mît des soldats en situation de se prononcer dans le même sens que leurs chefs ou dans un sens contraire. Elle admettait encore moins qu'ils pussent se diviser en factions opposées et commencer entre eux la guerre civile avant d'avoir mis fin à la guerre étrangère. Un ennemi pouvait seul donner un tel conseil. En effet, dans chaque ligne et entre chaque ligne de M. de Bismarck, elle lisait clairement la volonté et l'espoir de diviser nos forces. Elle en fut encore mieux convaincue lorsque le général Boyer, n'ayant plus rien à taire ni à ménager, plaça sous ses yeux les notes qu'il avait prises au sortir de ses deux entrevues avec le Chancelier et que le lecteur connaît déjà. Prenant ses désirs pour des réalités et les suggestions de la haine pour des faits accomplis, il avait représenté au général Boyer les sentiments de la France sous le jour le plus faux. Nous n'eûmes pas de peine à démontrer au général que les « renseignements » de M. de Bismarck n'étaient que des mensonges. Non, il n'était pas vrai que les différents partis, les différentes zones de la France, eussent une pensée différente. Non, Paris n'était pas affamé ; non, l'armée de la Loire n'était pas une fable. Il n'y avait d'émigrés ni à l'extérieur, ni à l'intérieur. D'un bout à l'autre du territoire, royalistes et impérialistes s'unissaient pour défendre la patrie et acceptaient, provisoirement, le gouvernement qui s'était imposé par surprise et qui ne représentait pas le dixième du corps électoral. Mais ce gouvernement lui-même, tout impur et irrégulier qu'il fût, n'était pas un ramassis de fous et de brigands comme avait voulu le faire croire M. de Bismarck, qui n'en pensait pas un mot, puisqu'il avait négocié avec Jules Favre et qu'à cette heure même il négociait avec M. Thiers.

La duplicité et la fausseté de notre ennemi étaient donc manifestes. Mais, où cette machination prussienne devenait absolument odieuse, où elle se nuançait d'une cruauté jusque-là inconnue dans l'histoire, c'est lorsqu'il voulait faire adhérer l'Impératrice aux termes de la paix sans les lui faire connaître! Sur ce point, il s'était trompé plus étrangement encore que sur la question du *pronunciamiento*. Il avait cru avoir devant lui une vaniteuse prête à tout pour ressaisir une couronne qui avait été sa parure de jolie femme et l'éblouissement de son front. Loin de donner dans le piège, elle eut encore, ce jour-là, une magnifique explosion de colère. « Un blanc-seing! Il faut que je donne un blanc-seing!... Mais c'est notre honneur qu'on nous demande! » Elle eut des mots amers pour les généraux de Metz qui, pour éviter une capitulation, joignaient leurs instances aux injonctions de l'ennemi. Le général Boyer baissa la tête, sans mot dire, mais son humble silence était éloquent. Il rappelait à l'Impératrice tout ce qu'avaient souffert ces cent mille braves gens qui, aujourd'hui, mouraient de faim et qui, demain, rendraient leurs armes, pour aller se disperser dans les forteresses allemandes.

Ces journées furent terribles et j'ose dire que ce fut la crise, vraiment douloureuse et poignante, de cette grande existence. Au 4 septembre, son devoir était nettement tracé. Cette fois, elle se débattait dans une agonie de doute et d'anxiété, tantôt décidée à rompre toute négociation, tantôt ramenée, par ses propres réflexions ou par un mot d'un de ses conseillers, à cette idée que la Prusse était peut-être sincère dans l'intention qu'elle affichait de ne pas traiter avec le gouvernement républicain, parce qu'il n'avait ni garanties à offrir, ni force organisée pour maintenir l'ordre et faire accepter la paix. S'abstenir, n'était-ce pas livrer la France aux dernières horreurs du démembrement et de l'anarchie ?

Elle se décida à tenter un suprême effort et écrivit à M. de Bernstorff :

« Monsieur le comte,

» Le temps est si précieux et les intermédiaires nous en font tant perdre que je désirerais pouvoir vous parler. Lady Cowley a bien voulu mettre à ma disposition sa maison à Londres, 20, Albemarle street. Si vous pouvez vous y rendre, personne ne vous verra.

» Croyez à tous mes sentiments.

» *Signé :* EUGÉNIE. »

Cette entrevue eut lieu, en effet. Le comte de Bernstorff déclara connaître les bases de la paix, telles que les voulait le roi de Prusse, mais se refusa à les communiquer à l'Impératrice, à moins d'y être autorisé par son souverain. L'Impératrice n'avait plus rien à faire, sinon d'attendre la réponse finale que ferait le roi de Prusse au message transmis par le comte de Bernstorff, aussi bien qu'à la lettre dont M. G... était porteur. C'est à ce moment, en effet, que celui-ci entrait, à Versailles, dans le cabinet de M. de Bismarck. Le Chancelier le mit au courant de la mission Boyer et de ses résultats négatifs. Encore une fois, notre ennemi attribua l'échec des négociations entamées à la non-exécution des conditions préliminaires réclamées par la Prusse. Après Sedan, le gouvernement impérial eût pu acheter la paix par l'aliénation d'une portion minime du territoire. Il était temps encore lorsque M. Régnier était venu à Ferrières. Un arrangement était encore possible lorsque le général Boyer avait paru à Versailles, si l'on s'était hâté. Mais, depuis huit jours, les événements avaient marché. La chute de Metz était imminente, celle de Paris ne faisait aucun doute pour les chefs de l'armée allemande. Et le Chancelier conclut : « Il est trop tard ! »

Néanmoins, il ne refusa pas d'écouter les propositions que M. G... était chargé de lui soumettre, et je reproduis ici cette partie de leur conversation, parce que les réponses du Chancelier montrent exactement quelles étaient déjà, à cette date, les prétentions de nos vainqueurs. Les conditions offertes par l'Impératrice et que M. de Bismarck déclara connaître déjà (comment et par qui, je ne puis ni l'expliquer au lecteur ni me l'expliquer à moi-même) étaient les suivantes : Démantèlement de Strasbourg; constitution de cette cité en une ville libre avec un territoire à déterminer; indemnité pécuniaire; cession de la Cochinchine.

« Ces conditions, en ce qui concerne l'Alsace, ne paraissaient pas suffisantes à M. de Bismarck. Elles permettraient à la France de reprendre, dans un temps donné, une attitude offensive vis-à-vis de l'Allemagne, dont l'organisation militaire, dit M. de Bismarck, est purement défensive. J'ai proposé alors à M. de Bismarck, mais seulement *ad referendum*, la combinaison par laquelle l'Alsace serait organisée en État neutre.

» J'ai essayé de représenter à M. le comte que, chez cette population, l'esprit municipal et local était très développé et que, sous un régime autonome, elle prendrait très rapidement des mœurs et des sentiments d'indépendance qui sauraient prévenir de nouvelles collisions entre l'Allemagne et la France. M. le comte de Bismarck ne croit pas que tel soit l'esprit des populations de l'Alsace et paraît persuadé qu'un État constitué de la sorte formerait une avant-garde pour la France contre l'Allemagne et qu'aucun gouvernement ne suffirait à en assurer et à en maintenir la neutralité.

» Dans la solution que M. le comte de Bismarck voudrait voir adoptée à l'égard de l'Alsace, — solution qu'il considère aujourd'hui comme appartenant uniquement à l'Allemagne et déjà placée en dehors du terrain des transactions internationales, — cette province, sans conscription, sans députés au Reichstag, conserverait une partie de son organisation actuelle et serait occupée par les troupes allemandes. Ce n'est plus une Alsace neutre, mais une Alsace purement germanique. Un régime analogue serait appliqué à la portion du territoire comprenant Metz et les places se reliant au système de défense de cette forteresse. M. de Bismarck affirme que ces pertes ne diminueraient pas sensiblement la France, si l'on tient compte des augmentations survenues depuis l'Empire.

» Quant à la Cochinchine, M. de Bismarck dit que l'Allemagne n'est pas assez riche pour se charger de cette colonie.

» Après avoir lâché cette épigramme, qui n'était peut-être pas tout à fait imméritée, à l'adresse de notre système d'expansion coloniale, le Chancelier conclut qu'en présence des succès, sans cesse grandissants, des armées allemandes, le Roi ne pouvait accepter les conditions offertes par l'Impératrice sans provoquer le plus vif mécontentement parmi ses sujets de toutes les classes.

» La préoccupation de M. de Bismarck paraît être celle-ci : que, le lendemain du jour où la paix serait signée, la France ne songerait qu'à la revanche et mettrait l'Allemagne dans la nécessité de rester en armes, pendant quinze ou vingt ans peut-être. C'est pour parer à ce danger que l'Allemagne veut prendre elle-même ses garanties et ne peut se contenter de promesses, qu'elle reconnaît sincères, mais qu'elle craint de voir impuissantes... »

En présence de ces dispositions, qui ne paraissaient pas pouvoir se modifier, l'envoyé de l'Impératrice n'avait plus qu'à se retirer. Ce qu'il fit après avoir remis aux mains de M. de Bismarck la lettre de sa souveraine pour le roi de Prusse. Il avait été convenu que le Chancelier le ferait prévenir si cette lettre « motivait des explications ou une réponse ». Après avoir attendu vingt-quatre heures, M. G... reprit le chemin de Chislehurst.

M. de Bismarck demeurait comme l'araignée au centre de sa toile. Il tenait dans son tiroir une lettre du comte de Chambord; il avait, en quelque sorte, forcé l'Impératrice à négocier et M. Thiers attendait son bon plaisir pour discuter un armistice. Avait-il eu, sérieusement, pendant un seul instant, la pensée de traiter avec l'un d'eux? Je ne le crois pas. Il n'avait qu'un but : les abuser, les irriter, les effrayer l'un par l'autre, pousser les partis à des luttes qui eussent achevé de réduire la France en poussière. En cela, heureusement, il se trompait, comme en beau- coup d'autres points et l'on a pu, dans les pages précédentes, noter les contre-sens historiques et psychologiques, la pitoyable arithmétique morale, le vulgaire pédantisme de ce brutal manieur d'hommes dont l'ascendant, après tout, n'a jamais reposé que sur la violence et la fraude, non sur l'intelligence. De Moltke, Frédéric-Charles, Manteuffel, Werder, avaient gagné la partie : Bismarck ramassait les enjeux.

Pendant ce temps, le général Boyer était arrivé à la conviction que sa présence à Londres n'avait pas d'objet. C'est pourquoi il s'adressa, le 26, à M. de Bernstorff pour obtenir les sauf-conduits nécessaires afin de rallier l'armée de Metz. « Rien n'est fini. Pourquoi partir? » lui dit le ministre de Prusse. Il ajouta que les conditions de la paix seraient beaucoup moins dures pour la Régence que pour le gouvernement républicain. Il donna à entendre que l'on se contenterait « d'une minime cession de territoire ». Le même jour, ce même M. de Bernstorff transmettait à l'Impératrice la réponse du roi de Prusse. Elle était ainsi conçue :

« Madame,

» Le comte de Bernstorff m'a télégraphié les paroles que vous avez bien voulu m'adresser. Je désire de tout mon cœur rendre la paix à nos deux nations; mais, pour y arriver, il faudrait d'abord établir la probabilité, au moins, que nous réussirons à faire accepter à la France le résultat de nos transactions, sans continuer la guerre contre la totalité des forces françaises.

» A l'heure qu'il est, je regrette que l'incertitude où nous nous trouvons, par rapport aux dispositions politiques de l'armée de Metz autant que de la nation française, ne me permette pas de donner suite aux négociations proposées par Votre Majesté.

» *Signé :* GUILLAUME. »

Presque simultanément, l'Impératrice recevait du prince de Metternich la lettre qu'on va lire :

Tours, le 24 octobre 1870.

« Madame,

» Je suis, en quelque sorte, officieusement chargé par la Délégation provisoire de Tours de demander le concours de Votre Majesté dans les circonstances actuelles. Comme la mission que j'ai acceptée est éminemment confidentielle, je vous prie de vouloir bien m'en garder un secret absolu et faire en sorte que cette lettre ne soit lue par personne, quoiqu'elle est, me semble-t-il, de nature à être conservée comme pièce curieuse.

» On est immensément préoccupé de la mission du général Boyer à Versailles et à Chislehurst. On m'a demandé ce que je pensais de l'accueil que vous feriez à cet envoyé de Bazaine, dans le cas où il vous proposerait de traiter directement avec la Prusse, au nom de la Régence.

» J'ai répondu que, selon ma conviction, 1° vous n'aviez en vue, en ce moment-ci, que le salut de la France ; 2° que vous refuseriez certainement de servir de prétexte à de nouvelles complications ou à tout ce qui pourrait paralyser la défense ; 3° que jamais vous ne consentiriez à appuyer des négociations qui impliqueraient l'abandon d'un pouce du territoire. »

» On fut unanime à approuver ma réponse. Tous les renseignements qu'on a pu se faire donner sur votre attitude si patriotique concordaient avec mes assertions.

» On est même allé plus loin. On a dit que, dans l'affaire Boyer, vous pourriez rendre un immense service en empêchant la capitulation de Metz avant la conclusion de l'armistice que l'Angleterre, appuyée par les autres grandes puissances, vient de proposer, et on me demande si je ne pourrais pas vous insinuer cette bonne action comme venant de moi.

» J'ai cru pouvoir y consentir et c'est ainsi que je me suis chargé d'une mission très peu correcte sous le rapport diplomatique. Cette lettre arrivera un peu tard. Peut-être toute cette affaire est-elle moins importante que l'on l'imagine. Peut-être avez-vous déjà engagé le général Boyer à se concerter avec le gouvernement provisoire, pour ne pas provoquer de scission.

» Toujours est-il que j'ai voulu m'acquitter d'une commission que mon dévouement pour votre cause et celle de la France m'a seul fait accepter.

» Les nouvelles de Paris sont vraiment bonnes et l'armée de la Loire n'est plus un mythe. N'était la peur de voir Metz capituler, la situation s'améliore chaque jour. Qui sait?

» De Votre Majesté,
le très-humble serviteur,

» METTERNICH. »

Sans un moment d'hésitation, l'Impératrice répondit par le télégramme suivant :

Chislehurst, le 26 octobre 1870.

« La capitulation de Metz est une affaire d'heures.

Ils manquent de vivres. Qu'on se presse pour l'armistice. Je désire vivement sauver la dernière armée de l'ordre, même au prix de toutes nos espérances. Vous ne pouvez douter de mon ardent patriotisme, qui me fait m'effacer aujourd'hui en me réservant de faire valoir nos droits à la paix.

» Le général Changarnier avait confié au général Boyer un message pour M. Thiers. Il est fâcheux qu'ils n'aient pu se rencontrer.

» Signé : EUGÉNIE. »

Le lendemain 27, nous reçûmes une visite bien inattendue et bien surprenante pour ceux qui n'étaient pas dans le secret de la situation. M. Tissot, chargé d'affaires du gouvernement de la Défense nationale, vint, à Chislehurst, mettre aux pieds de l'Impératrice les remerciements de ce même gouvernement. Je le vois encore, il marchait sur la pointe des pieds, souriant d'un air gêné. Il s'était composé une toilette moitié officielle, moitié familière, habit noir et pantalon gris, qu'il jugeait en harmonie avec le caractère insolite de sa démarche. Son premier mot à Duperré fut exactement le même que celui du prince de Metternich : « Je suis chargé de la mission la plus incorrecte... » L'Impératrice ne le reçut pas : ce qui le soulagea grandement.

Mais cet épisode, semi-comique, disparut dans l'émotion que nous apporta le dénouement de la tragédie : 27 octobre! Ce jour-là même, Metz venait de tomber [1]. L'Impératrice en fut avisée par cette lettre du général Boyer :

1. J'ai été profondément surpris de lire, dans les Bernstorff Papers, à la suite des dépêches échangées entre Chislehurst et

Londres, le 27 octobre 1870.

« Madame,

» J'ai la douleur d'apprendre à Votre Majesté que l'armée du Rhin et la forteresse de Metz ont capitulé aujourd'hui. Je n'ai pas la force, sous l'impression de ce coup terrible, d'aller porter moi-même à Votre Majesté le fatal billet par lequel le comte de Bernstorff me communique cette nouvelle. Demain, j'aurai l'honneur de me présenter à Chislehurst pour prendre les ordres de Votre Majesté. Dans cette série non interrompue de revers, qui frappe la France et la famille Impériale, la pauvre armée du Rhin aura, du moins, en périssant, la consolation d'avoir fait son devoir jusqu'au bout et d'avoir conservé l'estime et l'affection de Votre Majesté.

» J'ai été témoin des efforts que vous avez faits pour la sauver, Madame, et, lorsque je rejoindrai mes compagnons d'armes pour partager leur exil, mon premier devoir sera de leur en donner l'assurance. J'ai l'honneur d'être, etc.

» *Signé :* NAPOLÉON BOYER. »

Versailles, deux autres dépêches qui me sont inconnues et que M. Henri Welschinger a reproduites dans son beau livre sur l'histoire diplomatique de la guerre de 1870. Par la première, l'Impératrice confère au maréchal Bazaine la lieutenance-générale de l'Empire. Dans la seconde, on lui répond que la reddition de Metz est un fait accompli et que le maréchal est prisonnier de guerre. Je ne nie point l'authenticité de ces télégrammes ; je remarque seulement qu'ils ne figurent pas dans ma collection ; ils ne m'ont jamais été remis pour être copiés comme les autres. Le matin de ce jour-là, l'Impératrice s'arrêta un instant près de moi dans la galerie et me dit : « Savez-vous ce qu'ils demandent à présent? Ils veulent que je nomme Bazaine lieutenant-général de l'Empire. » Et elle passa, sans ajouter un seul mot, comme s'il suffisait d'énoncer l'idée pour en faire ressortir l'absurdité.

L'Impératrice lui répondit :

« Mon cher général,

» Je viens de recevoir votre lettre. Brisée par la douleur, je ne peux que vous exprimer mon admiration pour cette vaillante armée et ses chefs. Accablés par le nombre, mais gardiens fidèles de la gloire et de l'honneur de notre malheureuse patrie, ils ont conservé intacte la tradition de nos anciennes légions. Vous connaissez mes efforts et mon impuissance pour conjurer un sort que j'eusse voulu leur épargner au prix de mes plus chères espérances.

» Je compte vous voir demain. J'espère que vous voudrez bien vous charger d'une lettre pour le maréchal. Quand vous rejoindrez vos compagnons d'armes, dites-leur qu'ils ont été l'espérance, l'orgueil et la douleur d'une exilée comme eux.

» Croyez, mon cher général, à tous mes sentiments.

» *Signé :* EUGÉNIE. »

Quelques jours après, — c'était le 2 novembre, le jour des morts ! — parvenait à Chislehurst une lettre du roi Guillaume, incluse dans une lettre du comte de Bernstorff, qui fut apportée par un attaché d'ambassade. Le ministre de Prusse s'excusait de ne pas venir en personne : il se croyait « fondé, disait-il, à penser que sa présence ne serait pas agréable en ce moment à l'Impératrice ». Il était chargé, en même temps, de présenter à Sa Majesté les excuses du comte de Bismarck, qui n'écrivait pas à l'Impératrice par un sentiment analogue de « réserve respectueuse, dictée par la situation ».

Voici la lettre du roi de Prusse. Elle répondait à celle qui lui avait été remise par M. G... de la part de l'Impératrice, le 24 octobre. Elle était datée du 25. Pourquoi n'était-elle remise à sa destinataire qu'une semaine plus tard ? On ne nous en donna point la raison :

« Madame,

» J'ai reçu la lettre que Votre Majesté a bien voulu m'adresser et qui a évoqué les souvenirs du passé, que je ne puis me rappeler sans regret. Personne, plus que moi, ne déplore le sang versé dans cette guerre qui, Votre Majesté le sait bien, n'a pas été provoquée par moi.

» Depuis le commencement des hostilités, ma préoccupation constante a été de ne rien négliger pour rendre à l'Europe les bienfaits de la paix si les moyens m'en étaient offerts par la France. L'entente aurait été facile tant que l'Empereur Napoléon s'était cru autorisé à traiter, et mon gouvernement n'a même pas refusé d'entendre les propositions de Jules Favre et de lui offrir les moyens de rendre la paix à la France. Lorsque, à Ferrières, des négociations parurent être entamées au nom de Votre Majesté, on leur a fait un accueil empressé et toutes les facilités furent accordées au maréchal Bazaine pour se mettre en relations avec Votre Majesté. Et, quand le général Boyer vint ici, il était possible encore d'arriver à un arrangement, si les conditions préalables pouvaient être remplies sans délai. Mais le temps s'est écoulé sans que les garanties indispensables pour entrer en négociations eussent été données.

» J'aime mon pays comme vous, Madame, vous

14

aimez le vôtre et, par conséquent, je comprends les amertumes qui remplissent le cœur de Votre Majesté et j'y compatis très sincèrement. Mais, après avoir fait d'immenses sacrifices pour sa défense, l'Allemagne veut être assurée que la guerre prochaine la trouvera mieux préparée à repousser l'agression sur laquelle nous pouvons compter aussitôt que la France aura réparé ses forces ou gagné des alliés. C'est cette triste considération seule, et non le désir d'agrandir ma patrie, dont le territoire est assez grand, qui me force à insister sur des cessions de territoire qui n'ont d'autre but que de reculer le point de départ des armées françaises, qui, à l'avenir, viendront nous attaquer.

» Je ne puis juger si Votre Majesté était autorisée à accepter, au nom de la France, les conditions que demande l'Allemagne, mais je crois qu'en le faisant elle aurait épargné à sa patrie bien des maux et l'aurait préservée de l'anarchie qui menace une nation dont l'Empereur, pendant vingt ans, avait réussi à développer la prospérité.

» Veuillez croire, Madame, aux sentiments avec lesquels je suis,

de Votre Majesté,
le bon frère.

» Signé : GUILLAUME. »

Versailles, le 25 octobre.

Il n'est pas nécessaire, je pense, de relever les inexactitudes et les sophismes qui forment le tissu de cette lettre. Elle traduisait fidèlement les pensées de M. de Bismarck et, peut-être, était-elle son œuvre. Dans tous les cas, elle indiquait fort clairement l'usage que les Prussiens comptaient faire de leur victoire et de quelle façon ils raconteraient, plus tard, cette guerre, jusqu'au jour où ils n'auraient plus rien à cacher et où l'hypocrisie se changerait en cynisme.

Quoi qu'il en soit, cette lettre servit d'épilogue au drame. Mais il était écrit que, dans cette affaire, la farce se mêlerait jusqu'au bout à la tragédie. A ce moment même, M. Régnier faisait annoncer à grand fracas qu'il partait pour Wilhelmshöhe. Et pourquoi? Il venait de se rappeler tout à coup que, six semaines auparavant, le Prince impérial l'avait chargé de remettre à l'Empereur des photographies de Hastings (on sait l'usage qu'il en avait fait!) et il partait en toute hâte pour s'acquitter de cette mission auprès du souverain prisonnier. Il disparut ainsi dans un éclat de rire.

Ce ne fut pas le seul épisode comique auquel donna lieu cette douloureuse capitulation. On sait que toute la France, à l'heure dont je parle, était soulevée de colère contre Bazaine, si populaire deux mois auparavant, et dont le nom était maintenant le synonyme des plus méprisantes injures. Les membres du gouvernement de Tours, tenus au courant de la situation de Metz par Bourbaki, par le frère du maréchal et, enfin, comme on vient de le voir, par l'Impératrice elle-même, après avoir feint de croire à la résistance indéfinie de Metz, feignaient une généreuse indignation à la nouvelle de sa chute. En l'absence de Gambetta, ils poussèrent cette lugubre comédie jusqu'à instituer un Conseil d'enquête pour approfondir les causes de la capitulation de Metz. Gambetta sentit le danger et leur envoya ce télé-

gramme foudroyant, qu'il est bon de rappeler :
« 25 décembre, 2 h. 45 soir, n° 5183. » « Gambetta à
Crémieux, Freycinet, Laurier. — Qui donc a formé
un Conseil d'enquête pour juger Bazaine? L'enquête
est faite. Personne ne m'a consulté. Je m'y oppose
formellement et je vous prie d'arrêter ces choses.
Réponse immédiate. »

Il ne fut plus question d'enquête jusqu'au moment
où eut lieu le jugement militaire (plus politique,
hélas ! que militaire) de Trianon. C'est en pleine paix,
dans des temps relativement calmes, que ce jugement fut rendu et par des hommes qu'on a tout lieu
de croire sincères. M. de Bismarck avait déclaré à
M. Régnier, si j'en crois les notes de ce personnage,
qu'un seul jour, le 26 août, de neuf heures à midi, le
maréchal aurait eu quelque chance de percer le blocus. Je ne sais quelle valeur il faut attribuer à cette
parole et, au cas où elle serait vraie, je n'ai aucune
compétence pour déclarer si un général assiégé, qui
a ainsi manqué sa chance de salut, mérite d'être
fusillé. Mais il ne me paraît pas qu'un chef d'armée,
dans de telles conditions, soit coupable de haute
trahison pour s'être enquis auprès de l'assiégeant des
termes qui lui seraient accordés, en cas de reddition,
et des moyens d'éviter une capitulation. Les Prussiens
lui ayant fait savoir que la question politique était
indissolublement liée à la question militaire et que
le seul moyen d'éviter la capitulation était la signature de la paix, le maréchal en référa à l'autorité
dont il tenait ses pouvoirs, à la seule autorité qui
lui fût connue. C'était son devoir strict et absolu.

Quant à l'Impératrice, à dater de la chute de
Metz, elle n'intervint plus, en aucune façon, dans les

événements relatifs à la guerre. Au mois de janvier 1871, dans une lettre à l'une de ses amies, — lettre qui a passé sous mes yeux, — elle disait :

« Que Dieu donne une victoire à l'armée des Vosges et je serai consolée de tous nos malheurs. »

Ce fut son dernier mot et c'était sa vraie pensée [1].

1. Il y eut encore des négociations avec le gouvernement prussien ; il y en eut pendant tout l'hiver, même après la signature du traité de Francfort. Des personnages beaucoup plus importants que ceux qui avaient joué un rôle dans les relations de l'Impératrice avec le roi Guillaume, furent mêlés à ces négociations. Je retrouve dans mes notes d'alors l'impression de stupeur qu'elles me causaient. Comment pouvait-on garder l'espoir de traiter avantageusement avec Bismarck alors qu'on n'avait plus aucune garantie à lui offrir? Si l'ennemi avait songé à s'entendre avec le gouvernement impérial, lorsque l'armée de Bazaine avait encore les armes à la main et qu'on pouvait encore croire à la fidélité des troupes faites prisonnières à Sedan, une telle idée était hors de question après la convocation de l'Assemblée nationale, après le vote de déchéance, après que toutes les forces régulières, disponibles, avaient été réunies dans la main de M. Thiers et que les ratifications du traité avaient été échangées. Les négociations dont je parle ne pouvaient aboutir. Je n'ai pas à les raconter, car l'Impératrice, — je suis heureux de le dire, — n'y prit aucune part et je suis convaincu qu'elle les désapprouvait.

XI

LA VIE À CHISLEHURST

A peine l'Impératrice était-elle à Hastings que, de divers côtés, arrivèrent d'obligeants messages qui mettaient de belles résidences privées à sa disposition. Une de ces propositions venait d'un M. Nathaniel Strode, dont le nom était inconnu de l'Impératrice. Il offrait, pour le prix, très modeste, de six mille francs par an, une maison vaste et commode, que sa proximité de Londres rendait avantageuse pour les communications, soit avec la métropole anglaise, soit avec le continent. Madame Lebreton et le commandant Duperré allèrent visiter cette maison et firent un rapport très favorable. Les conditions de M. Strode furent donc acceptées et, quelques jours après, la petite Cour exilée s'installa à Camden-Place.

C'était une grande maison, sans aucun aractère architectural et construite en briques rouges que le temps avait brunies. Elle ne remontait pas plus haut que le commencement du siècle. Peu après qu'elle avait été bâtie, un crime s'y était commis, dans la chambre même qu'allait occuper l'Impératrice; crime mystérieux dont les causes, sinon les circonstances, n'avaient jamais été bien expliquées et qu'on croyait avoir été un parricide d'intention, commis, effectivement, par la main d'un valet sur son maître : mais nous ne sûmes ces détails que longtemps après.

Cette maison a remplacé un autre logis, beaucoup plus ancien, où demeurait Camden, l'illustre antiquaire contemporain de Jacques I⁰ʳ et l'un des premiers propriétaires du domaine, auquel il a laissé son nom. Deux cèdres énormes, qui se balancent en gémissant près de la maison et qui ont, souvent, troublé mon sommeil par des nuits d'orage, passent pour avoir été plantés par l'historien. On considère aussi, comme datant de lui, un petit édicule, caché dans un bouquet d'arbres à cent mètres de la maison. C'est la copie exacte de la lanterne de Démosthène qui est perchée au sommet d'une tour dans le parc de Saint-Cloud. Par suite de l'accumulation des débris animaux et végétaux qui ont amené l'exhaussement du terrain avoisinant, l'édicule, érigé de plain-pied avec la prairie au commencement du xvııᵉ siècle, se trouve aujourd'hui enterré dans une sorte de trou.

La maison a sept fenêtres de façade. Le style en est des plus simples et sans aucun autre ornement qu'une grande horloge, dont les aiguilles dorées se meuvent sur un cadran blanchâtre. Au-dessus, la devise : *Malo mori quam fœdari.* Deux annexes basses ont été ajoutées au corps de logis principal et une aile construite à droite, en retour d'équerre, contient les communs. Le tout forme un ensemble dont l'irrégularité n'a rien de déplaisant.

En entrant, on se trouvait dans une grande galerie, en face d'un large *hall* où la lumière tombait de haut par un vitrage. Sur les murs du *hall* et au long des parois de la galerie, des tableaux, des bustes, des « cabinets » d'ébène ou d'écaille, à incrustations de nacre ou de cuivre, renfermant, derrière leurs vitrines, une infinité d'objets disparates et de valeur fort inégale. Au fond du *hall*, un immense miroir à biseaux dans un cadre sculpté et ajouré. A droite, un grand cartel doré, qui battait pesamment les secondes. Sur ce cartel, qui devait remonter aux premières années du xviiie siècle, on lisait mon nom. Ce qui étonna tout le monde, excepté moi, et je n'eus pas de peine à expliquer que ce devait être l'œuvre du grand-père de mon grand-père, car mes humbles ancêtres ont exercé, de père en fils, la profession d'horlogers, à Paris, jusqu'au commencement du xixe siècle. L'Impératrice prit l'habitude de faire dresser la table du thé dans ce *hall*. C'était là que nous attendions les journaux du soir, qui contenaient les dépêches de l'après-midi et que nous discutions passionnément les chances de la guerre. Lorsqu'on s'était oublié à causer, l'Impératrice, soudainement rappelée au sentiment de l'heure qui passait par la sonnerie lente et sévère de la vieille horloge, demandait : « Ah ! mon Dieu, que dit le grand-père? » Et elle s'enfuyait à la hâte pour s'habiller.

La galerie traversait toute la maison, allant de la salle à manger à une grande baie vitrée qui ouvrait sur le jardin. Un long tapis à carreaux rouges et verts régnait d'un bout à l'autre. C'est sur ce tapis

que nous allions piétiner pendant des années, perdant nos pas aussi bien que nos paroles et nos pensées, passant et repassant devant un buste de Ma-
chiavel, figure vicieuse et simiesque dont le sourire
aigu semblait railler nos plans et nos rêves. Un jour,
à Farnborough, dans une des galeries, l'Impératrice
m'arrêta brusquement et, me montrant le tapis sur
lequel nous marchions, elle me dit : « Le recon-
naissez-vous? C'est le tapis de Camden. J'ai tenu à
l'emporter... Ah! combien de milliers de kilomètres
avons-nous faits sur ce pauvre tapis et qui ne nous
ont menés nulle part! Nous l'avons usé de nos impatiences! »

A l'un des bouts de la galerie montait le grand escalier; à l'autre, s'ouvraient deux salons, terminés
par une sorte de rotonde qui donnait sur des pentes
gazonnées. Les murs et le plafond étaient couverts
de dorures et de peintures mythologiques d'une fac-
ture grossière. La cheminée, en porcelaine peinte,
n'était pas moins étrange. Je me rappelle le premier
mot de Duperré : « C'est beau ici!... On dirait un
café ! »

L'Impératrice ne fit guère usage de ces deux salons;
on n'alluma du feu dans la cheminée de porcelaine
qu'après l'arrivée de l'Empereur. Elle n'était pas
faite, semblait-il, pour cet usage, car elle éclata
presque en morceaux.

En revanche, la salle à manger était grande et
belle, éclairée par d'immenses fenêtres et lambrissée
du haut en bas. Ces lambris, du travail le plus varié
et le plus fin, provenaient du château des Nicolaï, à
Bercy. M. Strode, qui avait des ancêtres et qui en
était fier, les avait accrochés dans cette salle à

manger. Parmi des officiers poudrés et des douairières souriantes se détachait l'énergique physionomie de Strode, l'un des plus fiers esprits de la Révolution anglaise et l'un des cinq membres que Charles Ier vint chercher, de sa personne, sur les bancs du Parlement, pour les arrêter.

Il y avait trois autres salons au rez-de-chaussée. Deux d'entre eux, entièrement revêtus de tapisseries des Gobelins. L'un devint le fumoir ; l'autre fut réservé au Prince impérial pour lui servir de salle d'études.

L'Impératrice occupa, au premier étage, une vaste et longue chambre qui correspondait au grand salon du rez-de-chaussée. A cette chambre attenait un joli cabinet, de forme octogone, qu'elle disposa à sa façon et où elle mit peu à peu son empreinte. Je me souviens d'avoir fait couvrir de velours bleu les rayons d'une petite armoire vitrée où elle rangea pieusement les quelques souvenirs précieux qui lui restaient, dans ce premier dénûment de l'exil. Lorsque revint l'anniversaire du 15 novembre, nous lui fîmes présent d'un paravent en forme de treillis doré, autour duquel s'enroulait un lierre vivace, et elle fut touchée jusqu'aux larmes de cet humble cadeau, qui lui rappelait une de ses habitudes favorites. Sur sa table, une foule de petites faces en miniature, dans des cadres ouverts, la regardaient lorsqu'elle écrivait. Cette pièce est la seule où elle fit quelques changements. En tout le reste, Camden resta ce qu'il était. Ce n'était qu'une installation provisoire, mais ce provisoire devait durer plus de dix ans.

La chambre de madame Lebreton n'était séparée de celle de l'Impératrice que par une petite antichambre. Le Prince prit une des chambres de la façade. Nous nous campâmes à notre fantaisie.

Le parc n'était pas très grand, mais il renfermait des coins tout à fait sauvages et d'agréables points de vue. On y voyait des dépendances de toutes sortes : habitations pour les jardiniers, pavillons pour les *gate-keepers*, serres, chenils, colombiers et, surtout, le grand bâtiment carré des écuries, qui paraissait plus ancien que la maison.

Pour une pareille demeure, le loyer de six mille francs était ridicule. On se demanda pourquoi M. Strode, un spéculateur de profession, qui connaissait apparemment le prix de l'argent, avait fait une si mauvaise affaire. Beaucoup de gens émirent l'idée que M. Strode était un prête-nom et que l'empereur Napoléon III était, depuis bien des années, le propriétaire de Camden-Place, qu'il se réservait comme un refuge éventuel. Il n'en était rien, mais il est probable que M. Strode était connu de l'Empereur et de son entourage longtemps avant le 4 septembre, car je trouvai, dans une armoire vide, un portrait de M. Mocquart, qui avait, évidemment, été offert au maître de Camden par l'ancien secrétaire de l'Empereur. Peut-être ces relations étaient-elles antérieures à l'Empire. Ces points sont restés obscurs. Ce qui est certain, c'est que M. Strode s'était proposé de demeurer à Camden-Place pendant que l'Impératrice y résidait et de l'y recevoir, en quelque sorte. Il était donc notre compagnon et notre commensal, matin et soir, ainsi que son intendant et ami, un certain M. Fodor. Quelques jours après notre arrivée, M. Fodor périt dans un accident de voiture sur la route d'Eltham. Quant à M. Strode, on fit comprendre à cet aimable et excellent homme que, si bien intentionnée que fût son hospitalité, sa présence continue, dans les tristes circonstances où nous nous trouvions, était une contrainte. Il s'exécuta de bonne grâce et nous ne le vîmes plus que le dimanche.

Dès les premiers jours, se forma autour de l'Impératrice une petite colonie. Le docteur Conneau nous avait rejoints, amenant son fils Louis, le fidèle ami du Prince, qui venait, à Chislehurst comme aux Tuileries, partager ses études et ses jeux. Mademoiselle de Larminat reprit son poste de demoiselle d'honneur. Les Aguado s'étaient installés, de l'autre côté du *Common*, dans une maison appelée Old Borough ; le comte Clary avait loué, pour sa femme, Oak Lodge, à la sortie du parc ; le duc de Bassano, la comtesse Davillier et sa fille Madeleine s'établirent dans des habitations voisines. Dans le bâtiment des écuries, on organisa un appartement pour madame de Saulcy et pour sa fille Jacqueline. M. de Saulcy, resté à Paris, vint les y rejoindre après la levée du siège ; la duchesse de Mouchy était à Londres, ainsi que son frère, le prince Achille, et la princesse Salomé. A Londres, également, la duchesse de Talleyrand, la duchesse de Tarente, les Jérôme David, le comte de Bouville et Cl. Duvernois. La famille Rouher s'était fixée à Richmond, ainsi que MM. Albert et Léon Chevreau. De là, un va-et-vient de visites qui donnaient à Camden-Place, sinon la gaieté que le moment ne comportait point, du moins une apparence d'animation.

Le 20 mars 1871, l'Empereur arrivait à Chislehurst, amenant avec lui le comte Davillier, le baron Corvisart et M. Franceschini Piétri, qui ne devaient plus le quitter. A partir de cette date, un service volontaire d'aides de camp et de chambellans s'organisa autour de sa personne ; les allées et venues furent encore plus nombreuses et encore plus fréquentes. Il me serait impossible de nommer les visiteurs qui se succédèrent sans interruption pendant les années 1871 et 1872 : ces pages n'y suffiraient pas. C'étaient les survivants de la pléiade des politiciens de l'Empire, sauf deux ou trois transfuges ; beaucoup de grands noms, appartenant aux deux aristocraties ; des artistes, des écrivains, une véritable nuée de journalistes.

Les Anglais manifestaient beaucoup de sympathie envers leur ancien allié. Il avait été acclamé à Douvres, en mettant le pied sur le sol anglais ; il le fut, de nouveau, à Londres, lorsqu'il s'y rendit le jour des actions de grâces solennelles, à propos de la guérison du prince de Galles, dont on avait désespéré.

Le monde gouvernemental était très réservé et M. Gladstone fit attendre longtemps sa première visite. L'aristocratie, qui n'avait pas les mêmes ménagements à garder, montra un médiocre empressement auprès des exilés, malgré l'exemple donné par la Reine, qui, en cette circonstance-comme en toutes les autres, montra ce que j'appellerai sa solidité morale. Sous l'Empire, elle avait traité les princes d'Orléans avec tous les égards qui leur étaient dus, et, loin de s'en cacher auprès de Napoléon III, elle avait, très franchement, plaidé leur cause. Tout de même, après la chute de l'Empire, elle ne changea rien, ni à ses sentiments envers les exilés, ni aux égards extérieurs qu'elle leur témoignait. Sa première visite aux hôtes de Camden date du printemps de 1871. L'Empereur rédigea lui-même une note qui racontait cette visite et que je devais transmettre « après l'avoir remise au net et corrigée » (car ce n'était, dans sa pensée, qu'un simple brouillon à nos amis de la presse). J'ai conservé le texte de cette note, fort difficile à déchiffrer pour quiconque n'est pas familiarisé avec cette écriture, presque aussi irrégulière et aussi mal formée que celle du fondateur de la dynastie. L'Empereur, dans cette note, donnait d'abord une idée de la maison, du paysage au milieu duquel elle était située et de la profonde paix qui y régnait d'ordinaire. Il continuait ainsi :

« Samedi dernier, les lieux que nous venons de décrire avaient changé d'aspect. La Reine devait venir faire une visite à Camden-Place. Tout l'espace entre la gare et la grille du parc était rempli par une multitude de voitures et de personnes à pied, venues pour acclamer la souveraine.

» A quatre heures, le train parut à la gare de Chislehurst. La Reine, le prince Léopold et la princesse Béatrice montèrent dans une voiture attelée de quatre chevaux gris et se dirigèrent vers Camden-Place. Dans une autre voiture se trouvaient lady Ely et lady Waterpark. Lord Alfred Paget escortait, à cheval, la voiture de la Reine.

» Arrivée à la porte de la villa, la Reine fut reçue par l'Empereur, l'Impératrice et le Prince impérial et, selon l'usage, elle embrassa avec effusion ses augustes hôtes. L'Empereur et le Prince baisèrent respectueusement la main de la Reine.

» Après être restée une demi-heure en conversation, la Reine fut conduite dans le premier salon, où elle adressa quelques mots aux personnes qui demeurent à Camden-Place avec l'Empereur, et le départ eut lieu dans le même ordre.

» On peut dire que la foule, attirée de si loin pour voir la Reine, voulait, par son empressement, montrer non seulement son respect pour la souveraine, mais aussi combien elle approuvait la démarche de la Reine qui, à peine revenue d'un long voyage, n'avait pas hésité à se déplacer pour venir donner une preuve de sympathie aux exilés de Camden-Place. »

Ce fut la première d'une longue série de visites royales, à Camden-Place, d'abord, et, plus tard, à Farnborough. L'amitié de la reine Victoria et de l'impératrice Eugénie devait durer trente ans encore, sans qu'aucun nuage soit jamais venu la troubler. Elles étaient très différentes de caractère et d'habitudes, et les années rendirent le contraste encore plus sensible. La Reine, laborieuse et méthodique, désireuse d'emmagasiner des faits dans son esprit et de les y ranger en bon ordre ; l'Impératrice, primesautière comme toute sa race, incapable d'un effort suivi et régulier, prompte à apercevoir une vérité qui se serait dérobée à des yeux plus exercés, puis la perdant de vue par la réflexion et la discussion ; l'une très réservée, l'autre très imprudente, mais toutes deux incapables de mensonge, elles arrivaient à l'âge où l'on n'estime plus que la sincérité.

Lord Sydney habitait une partie de l'année au château de Frognal, à deux milles de Chislehurst. En sa qualité de lord-lieutenant du Kent, il se considérait comme tenu à une sorte d'hospitalité envers la famille impériale. Il venait souvent à Camden, ainsi que lady Sydney. On y voyait aussi l'excellent lord Buckhurst, depuis comte de la Warr et qui s'est signalé par des essais de législation philanthropique ; lord G. Cavendish, qui demeurait à Chislehurst, et lord Frederick Cavendish, ce noble et infortuné jeune homme qui fut assassiné à Dublin par des misérables, le jour même où, plein des plus généreuses intentions du monde, il venait prendre possession de son poste de principal secrétaire pour l'Irlande ; lord Henry Lennox, un des derniers *dandies*, dont la fantaisie de Disraëli s'obstinait à faire un homme d'État ; le vieux comte Russell, l'ancien héros de la Réforme de 1832, alors sans influence et même sans lien avec son ancien parti. J'eus l'honneur de recevoir, à leur première visite à Camden, le docteur Tait, primat d'Angleterre, et M⁰ᵉ Tait. Parmi les journalistes, le directeur du *Morning Post*, Mʳ Borthwick (depuis sir Algernon, élevé à la pairie sous le nom de Lord Glenesk), était un des plus assidus. Nous voyions très souvent un écrivain d'une nuance toute différente, le rédacteur en chef du *Lloyds News*, Blanchard Jerrold, qui, depuis, a écrit une vie de Napoléon III en quatre gros volumes.

Aucune dame anglaise n'était reçue avec plus de sympathie que madame d'Arcos et sa sœur, miss Minnie Vaughan. Madame d'Arcos, qui appartenait, par sa naissance, à l'une des plus vieilles familles catholiques de l'Angleterre, avait épousé Domingo de Arcos, un ami d'enfance de l'Impératrice. A son tour, l'Impératrice la traitait en amie ; son dévouement, son caractère sûr et charmant, la rendaient parfaitement digne de cette affection et les années, en s'écoulant, n'ont fait que resserrer cette amitié. Elle ne fut jamais plus étroite qu'au moment où la mort l'a interrompue.

A tous ces visiteurs, Français ou Anglais, qu'amenait la fidélité ou la sympathie, s'en joignaient d'autres que nous avions grand'peine à écarter. Il existe une race spéciale d'aventuriers et d'intrigants mâles et femelles, qui surgissent on ne sait d'où au lendemain des révolutions et qui assiègent la maison des princes en exil pour exploiter leurs espérances, leurs souvenirs, leur patriotisme et jusqu'à leurs plus généreux sentiments. Un écrivain de bas étage, mais non sans talent, qui prétendait avoir crié « Vive l'Empereur! » le 4 septembre à la porte des Tuileries, vint nous offrir ou, plutôt, nous imposa ses services et se fit le champion de l'impérialisme à l'étranger. Toute cette campagne aboutit à une dégoûtante tentative de chantage, qui fut reçue avec le mépris qu'elle méritait et le gouvernement de M. Thiers recueillit le renégat, lui acheta ses « secrets » beaucoup plus cher qu'ils ne valaient. Les débris de l'ancienne police secrète, les hommes qui avaient vécu de complots politiques tout aussi sérieux que les romans de Gaboriau ou de Ponson du Terrail, continuaient à s'agiter autour de nous en intrigues ténébreuses et puériles. Qui nous servait de bonne foi? Qui nous trahissait? Je ne saurais le dire. Quelques communards cherchèrent à établir des rapports avec nous, prétendant n'être entrés dans le mouvement que pour servir la cause d'une restauration impérialiste, mais ils ne reçurent aucun encouragement.

Du même temps date l'affaire des prétendus bijoux volés. Beaucoup de personnes, habitant sur divers points de la France (dans le nombre il s'en trou-

vait qui occupaient une position politique assez
importante) avaient reçu des lettres d'un inconnu qui,
à la veille du 4 septembre, prétendait avoir été chargé
par l'Impératrice de porter en Espagne et de remettre
à la comtesse de Montijo des bijoux se montant à
une somme de plusieurs millions. Après la révolution,
le messager, craignant d'être surpris, avait enterré
quelque part son trésor, dans les environs de ***
(ici, un nom de lieu qui variait avec chaque lettre).
Puis, arrivé à Madrid les mains vides, il y avait été
arrêté pour une dette insignifiante. Moyennant l'en-
voi de la faible somme nécessaire pour se libérer, il
était prêt à revenir en France pour déterrer les bijoux, qu'il offrait de partager avec son correspondant.
Comme preuves à l'appui, il joignait à cette communication divers documents : un plan du lieu, une
liste des objets précieux, avec une fausse signature
du duc de Bassano et un timbre de la « grande-chan-
cellerie » impériale; enfin, une lettre de l'Impératrice
à sa mère, conçue dans les termes les plus vulgaires
et les plus grotesques. Cette fraude impudente et
grossière, s'il en fût, trompa bien des gens. Nous reçûmes des lettres innombrables. La plupart de nos
correspondants se mettaient franchement à la disposition de l'Impératrice pour la faire rentrer en possession de son bien; d'autres, en termes mystérieux,
donnaient à entendre qu'ils étaient disposés à entrer
en négociations pour la livraison d'un important secret. Plus d'un fit le voyage de Chislehurst dans ce
but. Pendant ce temps, les auteurs de l'escroquerie,
qui se trouvaient, en effet, dans une prison de Madrid,
y faisaient bombance avec l'argent de leurs dupes, qui
leur parvenait, semble-t-il, sans la moindre difficulté.

La correspondance relative aux bijoux volés me prit un temps énorme. Je reçus aussi, avec des timbres d'affranchissement pour mes réponses, des lettres d'un *Barnum* yankee, qui proposait de promener l'Empereur à travers les principales villes d'Amérique : grosse somme assurée, frais payés dans les meilleurs hôtels, bonne commission pour moi si j'enlevais l'affaire. Un ministre de je ne sais plus quelle communion dissidente invita l'Empereur à une soirée où il devait démontrer, en s'appuyant sur les textes bibliques, qu'il y avait identité parfaite entre lui (Napoléon III) et l'Antechrist dont il est question dans le Nouveau Testament. L'Empereur m'envoya à cette séance, qui eut lieu dans un *music-hall* malpropre de Westbourne Grove. A mon retour, il écouta, moitié attristé, moitié amusé, le récit des folies que j'avais entendues.

Sous l'Empire, il arrivait fréquemment que des individus, au moment où ils perdaient la raison, se présentaient aux Tuileries pour parler à l'Empereur ou à l'Impératrice. Les « fous du guichet de l'Échelle » constituaient un fait divers indispensable dans un journal parisien. Ils ne nous abandonnèrent pas dans l'exil et nous inondèrent de leurs lettres. Deux étaient particulièrement tenaces. C'étaient « le fils de l'Impératrice et du comte de Chambord » et « Marie-Jeanne-des-peuples ». Celle qui prenait ce nom était une jeune femme d'une famille très honorable et très distinguée qui, quoique tombée en démence, paraissait maîtresse de ses actions. D'elle et de l'Empereur devait naître le sauveur de la France. Quant à l'autre fou, qui devait écrire alternativement à Frohsdorf et à Chislehurst, il mêlait à ses appels, d'une rhéto-

rique navrée et délirante, les considérations politiques les plus bouffonnes sur l'immense avantage
de fusionner, en sa personne, le plébiscite et la légi-
timité. En même temps, il avait, pour la personne et
la situation du Prince impérial, son « demi-frère »,
des ménagements délicats, des sous-entendus pleins
de vagues promesses, dont un diplomate eût envié la
prudence et l'habileté [1].

L'Empereur travaillait à l'étage supérieur de la
maison, dans un tout petit cabinet voisin de sa
chambre à coucher, et où il n'y avait guère de place
que pour son bureau et son fauteuil. Au mur, en face
de lui, une large panoplie où ses armes étaient rangées : une collection de fusils de différents modèles
et, quelques-uns, du plus curieux travail. A sa
gauche, une armoire géante qui gardait ses papiers
les plus précieux. Au fond de cette armoire gisaient
d'énormes in-folio, contenant ses lettres de jeunesse
et la correspondance, inédite, des divers membres
de la famille impériale ; enfin, un gros volume relié
en rouge, qui renfermait — et renferme encore — les
Mémoires, également inédits, de la reine Hortense.

Lorsque M. Franceschini Piétri était absent, l'Em-

1. L'Empereur et l'Impératrice me remettaient ces lettres,
dont j'avais formé une curieuse collection. Le paquet volumi-
neux qui la contenait, portant l'inscription : « Lettres de fous
et de folles », a été longtemps chez moi dans une armoire
fermée à clef. Il a disparu à l'époque où la maladie m'empêchait de veiller sur mes papiers. Peut-être reparaîtra-t-il un
jour, mis en lumière par quelque pseudo-érudit, qui croira
avoir fait une découverte historique. Un Dumas du vingt-
deuxième siècle mettra en feuilleton les souffrances et les
aventures du « fils du comte de Chambord et de l'Impératrice
Eugénie », comme le Dumas du dix-neuvième a conté jadis
celles du frère de Louis XIV.

pereur nous employait, le comte Davillier, le comte
Clary et moi, à recopier les pages d'un mémoire sur
les opérations militaires de 1870, ou à en corriger
les épreuves lorsqu'elles furent livrées à l'impression.
Il me permettait de lui soumettre des modifications
et je n'ai jamais eu d'élève ou d'étudiant, dans ma
carrière de professeur, qui acceptât avec plus de simplicité, de bonne grâce, de reconnaissance, les cor-
rections proposées que l'Impérial auteur de la *Vie de
César*. J'étais presque confus de sa promptitude à
approuver mes suggestions. Sur un point, cependant,
il ne se rendait jamais : c'est quand il fallait mettre
en jeu d'autres responsabilités que la sienne. Un jour,
je me permis de lui faire remarquer le contraste qui
existait entre la clarté parfaite de ses explications
orales et l'obscurité de sa rédaction. Il me dit avec
un triste sourire : « C'est que je veux me justifier
sans accuser. » Tâche difficile, impossible même,
comme il s'en aperçut chaque jour davantage. J'ai
longtemps possédé une page émouvante à voir, une
page de sa main, hachée de cent ratures. C'était une
page où il racontait la bataille de Sedan et elle portait la trace des généreux scrupules qui avaient agité
son âme en écrivant ce récit. Cette page a disparu
de mes cartons sans que je puisse m'expliquer comment. L'Empereur s'occupait aussi d'un projet de
mortier qui devait réaliser un nouveau progrès après
la mitrailleuse, mais, lorsqu'il mourut, l'invention
n'avait pas encore dépassé la période des premiers
essais.

Il avait fait installer un tour devant une des fenêtres, dans le billard, et le mettait souvent en mouvement, pour remplacer, par cet exercice, sa prome-

nade hygiénique lorsque le temps s'y opposait. J'ai deux coquetiers qui ont été tournés par l'Empereur à cette époque et très élégamment cannelés [1].

L'Impératrice apparaissait pour la première fois à l'heure du lunch. D'ordinaire, elle avait reçu beaucoup de lettres, parcouru une douzaine de journaux, anglais ou français. C'était elle qui nous mettait au courant et qui discutait les nouvelles, généralement avec un ou deux invités, arrivés du continent la veille au soir ou le matin même. L'Empereur, non moins réservé qu'aux Tuileries, jetait un mot, çà et là, et écartait la politique lorsqu'elle lui paraissait inopportune.

L'après-midi était l'heure des audiences. L'Empereur les donnait, d'ordinaire, en fumant sa cigarette ou en marchant dans la galerie, de ce pas lent et rythmé, avec ce balancement régulier, de droite à gauche, que la maladie et l'âge rendaient plus traînant et plus lourd. Le Prince sortait, comme en France, de deux à quatre, très souvent à cheval, avec son aide de camp et Louis Conneau ; ses deux cousines l'accompagnaient quelquefois dans ces courses, et le fidèle Démolliens, le piqueur qui, sous les ordres du vieux Bachon, avait suivi, depuis les premiers jours, son éducation de cavalier, escortait la cavalcade. La promenade à cheval était parfois remplacée par une excursion vers des lieux intéressants. Je me rappelle une visite à la Tour de Londres, en compagnie de la princesse de Metternich et de la du-

---

1. Ce n'est pas la première fois que Napoléon III s'exerçait au métier de tourneur. Il y avait à Saint-Cloud, dans le salon qui donnait accès de la salle à manger dans le jardin, une chaise qu'il avait entièrement fabriquée de ses mains.

chesse de Mouchy, et une délicieuse journée au château de Knolles, près de Sevenoaks, où sont entassées,
avec de curieux souvenirs, tant de belles œuvres d'art.
C'est là que le Prince fit connaissance avec Reynolds
et Gainsborough. Lord Sydney le promena dans West-
minster et lui servit de *cicerone*; c'est le *speaker* lui-
même (M. Brand, si je me souviens bien) qui lui
expliqua les usages du Parlement. Sur une invitation
de la Reine, il assista à une revue près de Hampton-
Court. Un autre jour, il fut présent à une fête rurale
à Farningham, où se trouve une colonie agricole analogue à notre Mettray; il prononça quelques paroles
de sympathie, son premier discours en anglais. Ainsi,
peu à peu, il s'initiait à la vie anglaise et entrait en
relations avec toutes les classes.

L'Impératrice, de son côté, quittait quelquefois
Chislehurst, dans l'après-midi, pour des courses plus
ou moins lointaines. Je l'accompagnai dans une très
intéressante visite à la prison de Woking, où elle eut
pour guide le colonel Du Cane, inspecteur général de
ce service. Elle y fut reconnue d'un malheureux
Français, ancien soldat de notre armée d'Italie, qui
expiait, par je ne sais combien d'années de *prison*,
le crime d'avoir pris une paire de bottes à la porte
d'une chambre d'hôtel. Elle obtint la grâce de cet
homme. Je l'accompagnai, un autre jour, à l'église
des Jésuites qui est située dans Farm Street. Pendant
qu'elle était dans le confessionnal, quelqu'un se mit
à improviser sur l'orgue et j'appris que c'était Gou-
nod. J'en ressentis une impression profonde, que j'ai
introduite dans un de mes romans.

A cinq heures, le thé était servi, d'abord dans le
hall, puis dans le petit salon. On s'oubliait à causer,

quelquefois, jusqu'à sept heures moins dix, et alors, chacun s'enfuyait en hâte pour s'habiller, car le *gong*, placé dans la galerie, annonçait le dîner à sept heures.

Le dîner achevé, les hommes passaient dans le fumoir et, de là, dans la salle de billard. Les dames s'installaient autour de la table dans le grand salon. La comtesse Clary, madame Lebreton et mademoiselle de Larminat tiraient l'aiguille. Le docteur Conneau et le duc de Bassano faisaient des réussites. Très souvent, l'Empereur faisait de même. Ou bien, assis dans un grand fauteuil près de la cheminée de porcelaine, enveloppé de la fumée de sa cigarette, il rêvait.

Quand il n'y avait ni étrangers présents, ni grand sujet à l'ordre du jour, on causait peu et le silence n'était troublé que par les exclamations des faiseurs de patiences, qui s'accusaient réciproquement de tricher. Du billard, arrivait le bruit des billes d'ivoire qui s'entrechoquaient furieusement : « Voilà, disait l'Empereur, voilà Corvisart qui fait des carambolages ! » Ou bien, c'était une ritournelle esquissée, un lambeau d'Offenbach qui éclatait dans le *hall*, où la jeunesse était groupée autour d'un grand piano à queue. A neuf heures et demie, le Prince allait se coucher et je ne lui disais bonsoir qu'après avoir assisté à sa prière. A onze heures, l'Impératrice se levait et, du seuil de la porte, comme jadis aux Tuileries, elle répondait à notre profonde inclination par une révérence. Cette révérence, où elle déployait une élégance suprême, cette révérence exquise, dont elle avait fait une chose d'art, elle en a charmé nos regards, à Farnborough aussi bien qu'à Chislehurst, jusqu'au jour où l'âge et les infirmités le lui défendirent, et ce fut le seul, le dernier vestige de l'étiquette impériale qu'elle ait conservé dans l'exil. Je souris en me surprenant, après tant de malheurs subis et de graves pensées, à regretter la révérence de l'Impératrice. C'est qu'elle disait tant de choses, cette révérence ! Elle symbolisait tant de grâces et de splendeurs évanouies !

L'Empereur et l'Impératrice ne sortaient jamais le soir. Le Prince allait souvent au théâtre. Nous avons entendu avec lui la Patti à Covent-Garden et Nilsson à Drury-Lane. Nous vîmes aussi Irving, avec miss Bateman, dans le *Charles Ier* qui fut un des premiers grands succès de l'illustre acteur.

Le dimanche, l'ordre du jour était un peu différent. L'Empereur et l'Impératrice se rendaient à pied à l'église St Mary pour assister à la grand'messe, et ils revenaient de même, à travers le *Common*. C'était, pour les Français de Londres, une occasion de voir les exilés, de se grouper sur leur passage et de les saluer. Le curé catholique était un Irlandais, appelé le Père O'Connor, excellent homme aux manières abruptes. On le remplaça promptement par un prêtre qui parlait fort bien le français, ayant fait son éducation religieuse à Saint-Sulpice. Le Père Goddard, qui fut fait prélat-camérier par Pie IX et que Léon XIII a continué dans la même dignité, tout en le laissant à sa cure de Chislehurst, venait déjeuner à Camden après la messe. La salle à manger était ensuite transformée en salle d'escrime et le brave maître d'armes, Bertrand, arrivait de Londres pour présider à la séance, où j'ai vu figurer des lames très réputées, telles que Bartholony et Féry d'Escland.

Le train de trois heures amenait une véritable foule d'amis et les salons étaient pleins. Un jour, Nilsson chanta toute l'après-midi dans le *hall*; un autre jour, Sullivan, présenté par madame Conneau, improvisait sur le piano pendant des heures. La Patti venait aussi, mais en marquise et sa voix n'a jamais résonné dans le *hall* de Camden. Quand il faisait beau, le thé était servi sur la pelouse et les robes claires traînaient élégamment sur les gazons, les parasols s'agitaient et le bruit des voix féminines montait, comme la rumeur d'une volière, à travers les branches du vieux cèdre planté par Camden.

Telle était la vie à Chislehurst et, comme dans tous les groupes humains, rapprochés par les circonstances bien plus que par le choix, il s'y produisait des divergences, des antipathies, des rivalités qui créaient, sous le calme apparent de la surface, des remous et des tourbillons. Il y avait des esprits qui ne se comprenaient pas et, peut-être, y eut-il des cœurs qui s'entendaient trop pour leur repos et leur bonheur. Mais le monde n'a pas besoin de savoir ces choses et j'ai quelquefois un étrange et mélancolique plaisir quand je songe aux secrets qui mourront avec moi. Mais mon devoir est de dire que, pendant ces années suprêmes de vie conjugale, la sympathie et l'accord furent parfaits entre l'Empereur et l'Impératrice. J'ai dit qu'après la révolution de septembre, elle lui avait rendu son ancienne affection : le moment est venu d'en donner la preuve. Lorsqu'elle connut les détails de la journée du 1er septembre, lorsqu'elle sut à quoi s'en tenir sur le soi-disant « lâche de Sedan », elle oublia tout ce qu'elle avait senti, pensé, dit, dans la folle excitation de la première heure. Elle l'oublia aussi complètement qu'un homme oublie les actions et les paroles qui lui ont échappé pendant la folie de l'ivresse. Un des témoins de ces scènes douloureuses s'en étant souvenu, elle en fut profondément étonnée, mortellement attristée. Voici le fait. L'amiral Jurien avait voulu recueillir, pour les lecteurs de la *Revue des Deux Mondes*, les souvenirs de ce mois terrible, pendant lequel l'Impératrice avait été, en quelque sorte, confiée à sa garde. Son but était de mettre en relief, — même aux dépens de qui que ce fût ! — les beaux côtés de ce caractère qu'il admirait profondément : son courage, son abnégation, son patriotisme. Mais, dans ces confidences d'un loyal serviteur, il y avait des révélations imprudentes ou prématurées, ou, encore, des éloges qui ne pouvaient manquer d'être mal entendus par la malignité du public spécial auquel l'article était destiné. L'amiral avait envoyé son manuscrit à Camden, afin de s'assurer s'il n'avait dépassé, en rien, la discrétion agréable à l'Impératrice. Elle prit connaissance du manuscrit, fit quelques observations ; je fus chargé de les rédiger et de les transmettre à l'amiral avec une lettre explicative. J'ai conservé le brouillon de cette lettre et j'y trouve ce passage significatif : « ... Si, parmi toutes ces observations, il en est une qui tienne tout particulièrement au cœur de Sa Majesté, c'est celle qui concerne l'Empereur et les sentiments qu'elle n'a cessé d'éprouver pour lui. La pensée que votre récit la représente comme ayant cru un instant l'Empereur indigne d'Elle remplit l'Impératrice de chagrin. Elle préférerait les plus cruels outrages de ses ennemis à cette appréciation venant d'un ami. »

Au fond de son cœur, elle se reprochait peut-être d'avoir douté un moment et acceptait ce tort comme la rançon de ses fautes à lui. Dans l'automne de 1870, accompagnée d'une seule personne et dans le plus grand secret, elle se rendit à Wilhelmshöhe et demeura seulement quelques heures avec le prisonnier. Quelques jours après son retour, elle me dit :

« On ne connaît guère l'Empereur. On se figure qu'il est insensible à toutes les émotions, parce qu'il a des manières froides, en apparence, et réservées. On ne le connaît pas !... Quand je suis arrivée là-bas, il m'a reçue avec beaucoup de calme ; il est resté parfaitement maître de lui tant qu'il a été en présence des étrangers. Mais quand nous avons été seuls !... » Elle n'en dit pas plus, mais son accent laissait deviner par quelle étreinte passionnée il avait repris possession de ce cœur, sa dernière fortune et, désormais, son seul empire.

Un soir, à Farnborough, bien des années après, nous étions assis autour de la table ronde où elle prenait place après le dîner. Je ne sais comment elle rencontra, dans un journal, et nous lut tout haut certain article où il était question de l'affection profonde que l'Empereur n'avait jamais cessé d'éprouver pour elle. Ses yeux se remplirent de larmes et sa voix s'étouffa. Elle ne put continuer et passa le journal à ma femme pour qu'elle achevât cette lecture. Nous sentîmes, ce soir-là, qu'en dépit des défaillances morales dont elle avait tant souffert, elle se croyait, se savait aimée et que le souvenir de cet amour, auquel elle avait dû les vicissitudes de sa destinée, était, désormais, sans mélange d'amertume.

J'étais auprès des miens, dans l'été de 1871, lorsque septembre ramena le pénible anniversaire. Le matin du 4, je reçus une lettre de l'Impératrice, dont voici les premières lignes :

« Je ne veux pas que ce triste anniversaire se passe sans que je rappelle à votre souvenir, mon cher monsieur Filon, les heures d'angoisse et de douleur que vous avez partagées avec moi l'année dernière. Vous avez, par un dévouement à toute épreuve, adouci bien des choses et je tiens aujourd'hui à vous en remercier. Les longues heures qui me séparent encore de la journée de demain vont réveiller, comme un écho, une douleur amortie, mais un chagrin toujours aussi vif. Tout semble se rapprocher et redevient vivant. Je voudrais, aujourd'hui comme alors, être à demain ou, pour mieux dire, je voudrais l'oubli. Le pardon est simplement cela. Tant que la mémoire vous redonne les sensations qu'on a éprouvées, on ne peut jouir du bénéfice du temps. Je vais partir samedi : en changeant de lieu, changerai-je d'esprit?. . »

Je cite cette lettre pour montrer combien elle était délicatement attentive à reconnaître et à encourager le dévouement autour d'elle. Peu après avoir écrit cette lettre, elle partit pour l'Espagne, pendant que l'Empereur s'établissait à Torquay, sur la côte de Devon. Je revins à Camden-Place lorsqu'il y rentra avec son fils. Il était fort occupé à reconstituer la bibliothèque de l'Impératrice, qui venait de disparaître dans l'incendie des Tuileries, et il lui ménageait cette surprise pour son retour. Nous l'aidâmes à préparer le catalogue et il rangea lui-même les volumes, dont les reliures étaient toutes pareilles à celles des anciens et portaient l'E couronné, empreint avec les fers qu'on avait retrouvés chez Fontaine, au passage des Panoramas. Ils furent tous placés dans d'élégantes armoires vitrées, à hauteur d'appui, qui garnirent les parois du grand salon.

L'Impératrice revint d'Espagne au mois de décembre et la vie recommença à Camden, telle que je l'ai décrite. Le Prince, pendant toute cette année 1871-1872, suivit les cours de King's College avec son ami Conneau : ce qui nécessitait des voyages à Londres presque quotidiens. Lorsque vint l'été de 1872, l'Impératrice remonta, cette fois, vers le Nord. Elle emmena son fils en Écosse, puis vint rejoindre l'Empereur à Brighton. Là, ils étaient fort incommodés par la curiosité des badauds et furent heureux de se réfugier à Cowes, dans l'île de Wight, où ils trouvèrent une sorte de solitude. Après avoir passé quelques jours à l'hôtel, la petite Cour exilée s'installa dans deux maisons situées presque à l'extrémité de la *Parade;* celle où habitait le Prince portait le nom bizarre de Paou-Shun, que lui avait donné son propriétaire, un vieil amiral, sans doute en mémoire de quelque campagne dans l'Extrême-Orient. J'avais fait mon cabinet d'étude d'une toute petite pièce, entièrement tapissée de cartes marines et d'où l'on découvrait tout le Solent. Le bon amiral devait s'y croire à bord de son navire, en train de faire le tour du monde. Le Prince essayait de s'y donner la même illusion et j'en profitais pour lui faire un peu de géographie. Le mois de septembre fut délicieux cette année-là et la vie se passa fort agréablement à Cowes. Le Prince était particulièrement fêté par les enfants du comte et de la comtesse de Harrington, dont l'hospitalité, cordiale et simple, mettait tout le monde à l'aise. Le baron Henry de Worms, qui avait été un des élèves les plus distingués de notre collège Rollin et qui, plus tard, après avoir été président du *Board of Trade*, a été élevé à la pairie, apprenait au Prince à nager et s'ingéniait, en mille façons, à le distraire. Le Prince avait aussi trouvé des camarades de son âge dans les jeunes Exshaw, dont le grand-père était un sénateur de l'Empire, M. de Richemont. Deux ou trois jeunes Américaines, très séduisantes, jetaient une note de gaîté coquette et comme de *flirt* à demi enfantin, dans ce jeune groupe qui commençait à s'amollir vaguement aux influences féminines. Chaque jour amenait de nouvelles courses. C'était une partie de tennis, à Carisbrooke-Castle, à quelques pas de la fenêtre historique par où Charles Ier a vainement tenté d'échapper à ses geôliers ; ou bien, c'était une croisière de quelques heures sur le navire de celui-ci ou de celui-là. Un jour, vint mouiller, en rade de Cowes, un de ces yachts voyageurs qui allaient de place en place pendant l'été. Il appartenait à la baronne Meyer de Rothschild, qui en avait fait son *home*, persuadée que la vie sur mer était sa seule chance de salut en présence d'un mal toujours menaçant. Le Prince fut invité à visiter le yacht et y passa une journée avec son cousin, le duc d'Albe. Je n'oublierai jamais le grand air et la mélancolie profonde de la baronne. Elle incarnait la douleur de quitter la vie. Sa fille, Hannah de Rothschild (depuis comtesse de Rosebery), l'entourait de soins touchants et recevait ses hôtes avec un mélange de simplicité et de réserve dont je fus vivement frappé.

L'Empereur quittait peu la maison, et l'Impératrice ne quittait guère l'Empereur. On revint à Camden dans les premiers jours d'octobre et l'état de santé de Napoléon III s'aggrava au point de nécessiter une grande résolution.

XII

LE 9 JANVIER 1873

L'Empereur était malade depuis longtemps, mais il s'abusait sur la nature de sa maladie et ne voulait point se laisser sonder [1]. Lorsqu'il se soumit, enfin,

1. Le docteur Germain Sée était le seul, semble-t-il, qui eût, antérieurement à 1870, formé un diagnostic exact sur la nature de la maladie. Il avait formulé son opinion par écrit et remis cette consultation, signée et sous enveloppe cachetée, au premier médecin. Il était convaincu que le pli avait été remis à l'auguste malade. A la mort de l'Empereur, on ne put découvrir, parmi ses papiers, la consultation de Germain Sée. Sur quoi le prince Napoléon, interpellant le docteur Conneau, lui demanda ce qu'il en avait fait et le docteur répondit : « Je l'ai remise à qui de droit. » Que voulait-il dire ? Le prince Napoléon conclut que ce « qui de droit » devait être l'Impératrice. C'était l'accuser d'avoir dissimulé, non seulement au public, mais à l'Empereur lui-même, le seul avis vraiment utile, qui, en motivant une opération faite à temps, eût pu prolonger de plusieurs années son existence. Alfred Darimon a rendu cette accusation publique et peut-être qu'aujourd'hui encore certains esprits la regardent comme établie. Pourtant, rien n'est plus faux. L'Impératrice n'a jamais eu connaissance de cette consultation, qui a été retrouvée, à la mort du docteur Conneau, dans un de ses tiroirs, sous son enveloppe intacte, telle qu'elle lui avait été remise par Germain Sée.

à cet examen indispensable, le Prince impérial venait de s'installer avec moi à Woolwich pour y suivre les cours de l'École d'artillerie et l'Empereur annonça lui-même à son fils le résultat de la consultation par le petit billet dont j'ai donné le texte dans mon livre sur le Prince impérial. Cette lettre, destinée à rassurer le Prince, était loin de donner une idée exacte de la situation. En réalité, sir William Gull et sir James Paget avaient constaté la présence, dans la vessie, d'une pierre dont ils n'avaient pu déterminer d'une façon précise les dimensions ni la consistance. Ils avaient reconnu qu'ils se trouvaient en présence d'un cas très grave et déjà ancien. « Comment! » disait sir William au baron Corvisart en sortant de la chambre du malade, cet homme-là s'est tenu cinq heures à cheval sur le champ de bataille de Sedan? Comme il a dû souffrir? »

Il fut décidé qu'une opération serait tentée et qu'elle serait confiée à sir Henry Thompson, dont la réputation, comme chirurgien, était alors considérable. Cette opération eut lieu le 2 janvier. Ce jour-là, on ne put extraire qu'une portion minime de la pierre; mais on s'assura qu'elle était de nature phosphatique et que, par conséquent, l'emploi de la lithotritie était possible. Une seconde opération fut pratiquée le lundi 6 janvier, à midi, et fut jugée satisfaisante. Le 7 et le 8, le malade parut souffrir des douleurs moins vives, mais il délira par intervalles.

— Où est Louis? demanda-t-il à l'Impératrice, qui ne quittait guère son chevet.

— Il est à Woolwich. Voulez-vous que je l'envoie chercher?

— Non. Il ne faut pas le déranger : il travaille.

A un autre moment, se trouvant seul avec le docteur Conneau, il lui dit :

— N'est-ce pas, Conneau, que nous n'avons pas été des lâches, à Sedan ?

On ne croyait pas à un danger imminent lorsque, dans la matinée du 9, vers dix heures, on s'aperçut tout à coup que le pouls baissait et que la fin approchait rapidement. Lorsque le Prince, mandé en toute hâte, arriva vers onze heures et demie, tout était fini. Il s'agenouilla devant le lit mortuaire et récita, tout haut, le *Pater*, avec une ferveur profonde.

Les circonstances m'ayant retenu à Woolwich, je n'arrivai à Camden qu'une demi-heure après lui. Dans une lettre que j'écrivais à ma famille, la nuit suivante, je racontais ainsi ce que j'avais vu et ressenti :

« J'ai d'abord été embrasser le pauvre enfant, puis j'ai trouvé l'Impératrice qui errait dans la maison, je me suis jeté à genoux et je lui ai baisé les mains. Elle m'a dit : « Venez le voir ! » Et elle m'a emmené dans la chambre de l'Empereur. « N'est-ce pas qu'il est beau ? » m'a-t-elle dit. Et c'était vrai. Elle s'est mise à sangloter et on l'a forcée à sortir. Je suis resté quelque temps auprès de notre pauvre maître. J'y suis revenu, quelques moments plus tard, avec le Prince, qui voulait le revoir une seconde fois. Nous nous sommes partagé les veilles auprès du corps et, comme la mienne a lieu de deux heures et demie à cinq heures du matin, j'ai préféré ne pas me coucher.

» ... Je vous quitte pour me rendre dans la chambre mortuaire, car j'entends mon heure qui sonne...

Cette longue et lugubre nuit me rappelle celles que j'ai passées aux Tuileries, dans le cabinet de l'Impératrice, en août et septembre 70. Alors, je veillais au chevet de l'Empire et, aujourd'hui, c'est au chevet de l'Empereur... »

L'Empereur avait expiré sur un petit lit de fer, placé dans un coin de la chambre. On le déposa sur un lit plus large, où avaient eu lieu les fatales opérations et qui était adossé à la muraille, en face de la fenêtre. Jour et nuit, depuis l'heure où Napoléon III avait rendu le dernier soupir jusqu'au moment où son cercueil franchit la porte de Camden, nous nous succédions, d'heure en heure, pour veiller sa dépouille. Deux sœurs de Saint-Joseph étaient sans cesse en prières. La commode avait été transformée en autel et on y voyait étinceler le reliquaire connu sous le nom de « talisman de Charlemagne ». Les violettes qui arrivèrent bientôt de partout, s'accumulèrent en tas énormes autour du lit. Depuis, je n'ai jamais pu respirer leur suave et pénétrant parfum sans que cette sensation évoquât aussitôt l'odeur de mort qui s'y mêlait, dans une si étrange intimité, pendant ces longues nuits d'hiver passées auprès de la couche funèbre de Napoléon III.

Dans les moments libres qui me restaient, je notais à la hâte tout ce qui se passait durant ces lugubres journées. On lira peut-être avec intérêt quelques passages de ces notes.

« *11 janvier.* — Aujourd'hui, samedi, le corps de l'Empereur a été embaumé. Puis, il a été revêtu de l'uniforme de général de division. MM. Davillier, Clary, Conneau et Piétri ont eu l'honneur de procéder à cette suprême toilette.

L'Empereur porte, avec le grand cordon de la Légion d'honneur, la plaque de grand-officier, la médaille militaire et la médaille d'Italie.

Il a été placé dans un cercueil de plomb, doublé en blanc, qui repose sur deux tabourets garnis de drap noir. Tout autour du cercueil, une guirlande de violettes; une large couronne, formée des mêmes fleurs, est posée sur l'extrémité inférieure du cercueil.

Sur la poitrine repose l'épée avec une petite croix, à laquelle se rattachent des souvenirs de famille. Une photographie de l'Impératrice et une photographie du Prince impérial ont été déposées dans le cercueil, près du cœur de Sa Majesté.

14 janvier. — Les princes Bonaparte vont chercher le Prince impérial à Oak Lodge, où il a passé la nuit [1]. Ils le ramènent à Camden. Il est onze heures. Les anciens dignitaires de l'Empire s'entassent dans la galerie, entièrement tendue de noir. Toute la Maison est là : je ne l'ai jamais vue si nombreuse...

Onze heures et demie. — On annonce l'arrivée du prince de Galles et du duc d'Edimbourg. Le Prince va les recevoir et les embrasse. Ils semblent très émus. Le duc de Bassano, grand-chambellan, et le duc de Cambacérès, grand-maître des cérémonies, conduisent les princes anglais vers le cercueil de Napoléon III.

Le *hall*, transformé en chapelle ardente, est éclairé par des candélabres d'argent.

Une large croix blanche occupe la paroi du fond. La couronne impériale, également blanche, se détache sur les tentures noires. Un immense drapeau

1. C'était une maison voisine où habitaient alors le comte et la comtesse Clary.

tricolore forme la voûte. Au milieu, sur un plan incliné, est placé le cercueil impérial, autour duquel retombent, à longs plis, des draperies de velours noir que rehaussent les armes de l'Empire. Un cordon, tressé de soie noire et d'argent, sépare de la galerie ce sanctuaire funèbre.

Deux ecclésiastiques et six officiers de la maison, en grand deuil, se tiennent immobiles aux côtés de leur maître. L'Empereur apparaît, allongé dans son blanc cercueil, vêtu de son uniforme de général, l'épée au côté, le képi sur les pieds, le grand-cordon autour du corps. Sur sa poitrine, avec un crucifix de nacre, reposent l'étoile de la Légion d'honneur, la médaille militaire, la médaille d'Italie et la médaille de la valeur militaire, ordre suédois qui n'est décerné qu'aux souverains qui ont gagné des batailles.

La moustache et l'impériale sont telles que l'Empereur les portait, vivant. Les traits ne sont pas altérés. Dans leur pâleur et leur rigidité, ils retiennent une placidité imposante. On se sent venir aux lèvres, en le contemplant, le mot par lequel l'étiquette salue les empereurs et les rois : Majesté.

Midi. — Les princes anglais s'inclinent devant le cercueil de Napoléon III, vont saluer l'Impératrice et se retirent.

Le Prince impérial, suivi de sa famille et de sa Maison, s'approche à son tour. Domptant son émotion, il s'agenouille, jette de l'eau bénite sur le corps et s'éloigne après avoir été embrasser sa mère.

Le défilé commence. D'abord, les plus illustres serviteurs de l'Empire, puis tous les Français venus pour saluer une dernière fois Napoléon III, enfin la foule, l'immense foule, qui se presse aux abords du parc.

Elle entre par la grande grille, suit l'avenue, pénètre dans la galerie par une porte latérale, passe, sans s'arrêter, devant le cercueil et sort par une autre issue de la maison et du parc.

Debout, derrière le cercueil impérial, je regarde ces milliers de figures qui se succèdent et qui semblent glisser au lieu de marcher, tant est lent, régulier, continu, le mouvement qui les fait avancer. La lueur des cierges tombe en plein sur ces faces pâles, serrées les unes contre les autres, qui ouvrent de grands yeux ou se penchent avidement pour mieux voir et garder à jamais, imprimé dans leur mémoire, le souvenir de ce qu'elles auront vu pendant ces trente secondes.

De temps en temps, une main se dégage de la foule et jette aux pieds de l'Empereur une couronne ou un bouquet. Les fleurs (des violettes surtout) s'amoncellent de minute en minute. On distingue sur les couronnes des inscriptions : *A l'Empereur Napoléon. — Adieu. — Souvenir de la Patrie.* Le recueillement est profond. Aucun bruit, sinon le sourd piétinement de la foule. Çà et là, éclatent des exclamations de tendresse et de douleur, en français et en anglais. Une voix mâle, une voix de soldat, crie en passant : « Adieu, mon Empereur! » Une vieille femme supplie qu'on lui permette « de le voir encore un instant ». On entend des sanglots étouffés.

Les heures s'écoulent, la nuit tombe, on distingue à peine le drapeau tricolore qui flotte sur la maison. La campagne s'éclaire vaguement, pleine de bruits confus et de sourds piétinements. Le défilé continue toujours. Environ soixante mille personnes ont passé. Il est six heures, et le flot commence à tarir.

Neuf heures. — Quelques centaines de Français, qui viennent de débarquer, sont encore admis à pénétrer. Enfin, on ferme les grilles et les portes.

Dix heures. — Il n'y a plus autour de l'Empereur que le prince Louis-Lucien, le prince Napoléon-Charles et cinq ou six fidèles serviteurs, le comte Davillier, le comte Clary, le baron Corvisart, le docteur Conneau, MM. Piétri et Filon. Tous viennent baiser une dernière fois la main glacée qui garde deux anneaux, l'anneau de mariage de Napoléon III, et la bague qui était au doigt de Napoléon I⁰ʳ quand il est mort à Sainte-Hélène.

M. Rouher dicte le procès-verbal qui relate exactement, dans les moindres détails, le costume du défunt et les particularités qui l'entourent. Chacun des assistants dépose des bouquets d'immortelles dans le cercueil. On se partage des fleurs qui ont touché le corps de Napoléon III.

Le cercueil apparaît, dégagé des draperies noires. C'est un cercueil d'orme doublé en plomb. On le recouvre de son couvercle. Les assistants ont vu pour la dernière fois le visage de l'Empereur. Il est dix heures un quart. Le couvercle est hermétiquement soudé au cercueil par une coulée de plomb dans les rainures. On y fixe une plaque portant l'inscription suivante :

NAPOLÉON III

EMPEREUR DES FRANÇAIS

né à Paris le 20 avril 1808

mort à Camden-Place

Chislehurst

le 9 janvier 1873

R. I. P.

Le cercueil de plomb est ensuite placé dans un second cercueil de chêne, doublé en velours, orné de clous en cuivre et de poignées ciselées. Le couvercle, également en velours, est solidement vissé. Il porte une plaque semblable à la première ; de plus, la couronne impériale et la croix.

Des monceaux de fleurs, jetées pendant le jour, tapissent les appuis, drapés de noir, sur lesquels repose le cercueil.

Minuit un quart. — Tout le monde a quitté la salle mortuaire, sauf deux sœurs de Saint-Joseph, qui ont veillé l'Empereur depuis six nuits, un ancien chapelain des Tuileries et l'officier de service (un de ceux que nous avons souvent nommés).

L'Impératrice descend l'escalier, accompagnée de la duchesse de Mouchy, de la comtesse Clary, de la vicomtesse Aguado, de mesdames de Saulcy et Lebreton-Bourbaki.

Sa Majesté s'agenouille sur un prie-Dieu noir. Elle passe cette longue nuit en prières.

Il y a vingt ans qu'elle épousait à Notre-Dame celui qui repose maintenant près d'elle.

Il y a quatorze ans, jour pour jour, qu'elle était assise auprès de lui dans la voiture qui les menait à l'Opéra, le soir de l'attentat d'Orsini.

15 janvier. — Dès huit heures, la foule s'amasse aux grilles du parc, aux environs de l'église catholique et sur tout le parcours. A dix heures et demie, la maison et le parc sont remplis de Français.

Le corps est levé après les prières d'usage.

Le Prince impérial sort de la maison, suivi des princes et de ses officiers. Son manteau de deuil, entr'ouvert, laisse apercevoir le cordon de la Légion d'honneur.

Le cercueil est placé dans un char funèbre, orné des armes impériales et traîné par huit chevaux caparaçonnés de velours noir.

Le cortège se met en marche dans l'ordre suivant :

Une députation d'ouvriers parisiens portant un drapeau tricolore.

(On s'étonne que la hampe qui soutient notre pavillon national ne soit qu'un méchant bâton. Mais on apprend que la bannière apportée par les ouvriers a été saisie à la frontière française et que le porteur de cette bannière est, en ce moment, dans les prisons de la République).

Après les ouvriers, marche le clergé. Après le drapeau, la croix. Elle est suivie par les ecclésiastiques français, parmi lesquels on remarque plusieurs chanoines de Saint-Denis et les aumôniers de l'Empereur.

Ensuite, seize porteurs, le chapeau entouré de flots de crêpe, le bâton noir à la main.

Le char, qui porte la dépouille impériale.

Chacun des chevaux est tenu par un homme en deuil.

Aux côtés du char, à droite et à gauche, viennent d'abord les sept personnes qui composent la maison de l'Empereur et celle du Prince à Chislehurst ; puis les grands-officiers de la Couronne, à savoir : le duc de Bassano, le duc de Cambacérès, le général Fleury, le prince de la Moskowa, le général Frossard.

Le Prince impérial.

Le prince Napoléon et les autres princes de la famille impériale.

Les représentants de la famille royale d'Angleterre
(lord Sydney, lord Cowley, lord Suffield, etc.), les
généraux envoyés par le roi d'Italie pour représenter
la Cour du Quirinal et le peuple italien, les ministres
étrangers résidant à Londres.

Puis, marche une foule illustre où l'on compte
deux maréchaux et un amiral de France, vingt-sept
anciens ministres, dix-sept généraux, six vice-ami-
raux et contre-amiraux, quatorze membres de l'Assemblée nationale, une centaine d'anciens sénateurs
et députés de l'Empire, les Maisons impériales au
grand complet, les notabilités de l'administration
sous l'Empire et, enfin, quatre mille Français, de
tous les rangs, confondus dans une même douleur.

Ce cortège imposant sort des grilles et s'avance
vers le village de Chislehurst. Il est impossible d'éva-
luer la foule qui se presse des deux côtés de la haie.
Tous les fronts sont découverts. Un grand nombre
d'Anglais ont arboré à la boutonnière ou le bouquet
d'immortelles, signe de deuil, ou le bouquet de violettes, emblème impérial.

Tous contemplent avec respect le triste mais glorieux spectacle qui dément la réputation d'insou-
ciance et d'ingratitude faite si légèrement à notre
pays. Surtout, les yeux s'attachent au jeune Prince,
qui marche d'un pas ferme derrière le cercueil de son
père. On ne se lasse point de regarder ses traits
pâles et énergiques, dont l'expression a vieilli de dix
ans en huit jours.

Le cortège met une demi-heure à franchir la distance qui sépare Camden-Place de l'église St Mary.
Enfin, on atteint la porte du cimetière. Huit
hommes chargent sur leurs épaules le cercueil impé-

rial : une draperie de velours violet, semée d'abeilles et traversée d'une grande croix, est jetée sur le cercueil et sur ceux qui le portent à pas cadencés.

L'évêque de Southwark, assisté de son clergé et de l'abbé Goddard, curé de St Mary, vient chercher le corps à la porte de l'église ; on le dépose à l'entrée du sanctuaire, et le service commence.

Deux cents personnes à peine peuvent pénétrer dans l'église. Les princes et les princesses sont placés dans le chœur. A droite, dans la nef, les représentants des familles royales ; à gauche, environ quatre-vingts dames françaises et anglaises, parmi lesquelles nous citerons lady Cowley, lady Sydney, les maréchales Saint-Arnaud, Malakoff, Regnault de Saint-Jean-d'Angély, Canrobert, madame Fleury, la princesse de la Moskowa, mesdames de la Poëze, Carette de Sancy-Parabère, de Saulcy, Aguado (ces cinq dernières sont dames du palais de l'Impératrice).

La maison de Chislehurst et les grands-officiers se tiennent debout auprès du catafalque.

Les principaux personnages de l'Empire occupent le fond de l'église.

Au bruit étouffé des sanglots succède le recueillement de la prière. Au moment de l'élévation, le silence est si profond dans cette foule agenouillée que chacun, isolé dans sa douleur, pourrait se croire seul dans l'église.

La cérémonie s'achève, l'absoute est dite par l'évêque. Le cercueil est déposé dans une petite chapelle latérale où l'on ne peut accéder que par une étroite ogive. Le duc de Bassano et les autres serviteurs intimes de l'Empereur s'avancent et déposent sur le corps les couronnes qui jonchaient le pied du catafalque. La grille de fer se referme. On se retire pour faire place au Prince Impérial, qui jette le premier l'eau bénite et s'éloigne.

Une heure et demie. — Au retour de l'église, le Prince passe la revue des fidèles qui sont venus assister aux obsèques de son père. Lorsqu'il arrive devant le groupe ouvrier, un incident se produit. L'homme qui porte la bannière, en réponse aux paroles du Prince, crie : « Vive l'Empereur ! vive Napoléon IV ! »' « L'Empereur est mort, lui dit le Prince, mais la France vit toujours. Il faut crier : Vive la France ! » On n'entend pas ces paroles et on répète : « Vive l'Empereur ! » Ceux qui s'éloignaient déjà reviennent en courant. Cette foule, tout à l'heure si calme et si recueillie, devient tellement tumultueuse que nous avons peine à faire rentrer le Prince dans la maison pour le soustraire à cette manifestation inattendue. »

J'emprunte à mon journal un dernier souvenir, daté du lendemain 16 janvier :

« *Deux heures.* — Presque tous les Français présents, la veille, à l'enterrement de l'Empereur, sont revenus pour voir l'Impératrice.

L'Impératrice descend, appuyée sur le bras de son fils. Elle voit d'abord les dames, rangées, comme la veille, dans la salle à manger. Peu à peu, les larmes l'étouffent. Elle est brisée par l'émotion, cependant elle veut continuer cette longue, douloureuse et suprême revue de ses amis. Quel martyre; mais quelle consolation !

Elle pénètre dans la galerie, tend la main successivement à ceux qui s'y trouvent. Tous se jettent à genoux et baisent en pleurant la main de l'Impératrice. Nous avons vu là sangloter des hommes qui, probablement, n'avaient pas versé de larmes depuis cinquante ans. Nous ne croyons pas que la douleur, dans une foule d'hommes réunis, ait jamais atteint ce paroxysme, ni que ceux qui y ont assisté revoient jamais un spectacle qui approche de celui-là.

Aux pieds de cette veuve, enveloppée de voiles de deuil, il y avait là toute la société française des vingt ans d'Empire, prêtant serment de fidélité, non dans l'obéissance, mais dans la douleur. Et, parmi ces représentants de toutes les aristocraties, on avait introduit l'ouvrier qui, la veille, portait le drapeau tricolore. Si l'émotion avait pu croître, c'eût été quand cet homme, s'agenouillant comme les autres, baisa la main de l'Impératrice, en pleurant et en murmurant des mots inintelligibles d'affection et de regret pour Napoléon III. »

XIII

L'IMPÉRATRICE S'EFFACE

La mort de l'Empereur imposait de nouveau à
l'Impératrice de lourdes responsabilités auxquelles
elle croyait avoir échappé. La première question qui
se dressait était relative à l'éducation du Prince. On
se demandait dans le parti s'il allait reprendre sa vie
d'écolier à Woolwich ou se tenir à la disposition des
impérialistes, en vue des circonstances qui pouvaient
surgir d'un moment à l'autre. Mais cette question ne
fut même pas posée. Le Prince était décidé à achever
honorablement ses études et n'eût pas permis qu'on
l'arrachât aux travaux commencés. Trois semaines
après l'enterrement de Napoléon III, il rentrait dans
sa petite maison de Woolwich avec son précepteur
et avec Louis Conneau, que le gouvernement anglais
avait autorisé à suivre, en même temps que lui, les
cours de l'École militaire.

Il fallait d'abord régler la succession, d'après le

testament de l'Empereur, écrit aux Tuileries et daté
du 24 avril 1865. En voici le texte :

« Je recommande mon fils et ma femme aux grands
Corps de l'État, au peuple et à l'armée. L'Impératrice
Eugénie a toutes les qualités nécessaires pour bien
conduire la Régence, et mon fils montre des dispositions et un jugement qui le rendront digne de ses
hautes destinées.

» Qu'il n'oublie jamais la devise du chef de notre
famille : « *Tout pour le peuple français* »; qu'il se
pénètre des écrits du prisonnier de Sainte-Hélène,
qu'il étudie les actes et la correspondance de l'Empereur, afin qu'il se souvienne, quand les circonstances le permettront, que la cause des peuples est la
cause de la France.

» Le pouvoir est un lourd fardeau, parce qu'on ne
peut pas toujours faire tout le bien qu'on voudrait,
et que vos contemporains vous rendent rarement
justice; aussi faut-il, pour accomplir sa mission,
avoir en soi la foi et la conscience de son devoir. Il
faut penser que, du haut des cieux, ceux que vous
avez aimés vous regardent et vous protègent. C'est
l'âme de mon grand-oncle qui m'a toujours inspiré
et soutenu. Il en sera de même pour mon fils, car il
sera toujours digne de son nom.

» Je laisse à l'Impératrice Eugénie tout mon domaine privé. Je désire qu'à la majorité de mon fils
elle habite l'Élysée et Biarritz.

» J'espère que mon souvenir lui sera cher et,
qu'après ma mort, elle oubliera les chagrins que
j'ai pu lui causer.

» Quant à mon fils, qu'il garde comme talisman le
cachet que je portais à ma montre et qui vient de ma

mère; qu'il conserve avec soin tout ce qui me vient de l'Empereur, mon oncle, et qu'il soit persuadé que mon cœur et mon âme restent avec lui.

» Je ne parle pas de mes fidèles serviteurs. Je suis convaincu que l'Impératrice et mon fils ne les abandonneront jamais.

» Je mourrai dans la religion catholique, apostolique et romaine, que mon fils honorera toujours par sa piété.

» *Signé :* NAPOLÉON. »

Ce testament était, comme on le voit, un testament politique. Il avait été écrit pour permettre à l'Empereur de placer encore une fois son fils sous l'invocation de l'Idée Napoléonienne et d'accréditer l'Impératrice comme Régente, en l'élevant aussi haut que possible dans l'estime et dans l'affection des Français. Surtout, il avait fourni à Napoléon III l'occasion d'offrir à l'Impératrice une amende honorable pour des offenses dont elle avait été profondément blessée. Ce testament ne contenait presque rien de ce qui remplit les testaments ordinaires : rien qu'une ligne, mais cette ligne, parfaitement claire, léguait à l'Impératrice la totalité de la fortune personnelle de l'Empereur et, loin que le changement dans la situation des intéressés, qui étaient rentrés dans la condition privée, ou la différence de législation entre la France et l'Angleterre, eussent rendu ce testament impraticable, ce changement et cette différence en facilitaient, au contraire, l'exécution. A part la difficulté de réaliser certaines propriétés, rien n'était donc plus aisé que de régler cette succession, si les passions politiques et les haines personnelles ne s'en étaient mêlées. C'est le prince Napoléon qui apporta toutes ces choses dans la maison où venait de mourir l'Empereur. Il réclamait un second testament; il ne pouvait « croire que l'Empereur n'eût pas refait son testament ». M. Piétri conduisit le Prince dans le cabinet de l'Empereur. Là, il trouva les tiroirs fermés par des bandes de linge sur lesquelles Piétri avait apposé son cachet. Le Prince grommela que ces scellés n'étaient pas réguliers. A quoi le secrétaire de l'Empereur répondit fort simplement que ce n'étaient point des scellés, mais une précaution prise, par ordre de l'Empereur, au moment où il s'était mis au lit, avant la première opération, afin de protéger ses papiers contre une indiscrétion[1]. Là-dessus, le Prince ouvrit les tiroirs, où il ne trouva que des papiers « sans importance », c'est-à-dire sans importance pour lui. C'étaient les noms et les adresses de plusieurs milliers de Français qui avaient écrit à l'Empereur pour protester de leur fidélité et offrir leurs services.

L'Impératrice désira voir le prince Napoléon. Que se passa-t-il dans cette entrevue? Elle l'a raconté un peu plus tard à un ami, qui va nous le raconter à son tour. C'est Raoul Duval père, l'admirable magistrat qui, sous l'Empire, descendit de son siège de procureur général pour se consacrer à la réhabilitation d'un homme qu'il avait fait condamner par erreur, celui à propos duquel le Prince impérial pouvait

---

1. La précaution était d'autant plus nécessaire que nous venions de découvrir des fuites. Un garçon d'appartement, nommé K...., dérobait des documents et les vendait au gouvernement de Thiers. Une lettre, qui m'avait été écrite par M. Vührer, s'est retrouvée sur la table du juge d'instruction, au Palais de Justice, à Paris.

écrire, en 1878 : « Juge, il n'avait qu'un but, faire justice ; homme politique, il ne voit qu'un intérêt, le succès de la cause qu'il sait si bien servir. » Personne ne récusera, personne ne discutera le témoignage d'un tel homme [1].

« En 187... je faisais à Camden-Place l'une des visites que j'y renouvelle au moins deux fois par an, et j'eus, comme d'habitude, un entretien particulier avec Sa Majesté l'Impératrice, dans le salon de compagnie où Elle reçoit ordinairement. Dans le cours de la conversation, usant du franc-parler auquel Elle et son fils m'ont toujours autorisé et encouragé, j'attirai l'attention de Sa Majesté sur le fâcheux effet des divisions qui existaient alors au sein de la famille impériale. « Il y a là, lui dis-je, une cause évidente d'affaiblissement pour le parti, et quelques-uns de vos amis les plus fidèles la voient avec infiniment de regret. Des dissensions analogues existaient dans la Maison de Bourbon, entre M. le comte de Chambord et les princes d'Orléans : on s'est efforcé d'y mettre un terme par une réconciliation plus ou moins complète. Ne serait-il pas possible de suivre cet utile exemple dans la famille impériale et de mieux réussir ? » — « Je l'ai vainement essayé », me répondit alors l'Impératrice, sans d'ailleurs m'indiquer ni la date ni le lieu. « J'ai tendu la main au Prince, en lui disant : Voyons ! Vous savez que je ne suis pas une femme à rancunes : oublions tous nos dissenti-

1. La famille Raoul Duval a bien voulu me communiquer cette note, encore inédite. Je l'ai soumise à l'Impératrice qui l'a déclarée exacte de tous points. Elle n'est pas datée, mais certaines allusions indiquent que la conversation rapportée ici a eu lieu dans l'un des premiers mois de 1873, à l'époque où les orléanistes n'avaient pas encore réussi à opérer la fusion.

ments, mettez votre main dans la mienne et qu'entre nous il ne soit plus question du passé ! » Le Prince m'a répondu : « Madame, je vous ferai sous peu connaître mes résolutions. » Il se retira et, quelques jours plus tard, m'envoya le colonel Stoffel, qui vint me dire de la part du Prince que celui-ci consentait à la réconciliation, mais à deux conditions sur lesquelles il ne transigerait pas : la première était qu'il serait reconnu comme chef du parti impérialiste et qu'il en aurait la direction *absolue*. Cette condition, si dangereuse qu'elle pût être pour les intérêts de mon fils, je l'aurais acceptée ! Mais la seconde !... »

» Ici, la voix de l'Impératrice s'altéra et ses yeux s'emplirent de larmes.

« La seconde ! Il *osait*, le croiriez-vous ? il osait exiger que la personne même du Prince impérial lui fût remise et confiée à sa seule surveillance !... Sentez-vous tout ce qu'il y avait d'insultes et tout ce qu'il pouvait y avoir d'éventualités préoccupantes au fond d'un tel message ?... »

» Et ici la pauvre femme, éclatant en sanglots, me tendit les mains avec un abandon tel que, profondément ému moi-même et sans penser alors au respect que je lui devais, je les reçus et les gardai quelques instants entre les miennes. « Je me suis écriée, poursuivit-elle d'une voix entrecoupée : mais le Prince veut donc que je me reconnaisse incapable et indigne d'élever mon fils ! Qu'ai-je donc fait pour mériter un pareil outrage ?... »

Le prince Napoléon retourna donc à Paris, sans avoir accepté la paix que lui offrait l'Impératrice. Il avait répondu à une démarche amicale par une mortelle offense. Cependant, chose étrange ! elle ne désespérait pas de le ramener et on la verra faire de nouveaux efforts, parfaitement désintéressés, pour arriver à un accord.

De retour en France, le prince Napoléon fit, ou laissa raconter par ses partisans, que l'Empereur avait fait un second testament, mais que l'Impératrice l'avait détruit, avec la complicité de M. Rouher et de M. Franceschini Piétri, pour s'approprier la fortune de son fils. Je connus ces propos au moment où ils se répandirent, mais je les croyais destinés à disparaître promptement devant le bon sens public. En cela, je me trompais. Les femmes, qui ne pouvaient pardonner à l'Impératrice Eugénie d'avoir été la plus belle de son temps, les hommes d'État qui n'avaient pas réussi à passer du second ou du troisième rang au premier, les quémandeurs déçus de places et de croix qui imputaient, Dieu sait pourquoi ! leur échec à la souveraine, les libéraux extrêmes qui voyaient en elle une bigote inféodée aux prêtres, enfin, les badauds qui cherchent dans l'Histoire le mélodrame et pour qui le spectacle de la vie humaine est d'autant plus intéressant qu'il est plus invraisemblable, furent tous d'accord pour croire à l'existence du testament mystérieux, supprimé par l'Impératrice et par ses deux complices.

Ai-je besoin de dire que je n'en crus pas un mot ? J'aimais peu Rouher, mais je ne l'ai jamais entendu accuser de malhonnêteté. La droiture, la solidité exceptionnelle du caractère de Piétri, m'étaient connues ; je savais qu'avant d'aller à l'Impératrice, son dévouement appartenait sans réserve à l'Empereur et au Prince impérial ; que, si elle avait voulu dérober une parcelle de l'héritage destiné par l'Empereur au

Prince impérial, elle n'aurait pu trouver un adversaire plus tenace, plus implacable que Piétri. Mais elle-même, comment la soupçonner un seul instant d'avoir voulu voler son fils, cette mère passionnément dévouée, qui n'avait d'autre souci que l'avenir de son fils, d'autre intérêt dans la vie que son bonheur et sa dignité? Je ne songeai donc pas même à m'informer, parfaitement sûr que tout était bien. C'est seulement dans ces dernières années, lorsque je me décidai à donner mon témoignage sur les événements auxquels j'avais assisté, que j'adressai quelques questions à Piétri, et voici ce qu'il me répondit :

« L'Empereur n'a jamais pensé à faire un second testament. Cette occupation n'est pas du goût de tout le monde. Il ne se croyait pas sur le point de mourir. Et puis, à quoi bon? Par le premier testament, il avait voulu affirmer sa confiance envers l'Impératrice. Loin de diminuer, cette confiance n'avait fait qu'augmenter. La fortune personnelle de l'Empereur n'était pas très considérable [1]. Vous savez qu'il donnait peu d'attention aux affaires d'argent et dépensait sans compter [2]. L'Impératrice, au contraire, riche par

1. Les *solicitors* anglais, chargés de régler la succession, déclarèrent que la fortune de Napoléon III se montait à moins de 120.000 livres, ajoutant que, par suite de diverses obligations dont elle était grevée, la somme perçue par la légataire se réduisait en réalité à la moitié environ du total déclaré.

2. Je puis donner une preuve de l'indifférence avec laquelle l'Empereur traitait ces questions. En août 1870, lorsqu'il se sépara du Prince, il dit au comte Clary, en lui remettant trois liasses de billets de banque : « Vous trouverez dix mille francs dans chacun de ces paquets. C'est pour les dépenses du Prince. » A peine sorti du cabinet, Clary vérifia le nombre des billets et n'en trouva que neuf dans chaque liasse. Très ému, il retourna vers l'Empereur et lui soumit le cas. « Ah ! fit négligemment Napoléon III, vous avez vingt-sept mille francs au lieu de

elle-même, avait fait gérer ses fonds par un financier habile et dévoué que vous connaissez bien. L'Empereur s'en rapportait donc à sa femme pour ménager au Prince impérial une large aisance, qui le laisserait indépendant de ses beaux-parents lorsqu'il se marierait. En effet, c'est à cela que nous avons travaillé sans relâche de 1873 à 1879. Je dis nous, parce que je l'y ai aidée de tout mon pouvoir.

» Le Prince ne dépensait presque rien pour lui. Un jour, Bachon est venu lui offrir un cheval, une occasion admirable. « Combien ? » a demandé le Prince. « Dix mille francs. » — « C'est trop cher ! Pour dix mille francs, je puis faire une élection. »

Et Piétri continuait : « Vous voyez par là comment il envisageait les questions d'argent. Le grand danger dont il fallait le défendre, c'était la visite des intrigants et des faiseurs qui venaient lui demander des sommes fabuleuses pour lancer un journal, publier une brochure, acheter un concours utile, créer un nouveau moyen de propagande. Tous ces gens-là disaient qu'il fallait saisir le moment, battre le fer pendant qu'il était chaud, faire de grands sacrifices dont l'occasion ne se retrouverait plus. Au début, le Prince était disposé à les croire, mais, après l'échec du Seize Mai, il fut détrompé. D'ailleurs, il commençait à connaître les hommes et, par conséquent, il était capable de se défendre contre des tentatives intéressées. C'est alors qu'intervint la sentence arbi-

trente mille. » Combien de fois, depuis le commencement du règne, avait-on rogné ainsi ses paquets ?

J'ajouterai qu'on dérobait sur sa table de nuit les pièces d'or qu'il y déposait, le soir, en vidant les goussets de son gilet. Il finit par s'en apercevoir, mais hésitait à punir, ou même à congédier le coupable.

trale, qui n'avait aucun caractère légal obligatoire, mais qui était une consultation rédigée par trois avocats, Pinard, Grandperret et Busson-Billault, sur la demande de l'Impératrice et du Prince impérial. Pour lui faire une situation convenable, elle avait résolu de lui remettre la moitié de l'héritage paternel, d'après la loi française. Ce partage venait d'être achevé lorsque le Prince partit pour le Zoulouland.

» Mais l'Impératrice, ajoutait Piétri, n'avait pas attendu ce moment pour mettre le Prince à l'aise sur les questions financières. Lorsqu'il fit son voyage aux pays scandinaves, elle lui ouvrit un crédit illimité, dont il usa largement ; car je puis vous assurer qu'il dépensa en route comme un prince régnant. »

Piétri conclut en disant : « Comment ose-t-on dire qu'il n'avait pas un sou, alors que, par son testament, après avoir institué sa mère légataire universelle, il faisait pour un million de legs particuliers ? »

Le désir d'exposer ici tout ce que je sais sur le règlement de la succession m'a entraîné bien loin. Je reviens aux événements qui suivirent la mort de l'Empereur. De droit, l'Impératrice était Régente du 9 janvier 1873 au 16 mars 1874 ; après cette date, et jusqu'en février 1875, époque de sa sortie de Woolwich, le Prince était censé tenir dans ses mains la politique du parti. Mais ce n'est là qu'une pure fiction et, en réalité, Rouher menait tout. Que faisait-il ? Il ne faisait rien, et il ne faut pas l'en blâmer, car, sur le terrain parlementaire, il n'y avait rien à faire. Distribuer par centaines de milliers, par millions, des brochures et des journaux qui répondaient aux ca-

lomnies et rétablissaient la vérité sur les derniers
actes de l'Empire, voilà ce que fut l'œuvre de ces
deux années. Dans le parlement, le vieil homme
d'État n'était suivi que de vingt-cinq ou trente partisans. Il ne montait à la tribune qu'avec une angoisse
profonde et, au lieu de cette déférence admirative à
laquelle l'avait habitué le Corps législatif, il ne rencontrait qu'une hostilité méprisante chez la minorité
républicaine, une tolérance dédaigneuse chez la majorité royaliste : c'est à la queue de ce parti qu'il devait se traîner quand venait l'heure du vote. Pendant
ce temps, le Prince était tout à son travail de mathé-
maticien et d'artilleur ; quant à l'Impératrice, elle se
serait perdue dans l'imbroglio parlementaire, si elle
avait eu la prétention de suivre et de diriger à distance ces manœuvres, qui se répétaient à l'infini et,
souvent, se détruisaient l'une l'autre.

Rouher eut-il raison de s'associer au mouvement
qui renversa Thiers du pouvoir et le remplaça par le
maréchal de Mac-Mahon ? Nous le crûmes d'abord,
mais nous ne tardâmes pas à nous repentir lorsque
le comte de Paris fit sa fameuse visite à Frohsdorf.
Le drapeau blanc du comte de Chambord nous sauva
et, rentré dans sa véritable voie, le parti impérialiste
fit des progrès rapides à partir du 16 mars 1874. Je
puis l'affirmer, parce que la correspondance qui me
parvenait à Woolwich m'en apportait, par chaque
poste, des preuves frappantes. Mais, comme je ne
passais à Chislehurst que la journée du dimanche,
j'étais peu au courant de ce qu'on y faisait, des visiteurs qu'on y recevait et de la part que prenait l'Impératrice dans la direction des affaires. Mon impression est qu'elle s'effaçait volontairement tous les

jours davantage. Lorsque le Prince sortit de l'Académie royale et se mit à étudier toutes les questions dans leurs détails, elle en vint à une abstention complète. Elle poussa la discrétion jusqu'à s'arranger pour être absente lorsqu'il y avait quelques résolutions importantes à prendre. Elle n'y mettait ni affectation ni bouderie et donnait son opinion personnelle très franchement, dans sa conversation ou dans ses lettres, mais sans s'inquiéter de savoir si son avis était pris en considération. Elle ne se privait pas du droit de donner des conseils, comme, par exemple, celui-ci, à propos de la visite d'un nouvel adhérent : « Ne parle pas trop, laisse-le parler et écoute-le. C'est ce qu'aurait fait ton père. » Ce conseil sent plutôt, n'est-il pas vrai? la mère éducatrice que la régente autoritaire.

Dans l'été de 1875, l'Impératrice alla voir, au camp d'Aldershot, son fils qui venait de prendre le service comme lieutenant d'artillerie. En le quittant, elle se rendit à Arenenberg, où elle fit un séjour chaque année, après la mort de l'Empereur. Napoléon III n'avait pas voulu y remettre le pied pendant ses dernières années. L'Impératrice m'expliquait un jour cette répugnance par une sorte de superstition : « En rentrant dans la demeure de sa jeunesse, il lui semblerait que, comme les animaux blessés, il revient mourir au gîte. »

Le Prince, au contraire, prit un goût très vif pour la maison de la reine Hortense et il y rejoignait sa mère avec empressement aussitôt qu'il pouvait quitter Aldershot. Arenenberg était alors plein de jeunesse, de gaîté et de mouvement, et les politiciens qui affluaient de France ne réussissaient pas à en gâter l'agrément. Le lac et les montagnes fournissaient toutes sortes de sports. L'Impératrice, que j'avais vue encore, à Biarritz et à Fontainebleau, prendre part à ce genre de distractions, s'en abstenait maintenant, mais on sentait combien elle était heureuse de voir son fils servir de centre et d'inspiration à mille amusements.

Dans l'automne de 1876, au lieu de reprendre le chemin de Camden comme les années précédentes, tous deux se dirigèrent vers l'Italie. Le Prince, avec deux amis, passa quelques jours à Venise, puis visita les champs de bataille de 1859. Pendant ce temps, l'Impératrice arrivait à Florence et s'installait à la villa Oppenheim, où il ne tarda pas à la joindre. Sur ces premiers jours de Florence, elle m'a raconté une anecdote.

Le roi Victor-Emmanuel étant venu lui faire visite à la villa Oppenheim, elle lui rendit immédiatement cette visite au palais Pitti. Elle fut reçue dans un salon entièrement tapissé par les portraits des Hohenzollern et où les casques à pointe blessaient les yeux de toutes parts. En revanche, l'image de Napoléon III, qui avait fait de la maison de Savoie la maison royale d'Italie, était absente. Comme l'Impératrice, tout en parlant, ne cessait de regarder tous ces Prussiens, le roi, malgré son aplomb, fut un peu embarrassé : « Vous êtes étonnée, dit-il, de ce que vous voyez ? » — « Non, je suis étonnée de ce que je ne vois pas. »

De Florence, l'Impératrice et le Prince se rendirent à Rome, où le filleul de Pie IX alla saluer, au Vatican, son auguste parrain. Puis, la mère et le fils se séparèrent. Tandis que le Prince visitait le port et les

chantiers de la Spezzia, puis rentrait en Angleterre
par l'Allemagne, l'Impératrice descendait vers Naples,
d'où elle passait en Espagne après s'être arrêtée à
Malte. Elle prolongea son séjour auprès de sa mère,
qu'elle n'avait pas rencontrée depuis bien des années,
et ne revit pas sans émotion cette maison de Carabanchel, théâtre de ses premiers amusements et de
ses premiers triomphes de jeune fille. Les arbres de
Carabanchel avaient, sans doute, profité du temps
écoulé pour grandir et pour justifier les illusions de
la comtesse de Montijo.

A ce moment eut lieu, en France, l'aventure du
Seize Mai et, par les lettres échangées entre la mère
et le fils, nous voyons qu'ils eurent tous deux, lorsque
l'événement leur fut bien connu, la même impression :
les orléanistes cherchaient à exploiter, au profit de
leur tentative, la popularité renaissante du parti impérialiste. J'ai expliqué ailleurs que le Prince fit tous
ses efforts pour empêcher ses amis de tomber dans
le piège, mais n'y réussit qu'à moitié.

L'échec du 16 mai et, plus encore, la retraite du
maréchal, qui s'effectua sans le plus léger trouble,
montrèrent à l'Impératrice et à son fils qu'ils avaient
bien jugé, et je crois qu'ils n'avaient jamais été
mieux d'accord que pendant la dernière année qu'ils
passèrent ensemble. Loin d'être cet enfant opprimé
et comprimé, sans initiative et sans joies, que repré-
sentent des livres méprisables, le Prince était un
homme pleinement épanoui dans sa force physique
et dans sa liberté intellectuelle. Conscient d'être parfaitement maître de ses actions, il n'était nullement
pressé de contracter un mariage qui eût singulièrement gêné son existence de prétendant. Voici ce

qu'il m'écrivait en août 1878, à propos des projets matrimoniaux auxquels avait donné lieu son voyage dans les Cours du Nord :

« Vous me parlez des projets de mariage que des amis agités ont mis en avant. Me marier n'était pas le but de mon voyage : sans quoi vous l'auriez su des premiers. Il est possible que je n'attende pas que les années m'aient rendu chauve comme Corvisart ou ventru comme Rouher avant de contracter une union, mais je n'ai pas, pour le moment, d'intention arrêtée. Je ne puis, sans doute, pas ambitionner le bonheur de me marier selon mes affections ; mais je connais assez de la vie pour ne jamais consentir à me marier à contre-cœur et je ne fais pas en cela un calcul égoïste : j'agis en honnête homme. »

L'Impératrice n'avait pas imaginé ce projet de mariage, mais elle en appréciait les avantages pour le Prince et elle eût fait les plus grands sacrifices pour en assurer l'accomplissement. Mais elle fut très facilement consolée lorsque l'affaire tomba dans l'eau.

On était encore à Arenenberg lorsque le colonel Stoffel fit entrer un autre rêve dans l'esprit du Prince. Il s'agissait d'entrer dans l'armée autrichienne, au moment où cette armée, en vertu du mandat des puissances, se préparait à occuper la Bosnie et l'Herzégovine. L'Impératrice fit des objections : « S'il n'y a point d'action militaire, tu passeras ton temps dans une garnison autrichienne à jouer au billard et à faire la cour à une chanteuse italienne. S'il y a une action militaire, tu te battras contre ces pauvres

Turcs, qui sont les alliés de la France, ou, peut-être (la politique a des soubresauts si étranges dans les Balkans!), contre les Russes, dont le souverain t'a accueilli si paternellement à Woolwich, il y a quatre ans. » Le Prince ne fut pas convaincu et l'Impératrice se laissa persuader d'écrire à François-Joseph dans le sens qu'il désirait. Me racontant cette affaire quelques années plus tard, elle concluait : « L'empereur refusa et j'en fus bien contente. »

Ils revinrent donc ensemble à Camden. Elle y rentrait toujours avec plaisir, car cette maison lui était devenue chère. En 1883, je l'ai entendue dire à ma femme : « Je ne sais pourquoi ils se plaignaient tous de Camden ; pour moi, c'était le ciel. » Ces quatre années, de 1875 à 1879, ont été des années de bonheur, j'oserais presque dire les plus heureuses de sa vie. Elle avait son fils auprès d'elle et il était tel qu'elle l'avait rêvé.

XIV

LE PÈLERINAGE D'ITELEZI

Dans mon livre sur le Prince impérial, j'ai raconté
comment naquit et s'enracina dans son esprit l'idée
de faire campagne avec les Anglais dans le Zoulouland, comment il adressa au duc de Cambridge une
première demande qui ne fut pas accueillie; comment il revint à la charge et réussit à obtenir l'autorisation souhaitée; comment, ce soir-là, sa mère, le
voyant très agité et très joyeux, devina qu'il se passait quelque chose d'extraordinaire et lui arracha la
confidence de sa démarche; comment, le lendemain
matin, elle discuta avec lui pendant plusieurs heures,
pour le détourner de son projet, mais se heurta à
une résolution invincible, ou plutôt à un fait accompli, puisque le Prince avait déjà reçu l'autorisation
du chef de l'armée. J'ai raconté tout cela d'après le
récit que me fit l'Impératrice elle-même, à Coombe
Cottage, au printemps de 1881, lorsque je la revis
pour la première fois après le fatal événement, et j'ai
complété mon récit avec les renseignements qu'a

bien voulu me fournir M. Franceschini Piétri. Je ne puis répéter ici ce que j'ai dit dans l'autre volume; et, pourtant, presque tous ces détails appartiennent à l'histoire de la mère aussi bien qu'à celle du fils, particulièrement cette discussion suprême d'où dépendait leur double existence. Je suis heureux de pouvoir invoquer un autre témoignage qui m'a été apporté récemment. Le témoin est Raoul Duval père, dont la haute probité et la rare intelligence sont déjà connues du lecteur. C'est l'Impératrice qui va, d'après lui, nous rendre compte des motifs qui ont déterminé son fils à partir pour l'Afrique. Il faut seulement noter que, quand elle parlait ainsi, quand elle plaidait, si je puis dire, pour le Prince, elle substituait la pensée de son fils à la sienne et atténuait la douleur que lui avait causée ce départ. En effet, c'est le 12 mai 1879, c'est-à-dire près de trois semaines avant la mort du Prince, qu'avait lieu cette entrevue entre le vieux magistrat et sa souveraine.

« ... Lorsque je le suppliais — ainsi s'exprima l'Impératrice, — de renoncer à ce dessein dont les dangers m'alarmaient : « Voyez, ma mère, me dit-il, voyez quelle est ma position et jugez vous-même. Par le hasard de ma naissance, je ne m'appartiens pas : Dieu l'a voulu ainsi. Je ne puis pas me dégager de la situation qu'il m'a faite, lors même que je le voudrais; bon gré, mal gré, je me trouve être le chef, au moins nominal, et je suis destiné à devenir le chef effectif, d'un grand parti, qui croit et que nous croyons représenter la véritable France. Or, qu'ai-je fait jusqu'ici pour justifier les espérances que l'on met en moi ? Jeté en exil dès mon enfance, j'ai vécu, j'ai grandi, sous les ombrages de Camden-Place; j'ai

travaillé, avec les maîtres que vous m'avez donnés,
à m'y faire une forte éducation, et à devenir un
homme. Mais, de ce que j'ai fait, de ce que j'ai acquis,
de ce que je puis valoir, rien, pour ainsi dire, n'a fran-
chi le seuil de mon cabinet. A part un petit nombre
d'amis qui m'approchent, personne ne me connaît,
et je puis dire qu'en France, si mon nom est un
symbole, ma personne et sa valeur, quelles qu'elles
soient, sont ignorées. On me voit toujours tel qu'on
m'y a vu. Par suite, aux yeux mêmes de mes partisans, à vingt-trois ans je ne suis encore qu'un enfant, et la plupart d'entre eux me traitent comme tel.
Cela est si vrai que, lorsque, dans quelque circonstance importante, j'ai essayé de donner une direction
au parti impérialiste, de lui imprimer une marche
unitaire et conforme à mes vues, à mes idées personnelles, on ne m'a pas écouté, et souvent même on
a fait exactement le contraire de ce que je conseil-
lais... Il faut donc absolument que je fasse quelque
chose pour me grandir et me créer l'influence qui
m'est indispensable. Il y a une chose qu'un homme
peut toujours faire : c'est de montrer qu'il n'est pas
trop ménager de son existence et ne marchande pas
avec les risques qu'elle peut courir. On me jette sans
cesse à la tête les princes d'Orléans, en me disant
qu'ils ont fait la guerre et que, moi, je ne l'ai pas
faite. Mes ennemis ont été jusqu'à prétendre que
j'étais un poltron; jusqu'ici, les occasions m'ont
manqué pour prouver le contraire. Dans la guerre
entre la Russie et la Turquie, les intérêts russes et
ceux de l'Angleterre étaient en conflit et les deux
puissances se regardaient, la main sur la garde de
l'épée. Y prendre part, de n'importe quel côté, c'eût

été faire acte d'ingratitude envers l'une ou envers l'autre. L'Angleterre, hospitalière jadis envers mon père, l'a été ensuite envers nous; elle nous a, dans notre exil, reçus et accueillis avec toutes sortes d'égards. D'autre part, l'empereur de Russie, lors de son voyage à Londres, tout le monde le sait, m'a témoigné la plus affectueuse, la plus cordiale bienveillance. Il était, m'a-t-il dit, un ami sincère et chaleureux que je trouverais toujours au besoin. Impossible donc de prendre parti entre les deux. Dans la guerre de l'Afghanistan, la situation était absolument identique. Aujourd'hui, au contraire, il ne s'agit que d'une guerre contre des sauvages, où aucun intérêt européen n'est engagé et ne peut être froissé de ma participation. Là, je puis, sans nul inconvénient, montrer que je ne suis pas un poltron et, quand j'y aurai prouvé que je sais exposer ma vie pour un pays qui n'est pas le mien, mais dont je suis l'obligé reconnaissant, j'aurai, à bien plus forte raison, prouvé que je suis prêt à la risquer pour ma propre patrie, le jour où elle aurait besoin que je le fisse. Vous voyez donc bien qu'il faut que je fasse aujourd'hui quelque chose et que ma résolution est raisonnable[1]. »

» Malgré toutes les alarmes de mon cœur et toutes les angoisses que je prévoyais, ajouta Sa Majesté l'Impératrice, je ne pouvais méconnaître qu'il y avait du vrai dans ses observations, et ceci vous explique

1. L'Impératrice, à qui j'ai soumis le récit de Raoul Duval, l'a trouvé parfaitement exact en ce qui touche le fond des choses. « Seulement, ajouta-t-elle, le Prince employait des termes différents. Il me disait : « Voulez-vous que je sois toujours, pour tout le monde, le petit Prince? Voulez-vous que je m'étiole et que je meure d'ennui comme le duc de Reichstadt? »

comment, tout en combattant encore, je dus finir par
me résigner... »

A son tour, l'Impératrice interrogea le visiteur sur
les sentiments du parti impérialiste et sur le jugement qu'on avait porté à propos de ce départ. Raoul
Duval répondit très franchement qu'il avait causé un
étonnement général. Il ne semblait pas que le Prince
eût le droit de risquer, même pour une nation dont
il était l'obligé, une existence aussi précieuse que la
sienne. Après son grand-oncle, après son père, n'in-
carnait-il pas l'Empire, c'est-à-dire le principe de la
monarchie démocratique et autoritaire ? N'était-il pas
le seul et le dernier à l'incarner ? Lui disparu, le parti
se dissolvait et rien ne demeurait des espérances
concentrées sur lui.

L'Impératrice fit remarquer qu'il y avait le prince
Napoléon et Raoul Duval répondit que le prince Na-
poléon, ayant renié l'Empire et s'étant rallié à la
République, n'existait plus pour les impérialistes.
Alors, l'Impératrice parla des deux fils du prince,
qui étaient, dit-elle, « très bien doués ».

— L'aîné, le prince Victor, est un jeune homme
charmant; mon fils l'aime beaucoup.

— Je le sais, mais, pour arriver au fils, il faut
passer par le père.

— Évidemment, conclut l'Impératrice, on ne peut
sauter par-dessus le prince Napoléon.

J'ai tenu à citer ce mot, parce qu'il exprime très
certainement la vraie pensée de celle qui le prononçait. Elle était loin de se douter qu'à cette heure
même, dans une boîte scellée, au fond d'une armoire
de cette maison et, si je ne me trompe, dans la
chambre même où elle parlait, — c'était le salon-

fumoir du Prince, — reposait un testament de la main de son fils qui exhérédait le prince Napoléon.

Ceux qui ont connu l'Impératrice auront peut-être de la peine à la reconnaître dans les phrases qui précèdent et où elle expliquait la pensée de son fils. C'est qu'elle était, au fond, de l'avis de Raoul Duval plus que Raoul Duval lui-même. Elle ne lui dit pas les efforts désespérés qu'elle avait faits pour retenir le Prince en Europe. Mais elle lui laissa entrevoir les ravages causés en elle, depuis ce départ, par les mauvaises nouvelles mises én circulation. On avait forgé de faux télégrammes et l'un d'eux avait été publié par le *Figaro*. D'après ce télégramme, un *steamer* venu du Cap avait relâché le 10 mai à Madère et y avait apporté la nouvelle d'une grave maladie du Prince. Tout cela était pure méchanceté, car il se trouvait, information prise aux sources officielles, qu'aucun navire venant du Cap n'était arrivé à Madère depuis quelque temps. Si le Prince avait été sérieusement malade, elle en eût été informée la première par le fidèle Uhlmann, le serviteur dévoué qui avait accompagné son fils en Afrique.

L'Impératrice voulait paraître rassurée, mais elle ne l'était point. Elle ne dit pas à Raoul Duval que son anxiété grandissait de jour en jour et la dévorait. L'obsession était devenue si forte qu'elle avait pris la résolution de partir pour l'Afrique. La Reine, informée de ce projet, agit de son côté auprès du duc de Cambridge, commandant en chef de l'armée britannique, et lord Wolseley, qui partait pour aller remplacer lord Chelmsford à la tête des troupes opérant dans le Zoulouland, avait reçu, dit-on, la mission de renvoyer le Prince en Europe.

Mais l'événement fatal du 1er juin devança son arrivée. Comme il n'y avait point de câble, à cette époque, entre Londres et le Cap, la nouvelle mit trois semaines pour être transmise à Madère, où elle arriva le 20 juin. Le même jour elle était en la possession du gouvernement anglais. Dès que la Reine en fut instruite, elle voulut épargner à son amie l'horreur d'apprendre la mort de son fils par les journaux du matin. Elle envoya donc à Camden son grand-chambellan, lord Sydney. L'âge et le rang du duc de Bassano lui valurent le cruel honneur de porter l'affreux message à sa souveraine et le pauvre homme se souvint jusqu'à son dernier jour de la matinée du 21 juin. Lorsqu'il pénétra dans la chambre de l'Impératrice, elle lut une mauvaise nouvelle sur les traits bouleversés du vieillard.

— Mon fils est malade ?

Aucune réponse.

— Il est blessé ?... Je vais partir pour l'Afrique.

Nouveau silence... Alors, elle marcha droit à lui et, le regard du malheureux duc ne pouvant soutenir le sien, elle comprit et, poussant un grand cri, elle s'affaissa, évanouie, dans les bras de son vieux serviteur. Elle demeura ainsi, anéantie, écrasée, une syncope succédant à l'autre, pendant toute cette fatale journée. On craignit pour sa vie et c'est seulement au bout de quelques jours qu'elle reprit la force de regarder sa douleur en face et de remplir les devoirs que lui imposait la circonstance. Elle fit savoir aux Français et aux Anglais le désir qu'elle avait de ne voir personne menacé dans son existence ou inquiété dans sa position pour l'événement du 1er juin. Un autre désir, qui lui était également cher, c'était

de prouver que son fils n'avait aucune part de responsabilité dans la mort des deux soldats tombés
avec lui à Ityotiosi, ou, en d'autres termes, qu'il ne
commandait pas ce jour-là. C'est le capitaine Carey
qui commandait l'expédition et qui avait choisi le
lieu de la halte. Il commandait : 1° parce qu'il était
Anglais ; 2° parce qu'il était supérieur en grade ;
3° parce qu'il en avait reçu la mission de son chef, le
colonel Harrison ; 4° parce qu'il l'avait reconnu lui-
même dans une lettre écrite à sa femme, le soir du
1er juin, et communiquée à l'Impératrice ; 5° parce
que le Prince l'avait constaté par ces quatre mots,
les derniers qu'il ait inscrits sur son carnet : *Escort
under captain Carey*. Ces faits sont irrécusables ; ils
n'ont jamais été et ne peuvent être démentis par
aucun fait nouveau.

Cependant, le désir d'ajouter encore à une évi-
dence aussi aveuglante de clarté fut une des raisons
qui déterminèrent l'Impératrice à entreprendre,
l'année suivante, un long et pénible voyage. Dans le
livre intitulé : *Le Prince Impérial, Souvenirs et documents*, j'ai publié la lettre par laquelle elle annonçait
et expliquait sa résolution à M. Franceschini Piétri.
Mais cette lettre est si belle, dans son incohérence,
elle donne, d'une façon si saisissante, l'impression
de cette nature à part que je ne puis résister au désir de la reproduire ici :

« ... Je me sens attirée vers ce lieu de pèlerinage
avec la même force que devaient éprouver les dis-
ciples du Christ pour les lieux saints. L'idée de voir,
de parcourir les dernières étapes de la vie de mon
enfant bien-aimé, de me trouver sur les lieux où
s'est posé son dernier regard, dans la même saison,

passer la nuit du 1er juin veillant et priant sur ce souvenir !! est un besoin de mon âme et un but dans ma vie. Depuis que la conclusion de la guerre m'a permis d'envisager cette éventualité avec plus de chances de réussite, elle est devenue ma pensée dominante... Cette idée me soutient et relève mon courage ; sans elle, je n'aurais point de force pour réagir et je me laisserais aller, attendant que la douleur m'use... Je ne me fais pas d'illusion, je sais les douleurs qui m'attendent là-bas, la pénible et longue traversée, les fatigues d'un si rapide voyage, mais tout disparaît devant Itelezi... »

La Reine se montra pleine de sollicitude pour l'Impératrice ; elle tint à ce qu'un officier-général l'escortât pour veiller à sa sûreté et faciliter le voyage à travers un pays sauvage et sans ressources, où la paix était à peine rétablie. Cet officier-général fut sir Evelyn Wood, élevé depuis à la dignité de *field-marshall*, écrivain distingué en même temps qu'homme de guerre. On lui adjoignit deux anciens camarades du Prince, le capitaine Slade, qui est parvenu aux plus hauts rangs de l'armée, et le capitaine Bigge, aujourd'hui secrétaire de George V sous le nom de lord Stamfordham. L'Impératrice emmenait aussi avec elle Napoléon de Bassano [1], le fils du duc, et le docteur Scott, qui avait fait, comme chirurgien de l'armée, la campagne de l'année précédente. Lady Wood et une autre dame, veuve d'un officier tué à Ulundi et qui accomplissait, comme l'Impératrice, un pieux pèlerinage, accompagnaient Sa Majesté.

---

1. Napoléon, marquis de Bassano, plus tard troisième et dernier duc, était une des figures les plus sympathiques du monde impérialiste. Il est mort en 1906.

L'Impératrice quitta l'Angleterre le 28 mars. Lorsqu'elle relâcha à Madère, le gouverneur et l'amiral portugais se présentèrent à bord, en grand uniforme, porteurs d'un télégramme de leur souverain pour l'Impératrice. Elle avait fait prévenir, cependant, par le chevalier d'Antas, ministre de Portugal à Londres, qu'elle ne voulait et ne pouvait recevoir personne en route, et elle ne sortit point de son appartement pour recevoir cette visite officielle. Elle arriva au Cap le matin du 16 avril et descendit au palais du gouvernement, où le Prince impérial s'était arrêté l'année précédente et elle y fut, comme lui, l'objet des soins les plus touchants et les plus discrets. Le 18, elle écrivait à M. Piétri :

« Nous sommes arrivés à Capetown en vingt jours de traversée... Je comprends l'ennui de mon pauvre enfant, car le voyage est très monotone et la chaleur très intense sur la Ligne. Je n'ai jamais pu dormir une seule nuit ! J'ai trouvé, en arrivant ici, le *d'Estrées*, aviso français, celui que commandait M. Des Varannes lorsqu'il a pris la fièvre jaune... Je n'ai pas voulu d escendre à terre à Madère et, depuis mon arrivée à Capetown, je ne suis pas sortie autrement que dans le jardin. Je ne saurais vous dire ce que j'ai éprouvé en entrant dans cette maison, première étape de mon fils bien-aimé !... »

Le 18 avril était un dimanche et je vois, par une lettre que le marquis de Bassano écrivait le lendemain à M. Piétri, que l'Impératrice, ce jour-là, sortit pour aller entendre la messe et qu'elle reçut un télégramme affectueux de la reine Victoria. Le marquis alla visiter, dans la citadelle du Cap où il était enfermé, le roi des Zoulous, Cettywayo, qui, par l'intermédiaire de son interprète, exprima en termes très convenables ses regrets au sujet de la mort du Prince. On sait que, aussitôt instruit de l'importance qu'avait, pour l'Europe, l'événement du 1er juin, il avait rendu spontanément le sabre du Prince. Mais il n'avait aucun renseignement à fournir sur les circonstances de la journée.

L'Impératrice reprit la mer au bout de quelques jours et débarqua à Durban, d'où elle se rendit à Maritzburg. C'est de là que, le 3 mai, elle écrivait à M. Piétri :

« ... L'accueil que je reçois partout est touchant ; pas un mot ni un cri, mais un respectueux silence, comme celui qu'on tâche de faire dans une chambre de malade, mais pas un chapeau sur la tête. Même les noirs semblent comprendre qu'il n'y a plus rien à souhaiter à celle à qui Dieu donna tant de choses, et à qui il enleva, un par un, tout ce qu'il avait donné, en lui laissant l'amertume des regrets comme seul compagnon de route... J'ai vu ce matin les Sœurs qui ont assisté de leurs prières mon cher absent. Tout le monde me parle de lui dans des termes qui me font mal et qui, pourtant, flattent mon orgueil maternel... Pourquoi est-il parti si vite et pourquoi me laisser après lui ?... Je ne sais où vous vous trouvez dans ce moment, donnez de mes nouvelles à ceux qui en désirent, s'il s'en trouve... »

Le voyage commença dans les premiers jours de mai. Une lettre de M. de Bassano va nous fournir quelques détails sur les conditions matérielles dans lesquelles il s'exécuta. Elle est datée de Seven-Oaks (c'était la troisième étape) :

« Mon cher ami, »

» Je vous écris seulement un mot pour vous dire que tout va bien jusqu'ici. L'Impératrice n'est pas trop fatiguée du voyage; malheureusement, Elle ne peut pour ainsi dire pas dormir... Les lenteurs du voyage l'énervent beaucoup. Quoiqu'Elle prenne beaucoup sur Elle, je vois que sa tristesse augmente tous les jours, je n'ose pas penser à ce que sera sa douleur quand nous serons à Itelezi !

» Elle voyage, dans une voiture conduite par le général, avec lady Wood. La voiture est aussi confortable que possible. Les journées sont très chaudes et les nuits fraîches. La tente de l'Impératrice est très bien installée.

» Nous avons avec nous une escorte de vingt cavaliers de la *Natal Mounted Police* et, en tout, soixante-quinze hommes et deux cents bêtes, chevaux et mules, la plupart fournis par le gouvernement... Donnez, je vous prie, des nouvelles à Corvisart et dites-lui que Scott m'affirme qu'il lui écrit par chaque courrier. »

Le 11 mai, l'Impératrice écrit à M. Piétri :

« ... On pourrait presque retrouver la trace des pas, tellement on se trouve, dans ces solitudes immenses, en dehors des humains!... Plus le moment approche qui doit nous faire atteindre le but du voyage, plus je suis combattue entre l'impatience d'y arriver et la crainte... Tant que j'aurai du courage je voudrais pouvoir rester là... »

Et, le 23 mai :

« ...Ce sera le 25 que nous arriverons, c'est-à-dire mardi. J'aime mieux cela que cette longue attente qui m'énerve affreusement... Je suis très fatiguée. J'ai eu la fièvre pendant plusieurs jours. Nous avons eu un temps épouvantable à Kambula ; une nuit surtout, nous nous attendions à voir enlever nos tentes, il pleuvait et le vent soufflait avec force. C'était précisément le jour que j'avais la fièvre le plus fort... »

On arriva, en effet, le 25 au soir et la tente de l'Impératrice fut dressée contre le *kraal* devant lequel le Prince avait fait sa dernière halte. Elle m'a raconté plus tard que, la veille, elle était sortie de sa tente, et que, seule, sans aucun guide que son instinct douloureux, elle avait marché droit à la place fatale où il avait succombé. Mais elle ne la trouva point telle qu'elle se la figurait et telle qu'elle s'attendait à la voir. Auprès du cairn élevé par les soldats, dans la matinée du 2 juin 1879, se dressait une croix envoyée par la reine Victoria. Tout vestige des herbes foulées par son fils dans la lutte suprême et arrosées de son sang, avait disparu sous une couche de ciment blanc et le tout était entouré d'une grille en fer. Le sol du *donga* avait été ratissé avec soin jusqu'au sommet des talus qui le bordaient. A quelques pas, les deux soldats et le guide *basuto* qui avaient trouvé la mort en même temps que le Prince, dans l'affaire du 1er juin, avaient reçu la sépulture ; de sorte que ce lieu présentait l'apparence calme et décente d'un cimetière anglais, plutôt que celui d'un ravin sauvage où s'était passée une scène de mort et de carnage. L'Impératrice éprouva donc un cruel désappointement, si ce mot banal peut trouver place dans une telle circonstance.

Nous voyons, par une lettre de M. de Bassano, que ce sentiment fut compris et partagé par ses compagnons. Dès le lendemain, le capitaine Slade s'occupa lui-même de faire disparaître la couche de ciment qui blessait les yeux de l'Impératrice. Cette lettre, datée du 29 mai, nous montre l'Impératrice refaisant sans cesse le trajet qui sépare le *kraal* du *donga*.

« ... De sa tente, l'Impératrice a devant elle le chemin que le Prince a pris pour aller du *kraal* au *donga* ; la saison étant la même, le maïs et les herbes sont de la même hauteur que l'année dernière. En se rendant de sa tente au *donga*, elle peut se représenter le pauvre Prince courant à côté de son cheval, essayant de le monter, empêché de le faire par les hautes herbes (plus hautes que moi de 30 ou 40 centimètres), franchissant une première branche du *donga*, gravissant un talus et s'arrêtant pour faire face à ses ennemis dans une dépression du sol qui précède le *donga* principal, celui que Carey a traversé à 80 pas du Prince avec une facilité que nous avons tous constatée. L'Impératrice parcourt à tout moment cette voie douloureuse et passe presque tout son temps dans ce qu'on peut appeler maintenant le cimetière... »

1er juin.

« Elle a planté elle-même le saule et le lierre que

nous avons apportés de Camden. Hier, l'Impératrice a voulu aller toute seule, dans la matinée, reconnaître l'endroit que le Prince avait choisi comme lieu de campement pour la seconde division et le point duquel il a fait son dernier croquis ; elle a marché, pour cela, plus de trois heures. Dans l'après-midi, elle m'a emmené et nous avons refait le même chemin... Elle n'avait rien mangé de la journée, son énergie inouïe la soutient, elle marchait avec une ardeur fiévreuse...

» Je vous ai dit, je crois, que nous avions fait réunir ici le plus grand nombre possible des Zoulous qui avaient pris part à l'attaque du 1er juin : il en est venu dix-huit, il en manque encore environ le même nombre. L'Impératrice a désiré que la direction de l'enquête soit confiée au général ; il a donc commencé, dès le lendemain de notre arrivée, à interroger ces Zoulous. J'assiste seul, comme témoin, aux interrogatoires qui durent depuis trois jours. Rien n'est pénible comme de se trouver en face de ces sauvages, qui nous expliquent comment ils ont poursuivi et frappé notre pauvre cher Prince, en accompagnant leur récit des gestes qu'ils croient le plus significatifs et qui le sont à un terrible degré ! Jusqu'à présent, nous ne pouvons encore rien déduire de certain d'une quantité de récits confus et souvent contradictoires ; cependant, ils s'accordent tous pour dire que le Prince s'est retourné pour combattre *comme un lion*, qu'il a tiré trois coups de revolver et qu'ils lui ont laissé ses médailles, parce que leur coutume est de ne pas enlever les ornements du cou des hommes qui sont morts en braves. Ils confirment tous la fuite de Carey ; ils nous ont montré l'endroit où il a passé le *donga*, à 80 pas plus haut que le point où le Prince s'est arrêté. Nous avons, tantôt, traversé le *donga* à cheval, avec l'Impératrice, exactement au même endroit et nous avons constaté qu'il est impossible de ne pas voir, de là, toute la dépression de terrain dans laquelle sont le *cairn* et la croix ; un des Zoulous nous a même dit que, si les fuyards s'étaient seulement retournés, ils auraient cessé la poursuite...

» Au revoir, mon cher ami, je pense souvent à vous et au désir que vous auriez d'être avec nous, près de ce fatal *donga*, où s'est éteinte, pour nous, cette famille que nous servions avec tant d'affection. »

De son côté, l'Impératrice écrivait à M. Piétri :

Ityotyozi kraal, 30 mai 1880.

« Mon cher monsieur Piétri,

» Vous savez où je suis, à quelques pas du lieu où mon fils bien-aimé se reposait avant d'être surpris. C'est ici où, à mon tour, je repose sans dormir, mon âme remplie d'amertume, de regrets et de douleur ; chose étrange, je ne trouve de calme que près de ces pierres qui marquent l'endroit où il est tombé en combattant jusqu'à son dernier soupir, « comme un lion », disent les Zoulous... Mais, si vous voyiez l'endroit, vous comprendriez et la surprise et ce qui a succédé, mais ce qu'on ne comprend pas, c'est que cet homme ait laissé derrière lui un camarade et deux soldats sans leur donner le moindre appui. J'ai parcouru moi-même le chemin qu'il a suivi et il a dû voir le Prince et entendre les coups de revolver,

car on a fait l'essai et l'homme envoyé sur sa piste les
a entendus... C'est ce qui remplit mon cœur d'amertume de voir que cette chère vie a été ainsi inutile-
ment tranchée et que, seul, cet enfant est tombé
comme un brave, lorsque personne n'était là pour le
voir qu'une poignée de sauvages, le degré avant la
brute !...

» Mais je ne puis plus vous parler de lui, mon
cœur déborde, et cette blessure que je porte au
cœur s'ouvre sans qu'elle puisse se cicatriser. J'ai
beau faire appel à mon orgueil de mère, je sens que
ma tendresse l'emporte... Mais ce qui me donne du
courage pour me plonger dans cet abîme de douleur,
c'est que je sais qu'il a pu en avoir le regret[1] en
mourant et je dois à sa mémoire de le montrer tel
qu'il était... »

L'Impératrice passa en prières, près du *cairn*, la
nuit du 1er au 2 juin. Des émotions de cette nuit-là,
rien ne se retrouve dans les lettres que j'ai sous les
yeux. Mais l'Impératrice elle-même voulut bien m'en
dire quelque chose dans notre émouvante entrevue à
Coombe Cottage. « Plus d'une fois, me dit-elle, je vis
apparaître au sommet des talus des têtes noires qui
se glissaient, pour me regarder, dans les interstices
des hautes herbes. Ces regards étaient curieux, mais
nullement hostiles ; je croirais plutôt qu'ils expri-
maient la sympathie et la pitié... Et c'étaient, sans
doute, les hommes qui avaient tué mon fils à cette
même place...

---

1. L'impératrice voulait dire, évidemment, le regret de
n'avoir d'autres témoins de son dernier combat que ces sauvages.

» Vers le matin, il se passa une chose étrange. Bien qu'il n'y eût pas un souffle de vent, la flamme des bougies se coucha, comme si quelqu'un voulait les éteindre. Et je *lui* dis : « Est-ce toi qui es là ? Tu veux que je me retire ?... »

Alors, elle rentra dans sa tente.

Je ne sais quel jour elle quitta Ityotyozi, mais elle tomba, à partir de ce moment, dans un état de prostration qui effraya ses compagnons. Elle écrivait, le 17 juin, de Mooi River à M. Piétri :

« Cette lettre vous parviendra par le courrier qui doit nous précéder. Je suis extrêmement fatiguée et anxieuse de repos physique, voilà cinquante jours que nous couchons sous la tente. Dans deux jours, nous rentrerons sous un toit et je compte les heures, car tout l'intérêt qui me soutenait est passé.

» Je désire vivement ne trouver à Camden que ceux qui ont l'habitude d'y être, et s'ils le désirent. Je désire me reposer ; toute visite serait inopportune pour le moment. »

» Du reste, plus j'avance dans ma douloureuse existence et plus le besoin de repos et de solitude se fait sentir. Personne ne peut remplir le vide immense qui s'est fait dans ma vie, et je ne sens que la fatigue de voir du monde, sans que mon cœur soit satisfait... »

XV

L'Impératrice accomplit le dernier acte de sa vie politique en 1883, lorsque le prince Napoléon fut arrêté et enfermé à la Conciergerie pendant quelques jours.

Le fils du roi Jérôme était persuadé, — il me l'a dit à moi-même, — que c'était l'Impératrice qui inspirait contre lui à son fils des sentiments hostiles. J'essayai vainement de le détromper. Cette idée, pourtant, était absolument fausse. Si le Prince impérial avait eu besoin d'être excité contre son cousin, qui le traitait comme une quantité négligeable, comme un enfant sans intelligence et sans volonté, et qui, en même temps, compromettait la cause des Bonapartes par ses professions de foi républicaines et anti-religieuses, nombre de ses amis auraient mis le plus grand empressement à jouer ce rôle. Mais la vérité est qu'il était personnellement animé de la plus vive irritation contre le prince Napoléon et décidé à le combattre sans pitié, toutes les fois qu'il le trouverait sur son chemin. Je prie ceux qui auraient des doutes de vouloir bien lire, dans mon précédent volume, certaines citations qui rendent sa pensée à cet égard on ne peut plus claire. C'est à ce sentiment qu'il obéissait lorsque, dans la nuit du 25 au 26 février 1879, il rédigeait ses dernières volontés et excluait de sa succession le prince Napoléon, pour désigner comme héritier son fils aîné, le prince Victor. L'Impératrice, quoiqu'elle n'ait jamais voulu s'élever contre le testament de son fils, était d'un avis tout différent. S'il l'avait consultée avant de rédiger ce testament, il est probable qu'elle l'aurait averti : « Prends garde que, si tu institues le prince Victor ton héritier, au détriment de son père, tu parais infirmer les sénatus-consultes qui ont fait l'Empire, et de qui tu tiens toi-même tous tes droits. » Le Prince lui eût, sans doute, répondu que le prince Napoléon n'avait plus le droit d'invoquer les sénatus-consultes ni les plébiscites de l'Empire, puisqu'il reniait la tradition impériale et se déclarait républicain. Je ne me permets pas de prononcer entre ces deux manières de voir ; le lecteur choisira.

Les événements de 1883 lui fournirent l'occasion de faire connaître sa pensée : elle le fit d'une façon très claire, mais très simple et très modeste, sans aucun appareil théâtral. Elle se rendit à Paris, où elle descendit à l'hôtel du Rhin, et, en adoptant cet hôtel, elle indiquait assez qu'elle voulait faire un acte politique. C'est dans cette maison, en effet, que la reine Hortense avait résidé pendant quelque temps, en 1831, avec son fils Louis-Napoléon, et leur séjour avait causé un certain embarras au gouvernement de Louis-Philippe [1].

J'ai lu alors, dans certains journaux, que l'Impératrice avait eu une entrevue avec le Prince à la Conciergerie. Rien de semblable ne se passa. Elle ne songea point à solliciter la permission de voir le Prince et, si elle l'avait sollicitée, on la lui eût indubitablement refusée. Mais elle fit prier les chefs du parti bonapartiste de passer à l'hôtel du Rhin. Elle causa avec eux : « Je lui ai pardonné, pourquoi ne lui pardonneriez-vous pas? C'est le seul moyen de conserver à notre parti l'unité et même l'existence. » Ces messieurs dirent à leur tour : « Il ne s'agit pas, pour nous, de griefs personnels et nous n'avons pas le droit de nous montrer généreux comme Votre Majesté. Ceux qui nous suivent ne consentiront jamais à accepter la direction d'un homme qui refuse de reconnaître dans l'Empire ce qui en fait la force, c'est-à-dire le principe monarchique uni au principe démocratique, et qui combat de toutes ses forces la religion des Français. Prendre un tel homme pour chef, ce serait assurer, à bref délai, cette dissolution du parti impérialiste que prévoit et redoute Votre Majesté. »

Donc, elle ne gagna rien sur eux, mais le prince Napoléon parut lui savoir gré de son intervention et, au 1er juin suivant, il assistait, avec le grand cordon de la Légion d'honneur, à la messe anniver-

---

1. J'ai entendu l'Empereur raconter un incident de ce séjour qui l'avait vivement frappé. D'une fenêtre de l'hôtel il avait vu un homme se jeter du haut de la colonne Vendôme et se briser sur le pavé. Etait-ce un présage? C'est ce qu'il s'était demandé à cette époque.

saire du Prince impérial, dans la petite église Saint-Mary de Chislehurst. Lorsque j'entrai dans la sacristie, après la messe, l'Impératrice me dit tout bas : « Le prince Napoléon est là. Allez le saluer : il faut être aimable avec lui. »

L'Impératrice avait songé, d'abord, à garder Camden comme résidence permanente ou, encore, à se faire construire une maison dans le voisinage. Mais elle était encore plus préoccupée de loger ses chers morts que de se loger elle-même et il fut impossible de découvrir, à proximité, un site convenable pour une nouvelle église. Quant à celle qui existait déjà, elle était très petite et très pauvre et la chapelle neuve, dont on l'avait flanquée pour recevoir les restes de Napoléon III, était le seul agrandissement que l'exiguïté du terrain permit de lui donner. Le cercueil du Prince reposait sous un porche latéral, étroit et mal fermé, et il était évident qu'une telle sépulture ne pouvait être définitive.

L'Impératrice arrêta son choix sur une propriété située dans le Hampshire, à peu de distance du camp d'Aldershot, et qui avait appartenu au grand éditeur de Londres, M. Longman. Le parc est vaste et s'étend de l'autre côté de la route qui conduit d'Aldershot à Sandhurst. Cette partie de la propriété est entièrement boisée et contient un petit lac; on l'a appelée Compiègne. Dans le parc se trouvent de fort belles serres, une maison d'habitation où demeurait alors le vieux régisseur Mac-Laren, et des écuries qui ont été transformées depuis que l'Impératrice a renoncé aux voitures et aux chevaux pour adopter exclusivement les automobiles. On a installé là un musée de souvenirs très intéressants, qui seront sans doute

transférés dans cette future annexe de la Malmaison
que l'on projette aujourd'hui.

La maison principale n'était guère qu'un pavillon
de chasse; mais la nouvelle propriétaire vit aussitôt
le parti qu'elle pouvait en tirer et fit exécuter des
travaux considérables, qui n'étaient pas encore terminés lorsqu'elle s'y établit. De nouveaux bâtiments
ont été encore ajoutés aux anciens dans ces dernières
années et ont fait de Farnborough Hill une belle résidence, comparable aux plus nobles demeures sei-
gneuriales qui sont la gloire de la campagne anglaise.
L'Impératrice y a mis sa marque au dehors aussi bien
qu'au dedans, et l'on peut dire que c'est une maison
en deuil. Une vapeur s'élève des bois environnants
et répand sur la campagne un voile que les jours
lumineux de l'été ne dissipent jamais complètement.
Le château se dresse sur une éminence, frangée de
grands arbres, au milieu de ce paysage mélancolique, et le domine. L'étranger qui s'en approche doit
sentir, il me semble, qu'une grande existence,
frappée de coups terribles, s'est réfugiée là et, lentement, achève de mourir. On entre, et la tristesse
vague de l'approche se précise, quand on parcourt
ces galeries désertes qu'éclaire un jour discret et où
se prolonge le bruit des pas et des voix. Aux murs
se pressent d'innombrables œuvres d'art, dont chacune rappelle un grand nom d'artiste ou raconte un
souvenir ; elles font de cette maison un incomparable
livre d'Histoire. Le soir, un rayon de lumière élec-
trique, qui laisse le spectateur dans l'ombre, fait
ruisseler sa blanche clarté sur les toiles et les sta-
tues. Tout un monde disparu ressuscite, avec ses
figures autrefois célèbres, qui sont les véritables

habitants de cette demeure et, quand l'Impératrice passe au milieu d'elles, on est tenté de la prendre, elle aussi, pour une ombre du passé.

Avant même de s'occuper de sa propre installation, elle s'était inquiétée de donner une demeure à ses chers morts.

La première fois que nous fîmes une visite à Farnborough, ma femme et moi, l'Impératrice nous conduisit, à travers le parc, vers une petite porte qui ouvrait sur une route déserte et, après avoir traversé sur un pont la ligne du chemin de fer qui va de Londres à Portsmouth, nous gravîmes avec elle une colline couverte de pins, où certaines marques rouges indiquaient des abatis projetés. C'est là que devait s'élever l'église destinée à servir de sépulture aux dépouilles impériales. La construction en fut confiée à M. d'Estailleur, l'architecte parisien à qui tant d'œuvres remarquables, sur le sol de la France, assurent une place dans l'histoire de notre art architectural. Le monument fut terminé en quatre ans et, le 9 janvier 1887, les corps de Napoléon III et de son fils furent transportés de l'église St Mary de Chislehurst dans la crypte de Farnborough. Les deux tombes occupent les faces latérales de la chapelle souterraine. Un prie-Dieu indique la place où s'agenouille l'Impératrice lorsqu'elle y assiste à la messe, et la place de sa propre sépulture est réservée derrière l'autel, entre son mari et son fils. Elle m'a dit un jour, en me montrant l'avenue carrossable qui descend, en tournant, du portail de l'église à la route d'Aldershot : « Voilà ma dernière promenade en voiture ; *this will be my last drive.* »

Des bâtiments avaient été construits, en même

temps, pour recevoir quatre religieux prémontrés, qui devaient être les gardiens des tombes. Ils ont été remplacés depuis par une communauté de Bénédictins, expulsés de Solesmes, ayant à leur tête un abbé qui a rang d'évêque. De nouveaux bâtiments ont encore été ajoutés aux premiers et quarante religieux environ forment aujourd'hui le personnel de la maison. Les Bénédictins y ont repris leurs pieux et savants travaux, interrompus par la persécution, et touchent encore, chose curieuse! une subvention de ce même gouvernement qui les a exilés.

L'Impératrice a voulu aussi posséder une demeure sur le sol de la France aussitôt qu'elle a cru les passions politiques assez amorties pour lui permettre de le faire sans risquer aucun désagrément pour elle ni aucun trouble pour la paix publique. Son choix est tombé sur un terrain planté de pins, situé au cap Martin, dans le voisinage de Menton. Elle y a fait construire une villa à laquelle elle a donné le vieux nom grec de la Corse, en témoignage de sa sympathie pour la terre natale des Bonapartes. La villa Cyrnos est bâtie de façon à tourner sans cesse les yeux vers la Méditerranée, comme toile de fond, Monte-Carlo et le rocher de Monaco, baignant dans une vapeur bleuâtre. On conçoit que cette villa produit sur ceux qui y pénètrent une impression bien différente de ce sévère et majestueux Farnborough, qui semble toujours en deuil. Cette impression heureuse que donne la villa Cyrnos aux visiteurs, je l'éprouvai lorsque j'y vins passer quelques jours en avril-mai 1907, après avoir inauguré le monument de Mérimée à Cannes. La villa n'est élevée que d'un étage au-dessus du rez-de-chaussée, sauf à l'une de ses extrémités. Le bâtiment en retour, qui domine le reste de la maison, contient seulement l'appartement que l'affectueuse sollicitude de l'Impératrice a réservé à son vieux et dévoué serviteur, M. Franceschini Piétri. C'est de là-haut que l'on jouit, dans toute son étendue, de la perspective maritime dans la direction de Monaco. Les salons de réception, qui forment une enfilade au rez-de-chaussée, sont précédés d'une vaste terrasse où l'Impératrice passe une grande partie de son temps.

Sur cette terrasse, mademoiselle Bartet est venue lui déclamer des vers pris dans un de ses meilleurs rôles et cette jolie scène, qu'on n'aura pas de peine à se représenter, a été fixée par la photographie.

« Vous savez, ajouta l'Impératrice après m'avoir raconté l'incident, avec quel transport j'applaudissais Rachel lorsque j'étais enfant. Ma passion pour l'art n'est pas refroidie, mais je ne vais le chercher nulle part : c'est lui qui vient me trouver et m'apporter ses jouissances dans ma retraite. Je vous ferai entendre tout à l'heure mon gramophone, qui me fait entendre des opéras tout entiers. »

En effet, après le lunch, nous allâmes nous asseoir dans le *hall* qui est au pied du large escalier et nous écoutâmes le gramophone, un des plus parfaits que j'aie entendus. On y sentait, au-dessus des masses chorales et instrumentales, vibrer l'âme et le génie individuel des artistes.

Un autre souvenir m'est resté de cette visite à Cyrnos. M. Germain Bapst, l'écrivain distingué et consciencieux qui s'occupe de l'histoire des événements de 1870, avait questionné sur un point délicat M. Dugué de la Fauconnerie, qui a assisté de près

à ces événements et y a joué un rôle. A son tour,
M. Dugué tint à consulter M. Piétri et, la demande de
renseignement étant arrivée pendant mon séjour à
Cyrnos, je me trouvai présent lorsque M. Piétri fit
appel aux souvenirs de Sa Majesté. Il s'agissait d'une
entrevue qui avait eu lieu aux Tuileries, le 7 août
1870, entre la Régente et les délégués des groupes
dynastiques du Corps législatif. Je fus saisi de voir
avec quelle précision et quelle sûreté sa mémoire lui
rendait les noms, les faits, les mots, dans l'ordre et
sous la forme où ils s'étaient succédé. Qui de nous, à
cet âge et après trente-sept ans écoulés, serait capable d'apporter un tel témoignage?

On sait que l'Impératrice a fait don de sa propriété
d'Arenenberg, où tout lui rappelait trop vivement
l'heureuse jeunesse de son fils, au canton de Thurgo-
vie, qui s'est, autrefois, si honorablement conduit
envers les Bonapartes. Mais il est une troisième
résidence où, depuis vingt-cinq ans, elle a passé
bien des jours paisibles, sinon heureux : je veux
parler de son yacht le *Thistle*, sur lequel elle a fait
tant de croisières, dans la Méditerranée ou dans les
parages de l'Irlande, de l'Écosse et de la Norvège.
Elle se trouvait à Corfou lorsque éclata un mouvement populaire contre les Juifs, et elle ne put résister
à la tentation de jeter, en faveur des persécutés,
quelques paroles de bon sens et de mansuétude chré-
tienne, qui firent grand bien.

Le goût de la mer et des voyages l'a entraînée plus
loin encore. Elle a voulu revoir l'Égypte et a passé,
voyageuse inaperçue, là où, en 1869, elle avait dé-
ployé, pour la dernière fois, les pompes de l'Empire
qui allait bientôt disparaître. Elle voulait aller jus-

qu'à Khartoum, mais ses serviteurs l'arrêtèrent en route, craignant pour elle les terribles chaleurs équatoriales. Une autre année, elle a mis le pied à Ceylan et je suis sûr qu'un de ses regrets est d'avoir seulement effleuré l'Inde, qu'elle eût aimé à connaître et à comprendre ; car elle a gardé une respectueuse tendresse pour les vieilles civilisations, en même temps qu'une vive et subtile intelligence des idées nouvelles. On l'intéresse en lui parlant d'Edison comme en lui parlant de Bouddha et je me souviens qu'elle prononça devant moi le nom de Marconi à une époque où la télégraphie sans fil paraissait encore un mythe : « Il m'a promis, me dit-elle, que le premier message envoyé sans fil de New-York en Europe serait pour moi. » Je ne puis dire si cette promesse a été tenue.

L'Impératrice est restée bien différente de ces vieillards qui s'enferment dans leur passé et ne veulent rien savoir des temps qui viennent, des nouvelles découvertes, des nouveaux états d'âme. Religieusement fidèle aux vieilles amitiés, — à celles, du moins, que le temps lui a laissées, — elle s'est ouverte à de nouvelles affections, prises dans le même cercle où elle avait trouvé les anciennes. Le talent, la beauté, la jeunesse, n'ont pas cessé d'exercer sur elle un empire dont elle ne cherche pas à se défendre. Après les parents, les enfants, et après les enfants, les petits-enfants. J'ai vécu assez pour voir se succéder autour d'elle trois générations.

Ceux qui ont fréquenté Farnborough et Cyrnos dans ces vingt dernières années y ont rencontré Solange de Lesseps, la jeune cousine de l'Impératrice, aujourd'hui comtesse de Mora, sa nièce madame d'Attainville, la princesse de la Moskowa, fille du prince Charles Bonaparte ; les deux petits-neveux de Sa Majesté, le duc d'Albe et le comte de Mora, le comte Walewski, le comte Chevreau, le comte Clary, fils de celui qui a servi le Prince impérial dans l'exil, après avoir veillé sur lui pendant la campagne de 1870 ; enfin, ce jeune écrivain qui porte avec tant de distinction l'héritage d'un grand nom et auquel l'Impératrice inspirait, il y a quelques années, un livre charmant, M. Lucien Daudet. Combien d'autres pourrais-je citer, si le cruel état de ma vue m'avait permis plus souvent d'être l'hôte de la maison !

Dans son entourage immédiat, la mort a fait son œuvre ; les anciens serviteurs, les fidèles compagnons de l'exil, ont disparu l'un après l'autre et je ne puis oublier ici le plus ancien, le plus fidèle et le plus dévoué, mon vieil ami M. Franceschini Piétri, dont la mort vient de laisser vide une place qui ne peut être comblée. Après moi, pas un ne restera de ceux qui entouraient, en 1871, la famille impériale et qu'on appelait alors la « petite Cour » de Camden Place.

. . . .

Lorsque ces pages paraîtront, l'Impératrice Eugénie aura cessé de vivre, mais elle ne descendra pas dans l'oubli où le vingtième siècle enterre respectueusement la plupart des personnalités princières du dix-neuvième. Rajeunie par la mort, elle revivra dans sa poétique beauté et dans sa grâce exquise, comme au jour où l'Amour la fit monter sur le trône et où tous les Français, même les ennemis de l'Empire, s'éprirent d'elle à la fois ; elle redeviendra ce qu'elle a été pendant vingt ans : la figure principale d'un tableau admirable, l'incarnation de la société française au moment où la France a mené le monde par sa pensée et par ses armes et où, surtout, elle le charmait et l'éblouissait encore par ses arts, par son goût, par l'incomparable douceur et la séduction de sa sociabilité. Je défie ceux qui voudront penser à ces choses, remuer ces souvenirs, de ne point penser à elle et de ne pas évoquer son souvenir. Son nom dira tout : son image sera l'image même du temps où elle a vécu et régné.

Mais ceux qui l'ont bien connue — combien ils sont peu nombreux aujourd'hui ! — refuseront de voir uniquement en elle la brillante personnification des splendeurs et des élégances de l'époque impériale. Même quand on ajoute aux triomphes de la jolie femme qui rehaussait les diamants de la Couronne en les plaçant sur son front, le dévouement de la « Sœur de charité d'Amiens », on est bien loin de lui rendre justice et de l'entrevoir telle qu'elle a été. Car son caractère fut bien à elle ; elle différait, en tout, de cette société au sommet de laquelle les circonstances l'avaient placée et dont, par une étrange obstination de la Destinée, elle restera l'expression aux yeux des générations prochaines. Non : l'Impératrice n'avait rien du temps et du milieu où je l'ai connue ; elle ne s'est jamais complètement expliqué les caractères des hommes et des femmes dont elle était entourée et de là un étonnement, une stupeur dont elle ne s'est jamais remise. Autour d'elle, l'on riait ou l'on calculait pendant qu'elle rêvait ou s'indignait ; elle était profondément idéaliste au milieu d'une société profondément réaliste. Ce que cette société méprisait, elle l'adorait et elle méprisait à son tour les choses auxquelles cette même société rendait un culte. Il eût suffi de jeter les yeux sur les cahiers où elle consignait les réflexions nées de ses lectures ou les mots qui l'avaient frappée pour se rendre compte de ce manque absolu de sympathie entre elle et son entourage. Elle ne les comprenait pas ; ils ne l'ont jamais comprise. Cette femme, tant admirée, a été mal connue, quoiqu'elle ait vécu près de vingt ans sous l'ardente lumière que projette vers un trône la curiosité universelle. Mais, quand une conception fausse d'un caractère a pris possession de l'esprit des foules, il est difficile de l'en déloger.

Je me suis efforcé, dans ces pages, de détruire la « légende » de l'Impératrice Eugénie et de la remplacer par une histoire réelle et un portrait ressemblant, où les preuves s'accumuleraient derrière chaque assertion, où d'innombrables faits se prêteraient mainforte les uns aux autres. J'ai voulu, surtout, montrer à la jeunesse française, à qui elle apparaît déjà comme du fond d'un passé lointain, quel a été le patriotisme de cette femme, qu'il était d'usage, à une certaine époque, dans certains journaux, d'appeler l'« Espagnole ».

Ai-je prouvé qu'elle était une bonne, une grande Française ? Je le crois. Je l'ai prouvé, du moins, pour tous ceux au cœur desquels l'éternelle rancune n'entretient pas l'éternelle injustice.

Ceux qui ont eu l'honneur d'approcher l'auguste souveraine dans ces deux dernières années (1914-1916) savent avec quelle âme vibrante, quelle foi inébranlable et quels vœux ardents pour la victoire de nos héroïques soldats, elle suit, du fond de sa retraite, les phases tragiques de la lutte effroyable à laquelle, muets et haletants, nous assistons aujour-d'hui! Dieu lui accordera-t-il la suprême consolation de saluer, avant de mourir, le triomphe final, la glorieuse revanche de cette douce France, sa vraie patrie, que, toute petite, elle adorait déjà, sur laquelle elle a régné dix-huit ans et que rien n'a pu chasser de son cœur?

FIN

TABLE